教育部人文社会科学重点研究基地刊物
中文社会科学引文索引（CSSCI）来源集刊

藏学学刊

བོད་རིག་པའི་དུས་དེབ།

JOURNAL OF TIBETOLOGY

第19辑

四川大学中国藏学研究所 编

中国藏学出版社

བོད་རིག་པའི་དུས་དེབ།
藏 学 学 刊
Journal of Tibetology

བོད་རིག་པའི་དུས་དེབ།

藏 学 学 刊

Journal of Tibetology

目录

Table of Contents

西藏墨竹工卡县孜孜荣岩画调查简报 *

何伟

内容摘要：孜孜荣岩画位于拉萨墨竹工卡县，是西藏中部地区新发现的岩画点，体现了这一区域岩画的独特特点。孜孜荣岩画以密点琢刻及反复刻划为主要凿刻方式，图像按表现形式可分为剪影式和线条式两类，画面主题以狩猎和游牧为主。根据画面的叠压关系和图像风格可将该点岩画的时代分为两期。

孜孜荣岩画位于西藏拉萨市墨竹工卡县甲玛乡孜孜荣村，2008 年西藏全国第三次文物普查时，由拉萨市文物普查队首次发现。2010 年，奥地利科学院学者贡特拉·哈佐德（Guntram Hazod）对该岩画点的材料作了简要介绍[1]。2008—2012 年期间，孜孜荣岩画有三幅画面图像被简略公布[2]。2013 年岩画点周围进行基本建设时，在觉布山山脚的冲积坡堆积下再次发现一幅新画面。当即，拉萨市文物局立即通知施工单位停止继续作业，并

* 本文得到 2015 年国家社科基金重大项目“文物遗存、图像、文本与西藏艺术史构建”（15ZDB12）的支持。

1 Guntram Hazod, "The stele in the center of the Lhasa mandala. About the position of the 9th-Century Sino-Tibetan Treaty Pillar of Lhasa in its historical and narrative context", In C. Scherrer-Schaub and K. Tropper (ed.), *Epigraphic evidence in the pre-modern Buddhist world: proceedings of the Eponymous Conference, held in Vienna, 14-15 Oct. 2011*, Wien: Arbeitskreis für Tibetische und Buddhistische Studien, Universität Wien, 2014: 37-82.

2 夏格旺堆：《孜孜荣岩画》，《西藏大学学报》，2016（2）：2、205。

图一　孜孜荣岩画位置示意图

协同西藏自治区文物保护研究所对岩画点采取了相应的保护措施，委托陕西十月文物保护有限公司对孜孜荣岩画点做了三维数据提取。现简报如下，并对之前公布资料的细微差错加以更正。

一、地理位置及自然环境

孜孜荣岩画处于甲玛乡孜孜荣村东的觉布山。GPS 坐标点为北纬 29°43'06.2"、东经 91°40'01.9"，海拔 3984 米（图一）。

墨竹工卡县位于西藏中部，拉萨河上游，地处雅鲁藏布江中游河谷地带，属拉萨河谷平原的一部分，为高原温带半干旱季风气候区。孜孜荣岩画所在的觉布山，位于拉萨河谷甲玛沟。甲玛沟内的小环境非常适宜人类居住，降水量相对大，气候较为湿润，且沟内平坦的河谷地带孕育了发达的农业经济。孜孜荣岩画位于觉布山西侧山崖下部，山崖紧靠一条土路，山脚东北侧约 50 米处为一处已废弃的办公用房。

孜孜荣岩画所处山崖岩体为砂岩，岩面颜色略微泛红、有少许裂痕，岩画略微泛白（图二）。

图二　岩画所在地全景（自西向东拍摄）

图三　岩画画幅分布图

二、岩画内容简述

孜孜荣岩画现共存 4 幅画面，画面有不同程度自然裂缝。该岩画点凿刻技法可分为两类：一是密点敲琢，一是刻划。根据图像表现形式，孜孜荣岩画可分为剪影式图像和线条式图像，不同画面之间存在叠压打破关系。

根据岩画画面所在岩体的分布位置，按照由下至上的顺序分别将其编为 1 号、2 号、3 号、4 号画面（图三），其中 2 号与 4 号画面所在岩面异常陡峭、巨大。

（一）1 号画面

1 号画面即 2013 年在基建工程施工时新发现，所在岩面宽 96、高 83.8 厘米，画面位于岩面中心，画面宽 58、高 68 厘米。共有 7 个单体图像组成，均为密点敲琢的剪影式图像。从画面左侧向右分别编号为 1-1、1-2、1-3、1-4、1-5、1-6、1-7（图四、图五）。

1-1，图像宽 10、高 10.25 厘米，为密点敲琢剪影式人物图像。人物双臂平举，左手持长棒，双腿呈前弓步。

1-2，位于 1-1 右下方，图像宽 14、高 14 厘米，为密点敲琢剪影式人骑马图像。人物左臂前伸，右臂弯曲，做拉弓射箭状；四腿分立呈站姿，马尾下垂。

1-3，紧靠 1-2 右侧，图像宽 24、高 25.5 厘米，为密点敲琢剪影式雄鹿。雄鹿体型肥硕，两只分有枝杈的鹿角向上伸展，短尾，呈行走状，下腹后部有一凸状物作为雄性标识，前胸用一细长线条表示长箭。头部叠压于 1-4 人物右腿之下。

1-4，紧靠 1-3 右上方，图像宽 6.5、高 8.4 厘米，为密点敲琢剪影式人物图像。人物右臂平举，手持长矛，左臂弯曲，双腿分立呈站姿。人物右脚叠压于 1-3 雄鹿鹿角上方。

1-5，位于 1-5 右上方，图像宽 18.5、高 17 厘米，为密点敲琢剪影式人物图像，双手平举，右手持武器，双腿分立，裆部有一凸状物，推测为表现性别的标识。动物后肢被 1-5 人物头部叠压。

1-6，紧靠 1-4 右下方，图像宽 16.7 、高 38.9 厘米，为密点敲琢剪影式人骑马图像。人物右臂平举、左臂弯曲，呈回头射箭状；马呈站姿，马尾下垂。人物头部叠压于 1-6 动物后肢之上。

1-7，位于 1-6 右下方，图像宽 11.4、高 16 厘米，为密点敲琢剪影式人物图像，双手平举，右手持短刀，双腿分立，裆部有一不甚明显的凸状物，推测为表现性别的标识。

画面描述的是一幅围猎场景：围猎者们将一只雄鹿围困在中间，人们或骑马追逐、

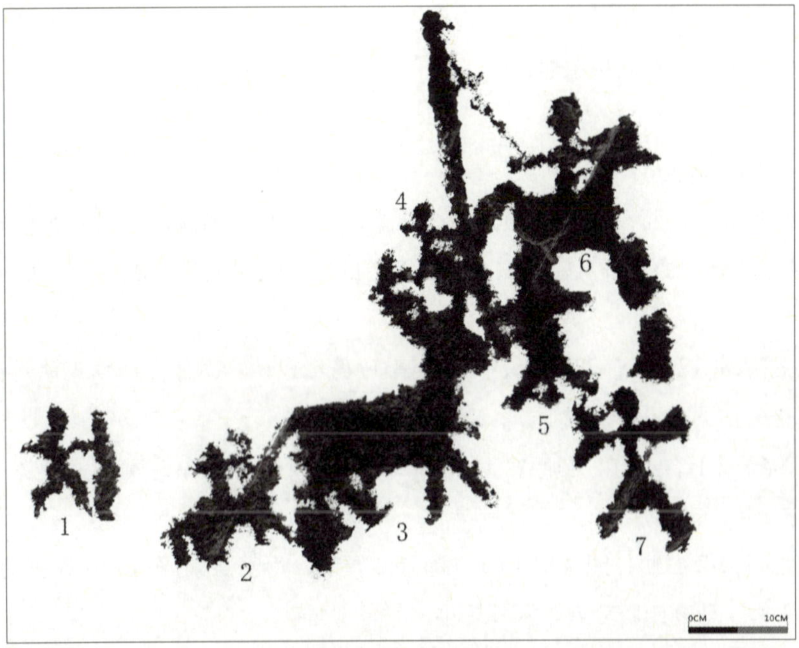

图四　1号画面线图

图五　1号画面

或拉弓射箭、或持武器围捕，雄鹿前胸已被射中一箭。1-5、1-7 围猎者双腿之间的凸状物，表现的可能是男性的生殖器。

（二）2 号画面

2 号画面所在岩面高 226.6、宽 132.9 厘米，画面内容丰富，均匀分布于岩面，可辨识出 34 个单体图像，按从左至右、从上至下的顺序依次编号，由 2-1 至 2-34（图六、图七）。

2-1，图像宽 17.7、高 23 厘米，为密点敲琢剪影式动物图像。动物头顶两长角向上伸展，四腿分立呈站姿，长尾下垂。

2-2，位于 2-1 右上方，图像宽 16、高 21.5 厘米，为密点敲琢剪影式图像。图像模糊不清，推测为人骑动物。

2-3，位于 2-2 右侧，图像宽 15.5、高 16.2 厘米，为密点敲琢剪影式人骑动物图像。人物双手平举；动物四腿分立，双耳短小，长尾下垂。

2-4，位于 2-3 下方，图像宽 9.2、高 12 厘米，为密点敲琢剪影式人物图像。人物右臂平举，左臂弯曲，双腿分立，呈拉弓姿态。

2-5，位于 2-4 左下方，图像宽 10.6、高 15 厘米，为密点敲琢剪影式人骑动物图像。人物双臂平举，动物四腿分立，长尾下垂。

2-6，位于 2-5 右侧，图像宽 13.8、高 10 厘米，为密点敲琢剪影式动物图像。双角前伸，四腿分立，短尾。图像已模糊不清。

2-7、位于 2-5 右侧，图像宽 15.4、高 12 厘米，为密点敲琢剪影式图像。图像模糊不清。

2-8，位于 2-7 左下方，图像宽 12、高 23.2 厘米，为密点敲琢剪影式人物图像。人物右臂平举，左臂弯曲上举，双腿分立。

2-9，位于 2-8 右侧，图像宽 10、高 10 厘米，为密点敲琢剪影式动物图像。双角向上伸展，体型较小，四腿分立，短尾卷翘，推测为小羊。

2-10，位于 2-9 之下，图像宽 17、高 14 厘米，为密点敲琢剪影式动物图像。动物四腿分立，长尾自然下垂。头部被叠压于 2-19 动物的后肢之下。

2-11，位于 2-10 左下方，图像宽 8、高 13.5 厘米，为密点敲琢剪影式图像。图像仅雕凿完成一半，推测为一弓箭图像。

2-12，位于 2-3 右上方，图像宽 20.7、高 16.1 厘米，为密点敲琢剪影式动物图像。前背凸起，四腿分立，短尾上翘。头部被叠压于 2-13 佛塔塔瓶之下。

1
2
3
4
5
6
7
8
9
10
11
12
13
14
15
16
17
18
19
20
21
22
23
24
25
26
27
28
29
30
31
32
33
34
0CM
30CM

图六　2 号画面线图

图七　2号画面

2-13，位于 2-12 右侧，图像宽 35.2、高 58 厘米，为密点敲琢线条式佛塔。叠压于 2-12 动物头部、2-14 动物头部、2-15 动物头部、2-21 经幡之上。

2-14，位于 2-13 左下方，图像宽 16、高 14.6 厘米，为密点敲琢剪影式图像。但图像模糊不清。

2-15，位于 2-13 正下方，图像宽 16、高 14 厘米，为密点敲琢剪影式动物图像。图像模糊不清。被 2-13 佛塔塔基叠压。

2-16，位于 2-3 右下方，图像宽 15、高 11.6 厘米，为密点敲琢剪影式图像，图像模糊不清。

2-17，位于 2-16 下方，图像宽 31、高 16.7 厘米，为密点敲琢剪影式图像。图像模糊不清，推测为动物。

2-18，位于 2-17 下方，图像宽 18.6、高 19.3、厘米，为密点敲琢线条式动物图像。躯体方直，四腿分立，无尾，头部未琢刻完整。

2-19，位于 2-18 左下方，图像宽 18.7、高 38.6 厘米，为密点敲琢线条式动物图像。动物头部较小，长角上升，躯体方直，短尾上翘，四肢分立。后肢叠压于 2-10 动物头部之上。

2-20，位于 2-10 右下方，图像宽 20、高 22 厘米，为密点敲琢剪影式人骑动物图像。人物双臂平举，右手持武器；动物体型细长，四腿分立，长尾下垂。动物头部被叠压于 2-24 塔基之下。

2-21，紧靠 2-13 右侧，图像宽 10.7、高 125 厘米，为密点敲琢剪影式经幡图像。经幡细长，共有五面幡旗。被 2-13 佛塔塔基叠压，同时也被 2-24 佛塔塔刹叠压。

2-22，位于 2-21 左下方，图像宽 17.2、高 79 厘米，为密点敲琢剪影式经幡图像。经幡细长，共有五面幡旗。叠压于 2-24 佛塔塔身之下。

2-23，位于 2-21 右下方，图像宽 14、高 22 厘米，为密点敲琢剪影式人物射箭图像。人物面朝右侧，左手持弓，右手拉弓，双腿分立。

2-24，位于 2-23 左下方，图像宽 46.2、高 64.7 厘米，为密点敲琢线条式佛塔。叠压于 2-22 经幡之上。

2-25，位于 2-24 右侧，图像宽 7.4、高 14.5 厘米，为密点敲琢剪影式动物图像。图像模糊不清，动物四腿分立。动物身体被 2-24 佛塔塔身叠压。

2-26，紧靠 2-25 右侧，图像宽 12.3、高 15 厘米，为密点敲琢剪影式人物图像。人物双腿分立，裆部有凸状物，可能为性别特征，手持武器。

2-27，位于 2-26 右上方，图像宽 16.3、高 16.5 厘米，为密点敲琢剪影式动物图像。

图像模糊不清，仅可辨析动物为四腿分立，尾巴上翘。

2-28，位于2-27上方，图像宽28.8、高40.8厘米，为密点敲琢剪影式鹿。两支分有枝杈的鹿角向上伸展，四腿前后分立呈行走状，肥臀短尾。

2-29，位于2-28上方，图像宽15.1、高25.4厘米，为密点敲琢剪影式人物图像。图像模糊，人物双腿分立，双臂平举。

2-30，位于2-29左侧，图像宽9.7、高20厘米，为密点敲琢剪影式人物图像。人物双腿分立，双臂平举，左手似持有武器。

2-31，位于2-13右上方，图像宽15.3、高21.2厘米，为密点敲琢的藏文字母“ང”，根据相邻图像2-32的藏文字母“མ”，初步推测此处为藏文六字真言中字母“ཨོ”的误写。叠压于2-21经幡之上。

2-32，位于2-31右上方，图像宽24.5、高18.7厘米，为密点敲琢的藏文六字真言之“མ”。

2-33，位于2-32右方，图像宽30、高8厘米，为密点敲琢图像，模糊不清。

2-34，位于2-32下方，图像宽20.5、高21.5厘米，为密点敲琢的万字符。

（三）3号画面

3号画面所在岩面宽220、高186厘米，画面宽147.5、高167.2厘米，由8个单体图像组成。按从左至右，从上至下的顺序编号，由3-1至3-8（图八、图九）。

3-1，位于岩面最左侧，图像宽31、高26厘米，为密点敲琢的线条式鹿。鹿角分有枝杈并向上伸展，头部略小，眼小而圆，身体肥硕圆润，四腿分立呈行走状，短尾稍翘，叠压于3-2动物腹背之上。

3-2，位于3-1下方，图像宽22、高22厘米，为密点敲琢的线条式动物图像。动物头部琢刻不完整，面朝左侧，躯体方直，四腿分立，无尾。被3-1鹿叠压，在此处的叠压关系中，发现3-1与3-2虽然均为线条式图像，但是在具体凿刻方法上有明显不同，可以看出3-1是通过密点凿刻形成的，3-2是由刻划形成的。

3-3，位于3-2右方，图像宽10.4、高10.7厘米，为密点敲琢的线条式动物图像。动物体型较小，呈站姿，短尾上翘，推测为狗。

3-4，位于3-3下方，图像宽40、高38.8厘米，为密点敲琢的线条式鹿。鹿角分有枝杈并向上伸展，眼睛小而圆，身体肥硕圆润，呈奔跑姿势，短尾下垂，下腹后部与后腿之间有一短线条，推测为生殖器特征。

3-5，位于3-4右上方，图像宽57.3、高63.5厘米，为密点敲琢的线条式鹿。鹿角

图八　3 号画面线图

图九　3 号画面

分有枝杈并向上伸展，身体圆润，呈行走状，短尾，下腹后部与后腿之间有一短线条，推测为生殖器特征。

3-6，位于 3-5 下方，图像宽 38.5、高 32.7 厘米，为密点敲琢的线条式动物图像。眼睛小而圆，身体圆润，下腹部正中有一短线条，推测为雄性动物标识。

3-7，位于 3-1 右上方，图像宽 8.8、高 18.8 厘米，为密点敲琢的藏文字母“ན”。

3-8，位于 3-6 下方，图像宽 34、高 20 厘米，为密点敲琢的线条式图像，图像模糊不清。

3 号画面中没有人物图像，且多数动物面朝右侧，仅 3-2 与 3-3 动物面朝左侧，这使得整个画面看起来更像是一幅放牧场景图——一只动物（3-2）欲脱群行走，牧犬（3-3）随即上前阻止。3 号画面中的动物也有明显的雌雄之分，3-4、3-5、3-6 动物下腹部的雄性动物生殖器特征明显。

（四）4 号画面

4 号画面所在岩壁高陡，岩体宽 328.5、高约 437.5 厘米，画面宽 231、高 471 厘米。共包括 20 个图像，按照从上到下，从左至右的顺序，分别对 4 号画面图像从 4-1 至 4-20 进行编号。4 号画面图像均为线条式动物，部分图像或模糊不清、或琢刻不完整（图一〇、图一一）。

4-1，位于岩面左上角，图像宽 34.6、高 35.5 厘米，为密点敲琢的线条式动物图像。动物头顶有两短角，似分有枝杈，躯体方直，四腿分立呈站姿，推测可能为鹿。

4-2，位于 4-1 左下方，图像宽 45、高 51 厘米，为密点敲琢的线条式鹿。分有枝杈的鹿角向上伸展，四腿分立，短尾。

4-3，紧靠 4-2 左下方，图像宽约 20.2、高 21.7 厘米，为密点敲琢的线条式动物图像。动物头部未琢刻完整，躯体方直，四腿分立，短尾。

4-4，位于 4-3 右下方，图像宽 13、高 18.7 厘米，为密点敲琢的线条式人物图像。人物呈站姿，左臂弯曲，右臂前伸。

4-5，位于 4-4 右侧，图像宽 34.2、高 37.1 厘米，为密点敲琢的线条式鹿。分有枝杈的鹿角向上伸展，短尾。

4-6，位于 4-7 左下方，图像宽 22.3、高 13 厘米，为密点敲琢的线条式鹿。分有枝杈的鹿角呈弯曲状向上延展，躯体方直，四腿分立，无尾。前肢叠压于 4-7 动物腹背之上。

4-7，位于 4-6 左下方，图像宽 15.4、高 25 厘米，为密点敲琢的线条式动物图像。

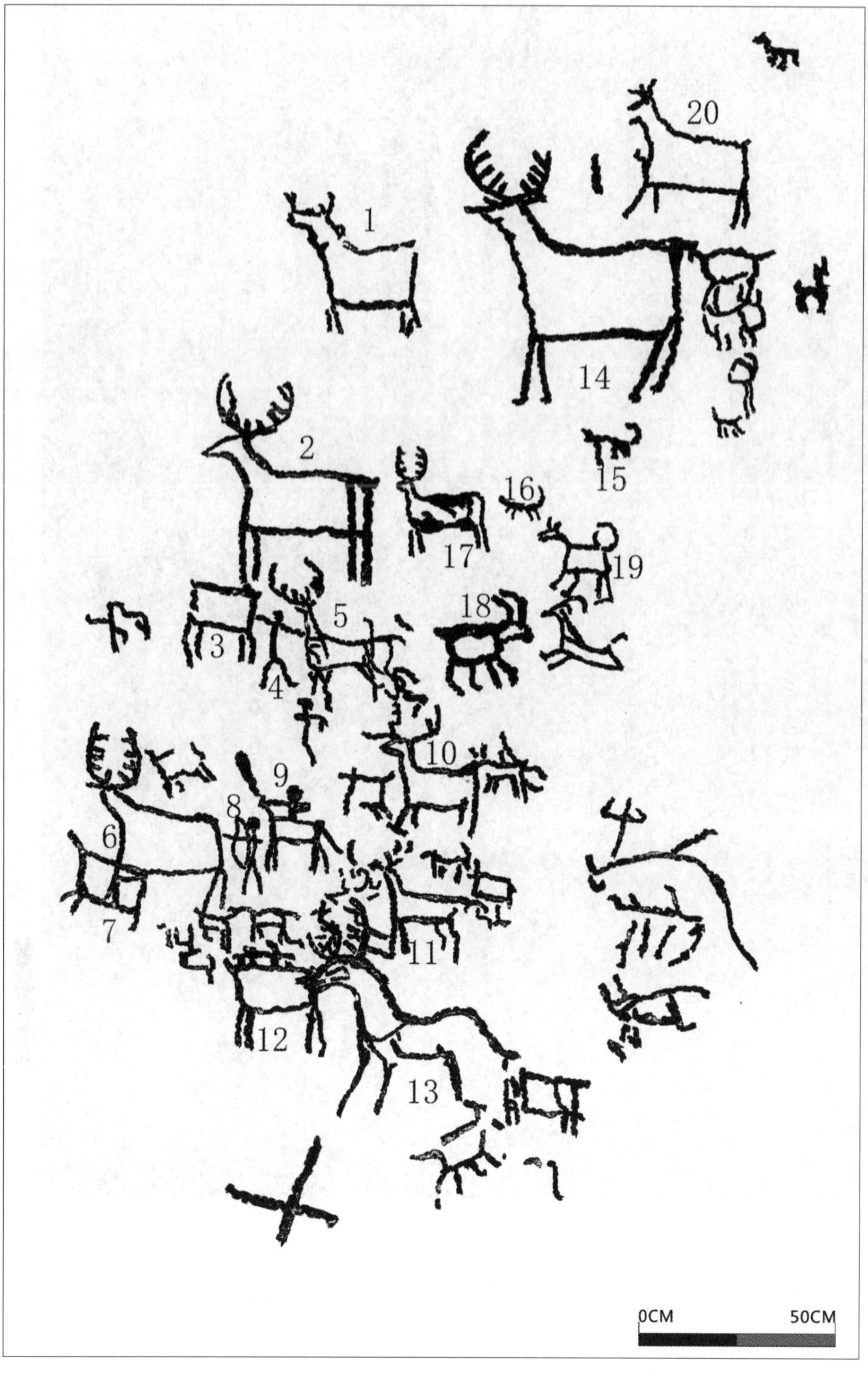

图一〇　4 号画面线图

图一一　4号画面

动物头部琢刻不完整，躯体方直，四腿分立，无尾。动物腹部和背部被4-6鹿前肢叠压。

4-8，位于4-6右侧，图像宽1.6、高19厘米，为密点敲琢的线条式人物射箭图像。人物呈射箭站姿，右臂前伸，左臂弯曲，双手持弓。

4-9，位于4-8右侧，图像宽27.6、高29.8厘米，为密点敲琢的线条式人骑动物图像。动物呈行走状，长脖前伸，长尾下垂；人物右臂前伸，左臂弯曲，似持某物。

4-10，位于4-9右上方，图像宽29、高33厘米，为密点敲琢的线条式鹿。分有枝杈的鹿角倾斜向上伸展，躯体方直，四腿分立，短尾略翘。

4-11，位于4-10左下方，图像宽35.2、高31厘米，为密点敲琢的线条动物图像。躯体方直，四腿分立，推测为羊。

4-12，位于4-11左下方，图像宽26、高28.4厘米，为密点敲琢的线条式人骑动物图像。动物躯体方直，四腿分立；人物双臂平举。动物臀部被4-13鹿头部叠压。

4-13，位于4-12右下方，图像宽53、高52.4厘米，为密点敲琢的线条动物图像。动物头部长有双角，长颈，躯体圆润，四腿分立，长尾。动物头叠压于4-12动物臀部之上。

4-14，位于4-1右侧，图像宽58.8、高67.4厘米，为密点敲琢的鹿。分有枝杈的鹿角弯曲向上伸展，躯体方直，四腿分立，短尾。

4-15，位于4-14下方，图像宽14.1、高11厘米，为密点敲琢的线条式动物图像。动物呈站立状，体型较小，短耳直立，长尾卷翘，推测为狗。

4-16，位于4-15左下方，图像宽11.6、高8.8厘米，为密点敲琢的线条式动物图像。动物四腿分立，体型较小，长尾卷翘，推测为狗。

4-17，位于4-16左边，图像宽23.7、高28.3厘米，为密点敲琢的线条式鹿。分有枝杈的鹿角向上伸展，四腿分立，圆臀无尾。

4-18，位于4-16右下方，图像宽25.3、高26.2厘米，为密点敲琢的线条式羊。双角略弯上伸，四肢分立呈行走状，短尾。

4-19，位于4-18右上方，图像宽20.6、高20.1厘米，为密点敲琢的线条式动物图像。动物躯体方直，四腿分立，短耳直立，长尾卷翘，推测为狗。

4-20，位于4-14右上方，图像宽33.2、高36.8厘米，为密点敲琢的线条式动物图像。动物头部线条模糊，躯体方直，四腿分立，短尾，前胸有一细线条。

三、分组与分期

总合四幅画面，共发现 15 处叠压关系。

1 号画面存在 2 处叠压关系（如图一二：1）：第 1 处是 1-4 人物右腿叠压于 1-3 鹿角右上方，第 2 处是 1-5 人物头部和肩部叠压于 1-6 动物腿部。

2 号画面的叠压打破关系略为复杂（如图一二：3），共有 10 处：第 1 处是 2-13 佛塔塔瓶叠压于 2-12 动物头部。第 2 处是 2-13 佛塔塔基叠压于 2-21 经幡中上部。第 3 处是 2-13 佛塔塔基叠压与 2-14 动物头部。第 4 处是 2-13 佛塔塔基叠压在 2-15 动物头部。第 5 处是 2-24 佛塔塔刹叠压于 2-22 经幡撑杆底部。第 6 处是 2-24 佛塔塔基左侧叠压在 2-20 中动物的头部。第 7 处是 2-24 塔身叠压在 2-25 动物腹背之上。第 8 处是 2-19 动物兽角叠压在 2-18 动物身躯之上。第 9 处是 2-19 动物后肢叠压于 2-10 动物头部。第 10 处是 2-31 藏文字母叠压在 2-21 经幡上部。

3 号画面存在 1 处打破关系（如图一二：2）：3-1 鹿下腹部叠压于 3-2 动物背部。

4 号画面存在 2 处打破关系（如图一二：4）：第 1 处是 4-6 鹿前腿叠压于 4-7 动物躯体之上。第 2 处是 4-13 鹿头部叠压于 4-12 动物臀部。

虽然四幅画面均有叠压打破关系，但从画面表述场景的完整性和风格一致性看，1 号画面、3 号画面、4 号画面中各自的叠压关系均不能直接体现出明显的时代差别，不能作为分组、分期依据。因此仅 2 号画面的图像可分成不同组，详见下文。

（一）分组

根据 4 幅画面上的 15 处打破关系，可将所有岩画图像分为两组：

第一组图像包括 1 号画面，2 号画面的 2-1、2-2、2-3、2-4、2-5、2-6、2-7、2-8、2-9、2-10、2-11、2-12、2-14、2-15、2-16、2-17、2-20、2-21、2-22、2-23、2-25、2-26、2-27、2-28、2-29、2-30。第一组图像为剪影式图像，包括马、鹿、羊、单人、骑射、骑行、持械、射箭、经幡、弓箭等。

第二组为 2 号画面的 2-13、2-18、2-19、2-24、2-31、2-32、2-33、2-34，3 号画面，以及 4 号画面图像。第二组为线条式图像，包括马、鹿、羊、狗、单人、骑射、骑行、射箭等、藏文六字真言、佛塔、万字符。

（二）分期

至今西藏岩画的时代判断仍然是一难题，图像之间的叠压打破关系相对较少，可借

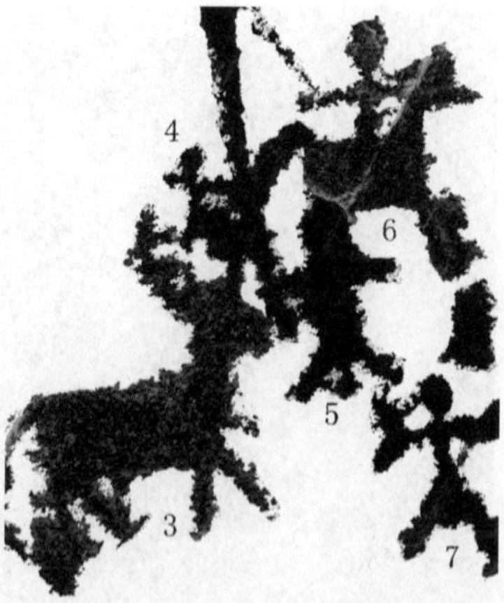

1. 1号画面打破关系图

2. 3号画面打破关系图

3. 2号画面打破关系图

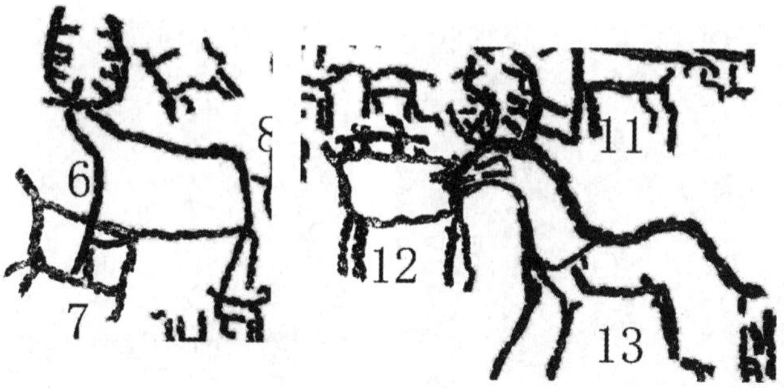

4. 4号画面打破关系图

图一二　各画面打破关系图

1. 1 号画面局部 1

2. 1 号画面局部 2

3. 2 号画面局部 1

4. 2 号画面局部 2

5. 2 号画面局部 1

6. 2 号画面局部 2

图一三　1、2 号画面局部

助其他考古发现进行判断的资料也不多，在本文中对孜孜荣岩画的年代初步推断，还请方家指正 。

从上述对孜孜荣岩画以及叠压打破关系、琢刻制作手法、风格特点综合分析，可将该岩画点的图像分为两期。

第一期，以第一组图像为代表，图像为剪影式（图一三：1，2，3）。画面主题是围猎场景，叙事效果强烈，有动物、人物和经幡图像。动物图像包括鹿、羊、马等，人物图像包括单个人物、骑射者、骑行者、射箭者、手持武器者等，个别人物图像被琢刻出男性的生殖器。从图像中的弓箭、短刀、长矛等武器看，表现的应是一种进步的狩猎生产方式。与西藏其他地区的岩画做以比较并进行综合分析，这一期岩画大致应在早期金属时代[3]，距今3000年左右。值得注意的是这一期图像中的人物，表现出了对男性的生殖崇拜。

第二期，以第二组图像为代表，图像为线条式（图一三：4，5，6），剪影式图像已不再出现。画面内容除狩猎场景外，新增放牧场景。出现藏文六字真言和佛塔。这期动物包括鹿、羊、马等，新出现狗的图像，表现动物的线条简洁锐利。部分动物的眼睛用圆点被表现出来，例如3-1、3-4和3-6鹿的眼睛，与日土岩画晚期动物图像出现眼睛表现形式相似[4]。人物图像包括单个人物、骑射者、骑行者、射箭者，而不再有表现生殖器特征的人物。从这一时期新出现的佛塔、藏文六字真言都是佛教传入后的产物，综合分析后推测该期岩画应是吐蕃及吐蕃时期以后。

四、小结

（一）孜孜荣岩画中的动物

1.鹿

鹿是孜孜荣岩画中出现频率较高的动物，图像中可清晰辨认出的鹿共有14只，然而在孜孜荣岩画中没有出现高原游牧经济的主要动物——牦牛，这与林芝工布江达色沃岩画[5]、日喀则定日门吉岩画[6]中相同，此种情况与当地长期生存和驯养动物种类有关。当

3 参见李永宪、霍巍：《西藏岩画艺术》，成都：四川人民出版社，1994：8。
4 参见张建林：《日土岩画的初步研究》，《文物》，1987（2）：52。
5 西藏自治区文物保护研究所：《西藏工布江达色沃岩画调查简报》，《考古与文物》，2014（6）：3-6。
6 西藏文管会文物普查队：《西藏定日门吉岩画调查简报》，四川大学博物馆、西藏自治区文物管理委员会编：《南方民族考古》（第4辑），成都：四川科学出版社，1991：65-69。

地居民至今仍以农业耕作作为长期和主要经济生产方式，亦有大量野生鹿群在此活动，常在秋季收割时到山脚下的农田寻觅食物。

2. 狗

孜孜荣岩画中狗的图像，具有体型小，双耳短小直立，长尾卷翘的共同特征。从狗所处位置看，3-3 狗左侧的 3-2 动物，面朝左侧，与其他动物朝向相反；4-15、4-16、4-19 三只狗，集中分布在 4 号画面右上侧，在紧邻 4-19 狗左下方的 4-18 羊，面朝右侧，亦与其他动物朝向不同。这种画面布局在色沃岩画[7]中亦有出现。因此，从狗出现的位置分析，狗被作为狩猎和放牧的动物驯养。

作为参考，曲贡遗址中发现的马、牛、羊、鹿等动物均系野生种，这说明当时居民对这些动物虽然还没有完全驯化，但对它们已有一定掌控力。孜孜荣岩画中的鹿就属于长期被狩猎，但一直未被驯化的动物。而狗则是后期被驯化作为辅助畜牧的动物，且狗仅出现在第二期的图像中，恰好互证当地居民生业方式的改变，即从单纯狩猎，到驯养畜牧和狩猎共存的生产生活结构。

（二）生殖崇拜

孜孜荣岩画部分图像表现了当时人们的生殖崇拜思想，这种崇拜体现在对男性和雄性动物的生殖器刻画表现上。

1. 男性生殖崇拜

对男性生殖器的刻画仅出现在第一期画面中，1-5、1-7、2-26 三幅图像表现了狩猎者的男性特征。男性生殖器刻画在日土鲁日朗卡岩画[8]、日土左拥湖岩画[9]、塔康巴岩画[10]、加林山岩画[11]、扎西岛岩画[12]、八宿拉鲁卡岩画[13]中也有发现，这些图像被认为是对非凡的生殖力的形象崇拜[14]。以往发现的这些男性角色，多表现为放牧者或巫师等形象。

孜孜荣岩画中表现有男性生殖器的三个人物有以下共同特征：体型强壮，与被狩猎动物之间距离甚近，处于一种正面交锋状态。通过这些画面不难推断，狩猎中的勇猛者

7 参见西藏自治区文物保护研究所：《西藏工布江达色沃岩画调查简报》，《考古与文物》，2014（6）：6。
8 参见李永宪、霍巍：《西藏岩画艺术》，1994：51。
9 参见李永宪、霍巍：《西藏岩画艺术》，1994：74。
10 参见四川大学考古系、西藏自治区文物局：《西藏日土县塔康巴岩画的调查》，《考古》，2001（6）：32-38。
11 参见李永宪、霍巍：《西藏岩画艺术》，1994：126。
12 参见李永宪、霍巍：《西藏岩画艺术》，1994：155。
13 参见李永宪、霍巍：《西藏岩画艺术》，1994：164、166、167、169。
14 参见李永宪、霍巍：《西藏岩画艺术》，1994：7。

更易被重视和崇拜，这也就促使男性成为力量的代表。在孜孜荣岩画中表现出的生殖崇拜，应是对强大力量的崇拜而非对生殖力的崇拜。

2. 雄性动物生殖崇拜

1-3、3-4、3-5、3-6 这四个图像表现了动物雄性生殖器特征，在色沃岩画[15]、多吉扎岩画[16]中亦发现有对雄性动物生殖器特征的刻画。推测这种表现形式，是对动物繁殖能力的一种期望和重视，雄性动物作为“种”的繁殖来源，被人类予以更多的重视。同时，在现已公布的图像资料中，仅这三处有对雄性动物生殖器的刻画表现形式。恰好这三处岩画点，均位于西藏中部，这种对雄性动物生殖器的刻画，从侧面反应了西藏中部地区岩画共同具有的风格特征。

附记：感谢夏格旺堆老师为本文提出宝贵意见。

调查：夏格旺堆、边巴顿珠、何伟

摄像：陕西十月文物保护有限公司

绘图：陕西十月文物保护有限公司、何伟

执笔：何伟

◆ 何伟　西藏自治区文物保护研究所馆员

15　参见西藏自治区文物保护研究所：《西藏工布江达色沃岩画调查简报》，《考古与文物》，2014（6）：5-6。

16　参见李永宪、霍巍：《西藏岩画艺术》，1994：159。

从出土动物遗存看岷江上游战国秦汉时期生业方式的变化

何锟宇

内容摘要：岷江上游地区目前所见战国秦汉时期的考古遗存主要为石棺葬，遗址特别是居住址非常少，近年九寨沟阿梢垴遗址的发掘为探讨岷江上游地区汉代的栖居形态和生业方式提供了宝贵材料。该区域战国时期石棺葬的随葬动物较少，秦汉时期的随葬动物不论种类还是数量均远较战国时期丰富，且秦汉时期在石棺葬墓地附近开始出现居住址，这种早晚阶段性差异当与先民的生业方式变化有关。

依据岷江干流的地理特点，一般将都江堰市以上称为岷江上游地区。该区域位于东北－西南走向的龙门山西北侧，为南方农牧交错带的一部分，属青藏高原向四川盆地的过渡地带。该地区自西周开始出现石棺葬遗存，春秋之后数量明显增多，战国时期至汉武帝之前达到顶峰。但岷江上游战国秦汉时期的遗址特别是居住址目前发现还非常少，近年九寨沟阿梢垴遗址的发掘取得了十分重要的成果，备受学界关注。阿梢垴遗址位于九寨沟尖盘寨附近，地势北高南低，两侧均为溪流深沟，海拔2600米。2008年5—8月，阿坝州文物管理所与四川大学考古学系等单位对该遗址开展调查并进行了小规模试掘。试掘发现了一组房屋建筑遗存（F1），揭露出两个相连的单间，建筑为典型的夯土墙与木框架的混合结构，墙体采用木板夯筑法。F1内圆形窖穴（F1H1）的标本测年大致在西汉前期。遗址出土汉代遗存器物有陶器、铁器、石器、竹器、骨质装饰品、动物骨骼和植物种子[1]。从遗址出土的陶器来看，其与平武水牛家寨[2]、马儿康石达秋[3]、宝兴雅尔撒[4]遗址的陶器类型和纹饰相近，但不见带足双耳罐、橄榄口单耳罐，其年代大致为西汉中晚期，不排除遗址的年代上限更早。发掘报告称 F1 内出土动物骨骼 861 块，可鉴定标本 114 件，代表最小个体数 43 个，家养动物有牛、羊、马、猪，野生动物有鹿、兔、中华竹鼠、雉鸡等。F1 延续时间可能较长，居民当以定居畜牧为主，狩猎作为补充肉食资源的手段。另外，在 F1、F1H1 发现较多植物种子，以青稞和小麦为主，也有亚麻种子[5]。阿梢垴遗址发现的动物、植物遗存无疑为研究岷江上游地区汉代的生业方式提供了宝贵的材料。

为了系统地探讨岷江上游战国秦汉时期先民对动物资源的利用状况以及生业方式，我们有必要对这一时期石棺葬的随葬动物阶段性特征做一总结。

一、战国时期石棺葬的随葬动物

笔者曾对岷江上游的石棺葬进行过分期和年代研究[6]，虽近年考古材料不断增加，但原有的分期和年代判断大致不误。值得注意的是茂县营盘山石棺葬墓地新发现了一批西周至春秋时期的石棺葬[7]，但这一阶段的墓葬均未发现随葬动物，说明岷江上游石棺葬随葬动物有一个从无到有的过程，应该是受到邻近地区丧葬习俗的影响而产生的。由于没有发现战国时期的居住址，仅能通过石棺葬的随葬动物和骨角牙质器对当时的动物资源分布与利用管窥一二。

1　吕红亮、李永宪、陈学志、范永刚、杨青霞、王燕：《汉代川西北高原的氐人聚落：九寨沟阿梢垴遗址考古调查试掘的初步分析》，《藏学学刊》第 6 辑，成都：四川大学出版社，2010：125-136。

2　黄家祥、任银、黄家全：《四川平武县白马藏区水牛家寨遗址》，《考古》，2006（10）：88-92。

3　阿坝藏族羌族自治州文物管理所、成都文物考古研究所、马尔康县文化体育局：《马尔康县石达秋遗址出土动物骨骼报告》，成都文物考古研究所编著：《成都考古发现 2012》，北京：科学出版社，2014：295-303。

4　四川省文物考古研究所、雅安市文物管理所、宝兴县文物管理所：《四川宝兴硗碛水电站淹没区考古发掘报告》，《四川文物》2004 年增刊，2004：5-62。

5　四川大学考古学系、四川省阿坝藏族羌族自治州文物管理所、九寨沟管理局科研处：《四川阿坝州九寨沟阿梢垴遗址的调查与试掘》，《考古》，2017（10）：60-68。

6　何锟宇：《岷江上游石棺葬的分期与年代》，《四川文物》，2009（4）：43-51。

7　成都文物考古研究所、阿坝藏族羌族自治州文物管理所、茂县羌族博物馆：《茂县营盘山石棺葬墓地》，北京：文物出版社，2013：249-258。

1. 茂县营盘山石棺葬墓地

营盘山石棺葬墓地位于岷江东岸北距茂县县城5公里的台地上，海拔1300多米，墓地高出岷江河床约100米。1979年茂汶羌族自治县文化馆前后两次清理了10座石棺葬，均不见随葬动物的现象，仅少量春秋中晚期战国早期墓随葬有骨质、牙质工具或装饰品[8]。2000—2006年成都文物考古研究所等单位联合对茂县营盘山遗址进行了6次发掘，清理石棺葬、器物坑近200座，墓葬年代从西周晚期至战国晚期，亦未发现随葬动物的现象，仅出土由27枚骨管珠组合成的项链状串饰1件，以及贝甲、牙类4件[9]。

2. 茂县别立石棺葬墓地

别立石棺葬墓地位于茂汶县南新公社别立大队，地处岷江东岸，距离茂汶县城20公里，别立墓地与岷江的垂直高度约900余米。别立石棺葬墓地仅亚垭口上战国中晚期石棺葬BM9出土骨珠1件，其他16座墓均不见随葬动物和骨质品[10]。

3. 茂县牟托一号石棺墓

牟托一号石棺墓位于茂县新南乡牟托村，坐落在岷江西岸二级台地上，海拔1702米。1992年茂县羌族博物馆等单位清理石棺葬1座以及陪葬器物坑3座，发掘者认为1号墓及1、2号坑的年代应为战国中晚期之际[11]。该墓随葬大量陶器、青铜器、玉石器和竹木器，三个器物坑也有大量的青铜器和玉石器。发掘报告将其年代定为战国晚期，认为墓主人当具有特殊的身份，可能为其社会结构中的大巫师“君长”[12]。随葬器物中，陶器大多置于头箱，少数置于椁室北部，部分陶篮、罐内分别装有已炭化的动物肉、栗以及植物根、果等。青铜礼器、乐器置于棺北部左右两侧，鼎及敦形器内分装肉类和麦类食物，钮钟的钮部以竹索相连。

---

8 茂汶羌族自治县文化馆：《四川茂汶县营盘山的石棺葬》，《考古》，1981（5）：411-421。

9 成都文物考古研究所、阿坝藏族羌族自治州文物管理所、茂县羌族博物馆：《茂县营盘山石棺葬墓地》，2013：42。

10 茂汶羌族自治县文化馆：《四川茂县别立、勒石村的石棺葬》，《文物资料丛刊》第9辑，北京：文物出版社，1985：81-92。

11 茂县羌族博物馆、阿坝藏族羌族自治州文物管理所：《四川茂县牟托一号石棺墓及陪葬坑清理简报》，《文物》，1994（3）：4-40。

12 茂县羌族博物馆、成都文物考古研究所、阿坝藏族羌族自治州文物管理所：《茂县牟托一号石棺墓》，2012：102。

4. 战国时期出土动植物遗存的分析

岷江上游地区发现战国时期石棺葬墓地的还有茂县勒石村[13]、汶川昭店村[14]、茂汶撮箕山早中期[15]和茂县城关石棺葬墓地早期墓葬[16]等，但这些墓葬均不见随葬动物。这一时期岷江上游石棺葬的随葬品主要有铜器、陶器、石器、骨器、牙器等。铜器主要为剑、矛、戈、钺等兵器，削、斧等工具，以及牌饰、管、泡、发簪等装饰品，目前仅有高等级墓（指牟托一号墓，下同）随葬有鼎、罍、敦等礼器和钟、铃等乐器。陶器主要有双耳罐、单耳罐、侈口罐、豆、杯、器盖、纺轮等。石器则多为斧、锛、凿、刀、纺轮等工具。骨角牙质牙器种类主要有锥、管（含串饰）、珠、耳饰等。随葬植物食品的也仅有牟托一号墓容器盛装的粟、麦和植物根果等。这一时期仅茂县营盘山石棺葬墓地随葬少量海贝，说明对外交流还是比较畅通。

鉴于岷江上游地区先秦考古遗存的发现和研究现状，仅靠石棺葬的随葬动物遗存难以复原当时的动物资源分布和利用状况。而距今 5000 年前后的营盘山遗址的出土动物遗存做了比较系统的收集和研究，当有一定的借鉴意义，特别是对野生动物资源的复原可供参考。营盘山遗址出土的动物遗存中哺乳动物的种类有兔子、竹鼠、斑羚、黄牛、水鹿、斑鹿、麂、家猪、黑熊、狗、猪獾和藏酋猴等 12 种；鸟的种类有石鸡、环颈雉和大鵟。动物群以家养动物为主，野生动物数量较少，按最小个体数统计家养动物占总数的 65.09%（含黄牛），野生动物占 34.81%。家养动物的种类有猪、狗，可能还有黄牛，猪占主导地位，猪的可鉴定标本数占总数的 64.27%，最小个体数占总数的 54.08%。这些都与农业定居社会驯养动物的特征相似[17]。营盘山遗址浮选出土的农作物包括粟和黍两个谷物品种，浮选结果所反映的农业应该属于典型的北方旱作农业生产特点[18]。

从牟托一号墓随葬的粟、麦来看，也当为旱作农业。牟托一号墓随葬的一件双面牛头钮盖漆绘罐（M1:45）呈现的是牦牛头部形象（注：角的形态与现生牦牛相近）[19]，这一

13 茂汶羌族自治县文化馆：《四川茂县别立、勒石村的石棺葬》，《文物资料丛刊》第 9 辑，1985：81-92。

14 叶茂林、罗进勇：《四川汶川县昭店村发现的石棺葬》，《考古》，1999（7）：84-85。

15 四川省文物考古研究院、阿坝藏族羌族自治州文物管理所、茂县羌族博物馆、成都文物考古研究所：《1984 年度茂县撮箕山石棺葬发掘报告》，《南方民族考古》第 9 辑，北京：科学出版社，2013：295-364。

16 四川省文管会、茂汶县文化馆：《四川茂汶羌族自治县石棺葬发掘报告》，《文物资料丛刊》第 7 辑，北京：文物出版社，1983：34-55。

17 何锟宇：《马尔康哈休遗址史前文化与生业——兼论岷江上游地区马家窑类型的生业方式》，《考古》，2015（5）：72-82。

18 赵志军、陈剑：《四川茂县营盘山遗址浮选结果及分析》，《南方文物》，2011（3）：60-67。

19 茂县羌族博物馆、阿坝藏族羌族自治州文物管理所：《四川茂县牟托一号石棺墓及陪葬坑清理简报》，《文物》，1994（3）：4-40。

阶段的牦牛是否已驯化还需要更多证据。综合战国时期石棺葬的随葬器物、动植物遗存、地貌环境和区域经济传统来看，岷江上游地区当时的生业方式主要以旱作农业为主，畜牧对象推测主要为山羊、黄牛、猪、狗等。《华阳国志》所述“以汶山为畜牧”也说明当时汶山一带或为重要的畜牧区。当然，狩猎、采集经济在岷江上游地区也占有一定的比重，作为生业方式的补充手段。

二、秦汉时期石棺葬的随葬动物

秦汉时期，岷江上游地区的石棺葬分布范围有所扩大，而且在石棺葬墓地附近也有居址，如理县佳山寨[20]、汶川布瓦砦[21]等，这说明秦汉时期该地区先民的栖居形态、生业方式与战国时期相比有了重大变化。

1. 茂汶城关石棺葬墓地

茂汶城关石棺葬墓地位于阿坝藏族羌族自治州茂汶羌族自治县县城东北，1978 年曾进行两次发掘，共清理墓葬 46 座。这批墓葬排列密集均匀，未发现叠压打破现象，墓向基本一致[22]。该墓地早期为战国晚期，中晚期为西汉早期。报告称很多墓中出土粮食和兽骨，多放在容器中也有放在墓坑头端，根据 AM8-AM114 座墓统计，每座墓中盛放粮食和兽骨的器物各 2-4 件。随葬有海贝 260 枚，出于第 II 类墓中，每墓 5-43 颗不等。背上一端钻有小孔，由绳串起，出土时均在胸前，可能为项饰。此外，尚有螺壳、兽骨（绝大部分是羊骨）和谷物（经鉴定是皮大麦，放在釜、鍪、罐内）等。墓葬年代当为战国后期至汉武帝以前，主体年代集中在西汉早期。

2. 茂县撮箕山石棺葬墓地

撮箕山石棺葬墓地位于茂县城北岷江东岸凤仪大坝北端，海拔约 1700 米，1984 年四川省文物管理委员会等单位对该墓地进行发掘，清理石棺葬 62 座，墓地延续的时间较长，从春秋晚期至西汉晚期或东汉初期[23]。东周时期（第一、二期）的墓葬没有发现随

20 阿坝藏族羌族自治州阿坝藏族羌族自治州文物管理所、理县文化馆：《四川理县佳山石棺葬发掘清理报告》，《南方民族考古》第一辑，成都：四川大学出版社，1987：211-236。

21 汶川县文管所、成都文物考古研究所、阿坝藏族羌族自治州文管所：《四川汶川县布瓦石棺葬 2009 年的调查》，成都文物考古研究所编：《成都考古发现 2008》，北京：科学出版社，2010：231-248。

22 四川省文管会、茂汶县文化馆：《四川茂汶羌族自治县石棺葬发掘报告》，《文物资料丛刊》第 7 辑，1983：34-55。

23 四川省文物考古研究院、阿坝藏族羌族自治州文物管理所、茂县羌族博物馆、成都文物考古研究所：《1984 年度茂县撮箕山石棺葬发掘报告》，《南方民族考古》第 9 辑，2013：295-364。

葬动物、骨器和海贝等现象，但第三期（西汉至东汉早期）石棺葬中有少量随葬有骨珠和海贝。

3. 理县佳山寨石棺葬墓地

佳山石棺葬墓地位于阿坝藏族羌族自治州理县东部桃坪羌族乡，地处岷江上游支流杂谷脑河南岸。1984 年阿坝州文物管理所及理县文化馆清理了 15 座石棺葬和 1 座祭祀坑。墓葬分布密集，排列整齐，发掘者认为其是按家族、时代下葬，位于山上部的墓葬时代较早，越往山下时代越晚，多头向山顶脚向山麓。另外，墓地附近发现的居住址很可能与石棺葬同时。发掘者认为早中期墓葬已有不少汉式或受汉族文化影响的器物，而晚期则基本上是汉式器物 [24]。随葬动物方面，IM2 发现有羊骨、野鸡及鸟骨，其中发现的羊骨、野鸡骨散见于墓内头端的地上、器物内、器身上等，鸟骨则出土于一陶罐中。另外，在 IM2、IM4 中均发现有少量植物根，IM2 发现于豆中，IM4 盛于铁釜内。早在 20 世纪 40 年代，中央研究院历史语言研究所与中央博物院就在佳山清理过 10 余座被盗掘的残墓，少量墓葬随葬有贝珠和贝币 [25]。

4. 理县子达砦石棺葬墓地

子达砦位于理县薛城区杂谷脑河的支流孟董沟西岸，距薛城约 13 公里，高出河谷约 100 米，1964 年四川大学历史系在子达砦清理石棺葬 23 座 [26]。该墓地上限为战国末期至秦汉之际，主体年代为西汉时期。其中 SZM3 随葬的高领罐中似盛有某种肉汤，罐内壁中部尚留有一圈脂肪结成的干垢，罐底有一些碎骨。单耳杯内亦有碎骨，可能同样盛了某种食物。

5. 汶川萝葡砦石棺葬墓地

萝葡砦位于汶川县城以北约 10 公里的雁门乡，地处岷江东岸，高出河谷约 800 米，1964 年四川大学历史系在萝葡砦清理石棺葬 3 座，年代为西汉早期 [27]。其中 SLM1 随葬野猪牙 3 件和骨饰（或工具）1 件，SLM3 墓中随葬有粟稷属农作物。

---

24 阿坝藏族羌族自治州阿坝藏族羌族自治州文物管理所、理县文化馆：《四川理县佳山石棺葬发掘清理报告》，《南方民族考古》第一辑，1987：211-236。

25 凌曼立：《四川理番县佳山寨史前拾遗》，《台湾大学考古人类学刊》第二十一、二十二期合刊，1963 年 11 月。转引自阿坝藏族羌族自治州文物管理所、成都文物考古研究所编《中国西南地区石棺葬文化调查与发现（1938—2008）》，成都：四川大学出版社，2009：15-54。

26 冯汉骥、童恩正：《岷江上游的石棺葬》，《考古学报》，1973（2）：41-60。

27 冯汉骥、童恩正：《岷江上游的石棺葬》，《考古学报》，1973（2）：41-60。

6. 秦汉时期出土动植物遗存分析

秦汉时期岷江上游发现的石棺葬墓地还有理县龙袍砦[28]、理县桃坪[29]、汶川大布瓦砦[30]、汶川布瓦砦[31]、茂汶别立[32]等，但仅别立墓地发现有少量随葬动物。据报告介绍，在别立墓地黄角树地点清理的西汉时期的石棺葬 BM1 随葬陶器内均盛有羊骨，而该墓地战国时期仅随葬有骨珠 1 件，不见动物肉食[33]。

岷江上游地区西汉中晚期开始出现类似四川盆地的独木棺墓[34]、崖墓[35]和砖室墓[36]，东汉早期之后基本不见石棺葬了。这一时期，墓地的附近就有遗址分布，如理县佳山、汶川布瓦砦石棺葬墓地附近就有房址等遗存，与九寨沟阿梢垴遗址发现的房址非常相似，栖居形态当为定居。岷江上游石棺葬的随葬品组合在两汉时期发生了很大的改变，随葬器物主要有铜器、陶器，石器、骨器则明显较东周时期减少，铁器开始流行，也新出现了漆器、木器。铜器除战国时期的兵器、工具、装饰品外，增加了容器特别是炊煮器，如釜、鍪等。铁器中既有釜、鍪等容器，也有兵器、工具及农具，铁器技术全面应用于日常生产、生活和军事上。陶器继承了双耳罐、单耳罐等标志性器物外，汉式器物不断增加，鼎、釜、豆、钵所占比例越来越多。石器的种类依然为小型工具及装饰品，数量变少，增加了璧等礼仪性器物。骨器主要为骨珠等装饰品，不见战国时期骨锥等工具，另有随葬野猪牙。流行用容器装动植物食品随葬，动物种类主要为羊，可能有猪，也有少量鸟类。海贝串饰或单个穿孔海贝在多个墓地均有发现，随葬数量也远比战国时期多。

据《史记·西南夷列传》记载：

> "西南夷君长以什数，夜郎最大；其西靡莫之属以什数，滇最大；自滇以北君长以什数，邛都最大；此皆椎结，耕田，有邑聚。其外西自同师以东，北至楪榆，名为嶲、昆明，皆编发，随畜迁徙，毋常处，毋君长，地方可数千里。

---

28 冯汉骥、童恩正：《岷江上游的石棺葬》，《考古学报》，1973（2）：41-60。

29 阿坝藏族羌族自治州文管所：《理县桃坪大石墓调查简报》，《四川文物》，1992（3）：68-69。

30 冯汉骥、童恩正：《岷江上游的石棺葬》，《考古学报》，1973（2）：41-60。

31 汶川县文管所、成都文物考古研究所、阿坝藏族羌族自治州文管所：《四川汶川县布瓦石棺葬2009年的调查》，《成都考古发现2008》，2010：231-248。

32 茂汶羌族自治县文化馆：《四川茂汶别立、勒石村的石棺葬》，《文物资料丛刊》第九辑，1985：81-92。

33 茂汶羌族自治县文化馆：《四川茂汶别立、勒石村的石棺葬》，1985：81-92。

34 文物管理所、理县文化馆：《四川理县佳山石棺葬发掘清理报告》，《南方民族考古》第一辑，1987：211-236。

35 阿坝州文物管理所：《杂谷河下游西汉岩墓调查简报》，《四川文物》，1989（2）：76-79。

36 赵殿增、高英民：《四川阿坝州发现汉墓》，《文物》，1976（11）：90-93。

自巂以东北，君长以什数，徙、筰都最大；自筰以东北，君长以什数，冉駹最大。其俗或土著，或移徙，在蜀之西。自冉駹以东北，君长以什数，白马最大，皆氐类也。此皆巴蜀西、南外蛮夷也。”[37]

综合岷江上游考古发现特别是动植物遗存、居住址来看，生业方式当以定居农业和饲养家畜为主，与文献记载基本吻合。旱作农业栽培种类有青稞（裸大麦）、大麦（皮大麦）、小麦、粟稷属等农作物，畜牧对象则以马、黄牛、山羊、猪为主，墓中则主要随葬羊肉。同时，狩猎鹿、野猪、野鸡、野兔、竹鼠、鸟类，捕捞淡水鱼、蚌、螺，也采食植物根茎，呈现出食物资源的多样化，但各自所占比重应有多寡之分。

三、动物遗存所反映出的生业方式变化

岷江上游地区西周至春秋时期的石棺葬数量较少，也不见随葬动物，战国时期开始出现随葬动物和骨角牙质器。骨角牙器的种类有骨锥、管（含串饰）、珠，牙器主要为耳饰等，多出现于等级一般的墓葬中，相反，在高等级墓葬中不见。随葬动物和植物食品仅出现在高等级的墓中，应该是接受了来自四川盆地东周时期葬俗的影响[38]。战国时期随葬海贝的数量很少，仅在茂县营盘山墓地发现几枚。

秦汉时期，该区域除墓地外，还发现有遗址。秦汉时期随葬的骨角牙质器种类减少，仅有骨珠和作为装饰品的野猪牙；海贝则远比战国时期普遍。墓葬的随葬动物一般具有比较强的选择性，多个墓地出现用容器装动物肉食随葬，而且集中于某些特定属种，主要为羊，说明羊与岷江上游石棺葬墓主的关系当最为亲近。居住址出土的动物种类则远比同时期墓葬丰富，如九寨沟阿梢垴遗址 F1 内出土动物骨骼代表的属种有家养动物牛、羊、马、猪，野生动物则有鹿、兔、中华竹鼠、雉鸡等，这也恰说明了墓葬的随葬动物是有选择性的。

据《后汉书 · 南蛮西南夷列传》载：

“冉駹夷者，武帝所开，元鼎六年，以为汶山郡。至地节三年，夷人以立郡赋重，宣帝乃省并蜀郡为北部都尉。其山有六夷七羌九氐，各有部落。其王

37 （西汉）司马迁：《史记》卷一百一十六，“西南夷列传第五十六”。

38 何锟宇、颜劲松、陈云洪：《成都市商业街船棺墓葬出土动物骨骼研究》，《四川文物》，2006（6）：42-51。

侯颇知文书，而法严重。贵妇人，党母族。死则烧其尸。土气多寒，在盛夏冰犹不释，故夷人冬则避寒，入蜀为佣，夏则违暑，反其邑。众皆依山居止，累石为室，高者至十余丈，为邛笼。又土地刚卤，不生谷粟麻菽，唯以麦为资，而宜畜牧。有旄牛，无角，一名童牛，肉重千斤，毛可为毦。出名马。有灵羊，可疗毒。又有食药鹿，鹿麑有胎者。其肠中粪亦疗毒疾。又有五角羊、麝香、轻毛毼鸡、牲牲。其人能作旄毡、班罽、青顿、毞毲、羊羧之属。特多杂药。地有咸土，煮以为盐。麢羊牛马，食之皆肥。”[39]

就遗址发现的牛类骨骼来看，岷江上游地区秦汉时期饲养的牛主要为黄牛，但从牟托一号墓随葬陶罐上的彩绘图案来看，不排除岷江上游在战国晚期开始或出现了牦牛。《汉书》中有关西南夷的记载与《史记 · 西南夷列传》基本相同，而《后汉书 · 南蛮西南夷列传》与《史记 · 西南夷列传》关于夷人的记载有了两点非常大的变化。一是“以邛笼为室”，与九寨沟阿梢垴等遗址的石结构建筑相吻合；二是开始出现了有关牦牛的记载，说明牦牛的出现在岷江上游应当比黄牛晚，而冉駹夷等饲养牦牛可能受到了来自南方“牦牛夷”的影响。

通过观察秦汉时期随葬品的变化，我们发现自西汉早期到晚期从四川盆地输入岷江上游地区的各种器物主要是日常生活用品。这一阶段与四川盆地的交往相对稳定及普遍，与战国时期仅限于社会高层贵重金属器物交流有着本质的差异，显示了秦汉文化进一步对岷江上游石棺葬文化的同化[40]。至西汉晚期到东汉早期，岷江上游石棺葬文化中仅保留有双耳罐等少数本土文化特色，整体上已经融入汉文化体系。也正是因为与外界特别是四川盆地交往的畅通，加速了汉化进程，栖居形态、生业方式也受益于先进技术和生产力的影响。石砌房址的出现，家畜、农作物品种的增多均表明秦汉时期的生业方式远比东周时期稳定和进步，适应环境和利用环境的能力增强。同时，该区域丰富的野生动植物资源一直是先民食谱的重要组成部分，狩猎野生动物、捕捞淡水食物，采食植物根茎是其重要的生计策略。

岷江上游地区这种栖居形态、生业方式的转变并不是孤立的，相邻的大渡河上游地

39 （南朝宋）范晔撰：《后汉书》卷八十六，“南蛮西南夷列传第七十六”。

40 何锟宇：《岷江上游石棺葬的分期与年代》，《四川文物》，2009（4）：43-51。

区也呈现出类似景象。大渡河上游发现的汉代石棺墓地有马尔康孔龙村[41]、丹巴罕额依[42]等，遗址则有马尔康木尔溪[43]、石达秋[44]遗址等。

木尔溪遗址位于四川省阿坝藏族羌族自治州马尔康县梭磨乡木尔溪一组。遗址地处大渡河一级支流——梭磨河北岸二级台地，高出河床20米，海拔2835米。发掘者认为木尔溪的文化性质应为与大渡河上游地区石棺葬时代相当的地方土著文化遗存[45]。遗址发现有用石片及卵石砌筑的石结构房屋基础，未用泥土粘连，空隙处垫支小石块，出土的动物遗存有鹿角、山羊角、骨梳、角杵等。

石达秋遗址位于阿坝藏族羌族自治州马尔康县松岗镇石达秋村，处于梭磨河下游，海拔2500米左右。发掘者认为从考古学文化因素、地理位置、生业方式等角度来观察，本地区的人群与族属是非常复杂的，结合相关文献记载内容，石达秋遗址所对应的主体人群应该为包括冉、駹在内的夷系族群[46]。石达秋遗址出土的动物种类比较单一，均为哺乳动物，仅有偶蹄类和食肉类两种，以偶蹄类为主，有家猪、鹿、黄牛、山羊4种，食肉类有熊。在148件NISP中山羊72件，占48.65%，猪52件，占35.14%，黄牛20件，占13.51%，鹿4件，2.7%，两种野生动物占得比例非常低，表明石达秋先民无疑是以饲养家畜作为获取肉食资源的主要途径，狩猎仅是补充[47]。从遗址出土的石结构建筑来看，石达秋先民当时依山而居，农牧兼营，既放养山羊、黄牛等食草动物，又饲养家猪，狩猎野生动物也作为获取肉食资源的补充。

大渡河上游地区在秦汉时期的栖居形态、生业方式与岷江上游地区类似，均以旱作农业和定居畜牧为主。但是这种景象在雅砻江、金沙江上游表现得却并不明显，这两个区域暂时没有秦汉时期的遗址，均为石棺葬遗存，与东周时期基本一致。雅砻江—金沙

41 陈学志：《马尔康孔龙村发现石棺葬墓群》，《四川文物》，1994（1）：70-71。

42 四川省文物考古研究所、甘孜藏族自治州文化局：《丹巴县中路乡罕额依遗址发掘简报》，刊四川省文物考古研究所编：《四川考古报告集》，北京：文物出版社，1995：59-77。

43 阿坝藏族羌族自治州文物管理所、成都文物考古研究所、马尔康县文化体育局：《四川马尔康县木尔溪遗址试掘简报》，成都市文物考古研究所编：《成都考古发现2005》，北京：科学出版社，2007：25-40。

44 阿坝藏族羌族自治州文物管理所、成都文物考古研究所、马尔康县文化体育局：《马尔康县石达秋遗址出土动物骨骼报告》，成都市文物考古研究所编：《成都考古发现2012》，北京：科学出版社，2014：295-303。

45 阿坝藏族羌族自治州文物管理所、成都文物考古研究所、马尔康县文化体育局：《四川马尔康县木尔溪遗址试掘简报》，《成都考古发现2005》，2007：25-40。

46 阿坝藏族羌族自治州文物管理所、成都文物考古研究所、马尔康县文化体育局：《四川马尔康县石达秋遗址试掘报告》，成都市文物考古研究所编：《成都考古发现2015》，北京：科学出版社，2017：466-506。

47 阿坝藏族羌族自治州文物管理所、成都文物考古研究所、马尔康县文化体育局：《马尔康县石达秋遗址出土动物骨骼报告》，《成都考古发现2012》，2014：295-303。

江上游石棺葬随葬的骨角牙质器种类和数量较岷江上游—大渡河上游丰富，主要有管、针、锥、纺轮、珠等工具和装饰品；流行随葬完整的马头、蹄和肢骨，也有牛羊骨骼，当属“割体”殉牲范畴。不论是随葬骨管、骨针等骨器，还是以马头、蹄、肢骨等为代表的殉牲习俗都应该是受到了北方文化因素的影响，但两者有先后之分，来源之别。骨管、针、锥、纺轮等小型工具明显与纺织衣物有关，常见于甘青地区青铜时代遗存。李水城认为川西北石棺葬流行随葬一种骨管，有的表面刻画简单几何纹，管内常常装入骨针，此即北方草原地区早在新石器时代就广为流行的骨针筒，后来亦常见于甘青地区的四坝文化、齐家文化、卡约文化和寺洼文化中[48]。随葬马头、马蹄则明显受北方草原文化的影响，这一葬俗在内蒙古、青海、宁夏、甘肃、陕北等广泛流行，最直接的源头或为主要分布于宁夏中南部、甘肃东南部的杨郎文化。岷江上游—大渡河上游与雅砻江上游—金沙江上游栖居形态、生业方式的差异说明南方农牧交错带在秦汉时期不断向西推移，南方农牧交错带西移的过程实质上是秦汉时期农业不断发展的结果。究其原因，当与汉化进程的加速、铁器使用的推广、旱作农业和畜牧业技术的发展等有关。

四、小结

本文在分析九寨沟阿梢垴遗址出土动物遗存的基础上，系统地对岷江上游地区战国秦汉时期石棺葬随葬动物的阶段性特征进行了总结，认为秦汉时期石棺葬随葬动物的种类和数量远较战国时期丰富，且秦汉时期在石棺葬墓地附近开始出现居住址，栖居形态也发生了重要变化。这种早晚阶段性差异主要与先民的生业方式变化有关，生业方式的最大变化在于旱作农业和畜牧业的稳定发展。

◆ **何锟宇　四川大学历史文化学院考古学系博士生**

48 李水城：《石棺葬的起源与扩散——以中国为例》，《四川文物》，2011（6）：64-69。

造型与技法

——笈多艺术对中土佛像的影响

李崇峰

内容摘要：中国南北朝的佛教雕塑与绘画多受天竺笈多佛教艺术的影响，反映在造型与技法方面尤为显著。秣菟罗佛像的大衣轻薄贴体，如水浸般隐约显现身体轮廓，自双肩垂下的U字形衣褶形如水波。秣菟罗创造的这种轻纱透体的“出水式”法服，成为五六世纪天竺各地雕造佛像竞相模仿的典范。炳灵寺第169窟雕造的立佛与云冈第18窟镌建的佛像，从形体造型到服饰样式，显示出极为清晰的秣菟罗笈多佛像“体法”。成都发现的阿育王像和青州出土的诸多北齐佛像，流行薄衣、隐现肌体，显然受到了秣菟罗笈多佛像造型的影响。

据印度《毗湿奴最上法往世书》，古代天竺绘画技法的核心是晕染，即“天竺遗法”。阿旃陀石窟晚期壁画采用晕染、点生和高光等多种技法，尤以晕染与高光合璧最为常见，整个人体造型立体效果明显。这种技法，后来在龟兹和敦煌等早期石窟中广泛采用。此外，“佛事画”“张家样”创立者张僧繇537年在建康一乘寺画“凹凸花”，与阿旃陀晚期壁画的绘制年代大体相当。中土现存最早的纪年“凹凸法”画迹，是大同新发现的469年绘制的石椁板。作为保守的宗教艺术，笈多佛像的造型与技法，对南北朝“佛事画”与雕塑的创作产生了相当影响。

中国东晋南北朝与印度笈多帝国（Gupta Empire）[1]，两者在时间上大体相当。随着佛教在此土的发展，中国与南亚之间在佛教艺术领域的交流颇为频繁。如法显游历天竺时，曾于多摩梨帝国（Tāmralipti）“写经及画像”，后经狮子国（Siṃhala）“持经像乘船泛海”北归[2]。6世纪初，宋云、惠生出使西域，于乾陀罗国（Gandhāra）“以铜摹写雀离浮图仪一躯，及释迦四塔变”。[3]与此同时，南亚僧人赍经像来华者增多。如北魏“太安（455—459年）初，有狮子国胡沙门耶奢遗多、浮陀难提等五人，奉佛像三，到京都（平城）”。[4]姚最《续画品》[5]明确记述有三位外国僧人画家到了中国：“释迦佛陀、吉底、俱摩罗菩提，右此数手，并外国比丘，既华戎殊体，无以定其差品。”[6]中土高僧西行求法与南亚僧人及画家接踵来华，必然会把当时南亚的佛教雕塑与绘画技艺同时带入此土。如姚最记述“光宅威公，雅躭好此法；下笔之妙，颇为京洛所知闻。”[7]故而，南北朝佛教雕塑与绘画受笈多佛教艺术影响颇多，反映在雕塑造型（modeling）与绘画技法（technique）方面尤为显著。道世《法苑珠林》卷十六《敬佛篇：感应缘》记载：“自泥洹以来，久踰

1 一般认为，笈多纪元始于公元320年旃陀罗笈多（Chandragupta）一世。虽然笈多王朝在政治上的霸权只延续到495年后不久，但他们所倡导的艺术风格与样式却一直保持到公元600年左右，甚至更晚一些。所以“笈多王朝”在艺术意义上所包含的时间，比它在政治上被认可的期限要长久得多。参见：1) A. K. Coomaraswamy, *History of Indian and Indonesian Art*, New York: E. Weyhe/ London: E. Goldston, 1927: 71; 2) R. C. Majumdar et al, *An Advanced History of India*, 4th ed., London: Macmillan & Company Limited, 1978: 138, 233.

2 （东晋）法显撰、章巽校注：《法显传》，上海：上海古籍出版社，1985：146、161、173。参见（梁）僧祐撰，苏晋仁、萧錬子点校：《出三藏记集》，北京：中华书局，1995：575。

3 （北魏）杨衒之撰、周祖谟校释：《洛阳伽蓝记》，北京：中华书局，1963：220。

4 （北齐）魏收：《魏书》，北京：中华书局，1974：3036。关于耶奢遗多与浮陀难提，魏鲁男/魏楷（James R. Ware）分别还原为Yaśagupta和Buddhanandi，赫维茨（Leon Hurvitz）译作Yaśovida和Buddhanandi。参见1) James R. Ware, “Wei Shou on Buddhism,” in *T'oung Pao*, 1930 (30): 100-181, esp. 146；2) Wei Shou, “*Treatise on Buddhism and Taoism*; An English Translation of the Original Chinese Text of *Wei-shu* cxiv and the Japanese Annotation of Tsukamoto by Leon Hurvitz”，载水野清一、長廣敏雄：《雲岡石窟：西曆五世紀における中國北部佛教窟院の考古學的調查報告》（東方文化研究所調查，昭和十三年—昭和二十年，16卷，京都：京都大學人文科學研究所，1951—1956年），第十六卷补遗，1956：72。

5 《续画品》，“旧本题陈吴兴姚最撰”（《四库全书总目提要》）。余嘉锡考定“（姚）最生于梁，仕于周，殁于隋，始终未入陈。……余疑其作于入周之后。”参见余嘉锡：《四库提要辩证》，北京：中华书局，1980：775-776。

6 （北周）姚最：《续画品》，叶十五（明万历初年王世贞郧阳初刻《王氏画苑》本）。伯希和认为姚最《续画品》所记三位僧人画家，分别为释迦佛陀（Śākyabuddha）、佛陀吉底（Buddhakīrti）和俱摩罗菩提（Kumārabodhi）。见伯希和著、冯承钧译：《六朝同唐代的几个艺术家》，载冯承钧：《西域南海史地考证译丛》第二卷《西域南海史地考证译丛八编》，北京：商务印书馆，1995：135-136。

7 （北周）姚最：《续画品》，叶十五（《王氏画苑》初刻本）。

千祀；西方像制，流式中夏。虽依经镕铸，各务髣髴；名士奇匠，竞心展力。”[8]张彦远《历代名画记》卷二《论传授南北时代》云：“曹创佛事画，佛有曹家样、张家样及吴家样。”[9]其中，“曹家样”系北齐画家曹仲达所创，与笈多时期秣菟罗佛像关系密切。

秣菟罗（Mathurā，孔雀城），既是佛像的起源地之一，也是公元1至6世纪印度主要的佛教造像中心[10]。公元前6世纪，秣菟罗是印度十六国之一苏罗森那（Sūrasena）的首府，后来相继被并入摩揭陀（Magadha）、孔雀（Maurya）、巽伽（Śuṇga）和贵霜（Kuṣān）王朝。大约在公元4世纪中叶，秣菟罗被纳入笈多帝国版图之内。笈多被称作印度历史上的黄金时代，不仅在德政方面取得了巨大成就，而且文学与艺术达到全盛。笈多造型艺术最重要的贡献，是发展了佛教和婆罗门教（Brāhmaṇical）两种宗教神祇的完形式。秣菟罗艺术家创造的佛像在笈多时期臻于完善，可以视作笈多佛教艺术的代表。

图一　佛头，Chāmuṇḍā 出土，秣菟罗政府博物馆藏（图片采自《梵天东土 并蒂莲华：公元400-700年印度与中国雕塑艺术》，北京：故宫出版社，2016：116，图49。以下均简称该书为《梵天东土》）

笈多佛像强调表情，通过面部显示内在情感，达到肉体与精神上的高度和谐。佛“身端严”，[11]造型健硕，形体上与凡人差距拉大[12]。头光繁复，“顶有肉髻”，“螺发绀青”。面相椭圆，“额广平正”，“眉纤而长”，“目如青莲”，眼睑低垂；“鼻高修直”，鼻翼舒张，嘴角自然，下唇较厚，耳垂拉长。颈部三折，形同海螺（图一）。以立像为例，身躯硕长，“两肩齐亭，充满圆好”；一腿微屈，

8　（唐）道世撰，周叔迦、苏晋仁校注：《法苑珠林》，北京：中华书局，2003：542-543。参见：《大正新脩大藏經》（100卷，高楠順次朗、渡邊海旭都監，東京：大正一切經刊行會，1924—1934年，以下简作《大正藏》）No.2122，第53卷，第406a页。

9　（唐）张彦远：《历代名画记》卷二，叶二（明万历初年王世贞郧阳初刻《王氏画苑》本）。

10　A. K. Coomaraswamy, *History of Indian and Indonesian Art*, 1927: 74.

11　文中描述佛像的字词，系采自不同早期汉译佛经，恕不一一注明出处。下同，谨此说明。

12　笈多时期秣菟罗艺术家创作的立佛，通常在佛像两侧雕刻供养人。由于佛陀已经从“历史佛”演变为“神”，因此雕刻在立佛两侧的跪姿供养人，显得极为渺小，整体高度仅及立佛脚踝。

图二　立佛，Jamalpur 出土，秣菟罗政府博物馆藏（图片采自《梵天东土》，2016：111，图 45）

表示动感。大衣（saṅghāṭī/ 僧伽胝）“通肩被覆”，质感轻薄贴体，如水浸般呈半透明状态，隐约显现身体轮廓，自双肩垂下的 U 字形衣褶形如水波。“手足网缦”，右手上举施无畏印；左手提持法服衣边，自手下垂的衣缘，呈两条平行的波状延至膝下（图二）[13]。

除秣菟罗外，笈多时期另一处重要的佛教造像地点[14]——鹿野苑（Mṛgadāva），即萨尔那特（Sārnāth）[15] 值

13 参见：1) J. Ph. Vogel, “The Mathurā School of Sculpture”, in *Archaeological Survey of India: Annual Report 1906-7*: 137-160 and *Archaeological Survey of India: Annual Report 1909-10*: 63-79; 2) J. Ph. Vogel, “Explorations at Mathurā”, in *Archaeological Survey of India: Annual Report 1911-12*: 120-133; 3) R. C. Sharma, *Buddhist Art: Mathura School*, New Delhi: Wiley Eastern Limited & New Age International Limited, 1995: 161-219; 4) 李崇峰：《犍陀罗、秣菟罗与中土早期佛像》，载李崇峰著：《佛教考古：从印度到中国》，上海：上海古籍出版社，2014：746、766-767。

14 这一时期，印度各地都有地方性的雕塑坊（ateliers）负责用各种材料雕造佛像，如秣菟罗的 Sikrī 石雕、鹿野苑 / 萨尔那特的 Chunār 石佛以及阿旃陀的 Trap 石像等。这些地方性造像，可统称笈多艺术，疑皆从秣菟罗的佛像类型派生而出。参见 1) A. K. Coomaraswamy, *History of Indian and Indonesian Art*, 1927: 74; 2) D. Mitra, *Buddhist Monuments*, Calcutta: Sahitya Samsad, 1971: 15, 67.

15 据英国坎宁安（Alexander Cunningham）1835—36 年及 1861—62 年调查，Sārnāth / 萨尔纳特之名系当时居住在附近的村民所称，似乎仅有二百余年的历史，最早见于文字记载是 1794 年。参见 Alexander Cunningham, *Archaeological Survey of India: Four Reports made during the years 1862-63-64-65*, volume I, 1872: 104-105.

图三　坐佛，萨尔纳特出土，萨尔纳特考古博物馆藏（图片采自《梵天东土》，2016：141，图63）

图四　立佛，Govindnagar出土，秣菟罗政府博物馆藏（图片采自《梵天东土》，2016：31，图7）

得注意。作为释迦牟尼初转法轮之处[16]，鹿野苑在后孔雀（Post-Maurya）迄前笈多（Pre-Gupta）时期没有任何艺术流派。笈多初期鹿野苑的佛像造型，系建立在秣菟罗深厚的佛教艺术传统之上。换言之，鹿野苑的佛像，是从笈多时期秣菟罗佛像的类型衍化而出[17]，以“初转法轮”著称于世（图三）。尽管鹿野苑佛像基本因循秣菟罗式庄严而神圣的表

16　U. R. Tiwari, *Sculptures of Mathura and Sarnath, A Comparative Study (Up to Gupta Period)*, Delhi: Sundeep Prakashan, 1998: 11-14.

17　A. K. Coomaraswamy, *History of Indian and Indonesian Art*, 1927: 74. 参见 1) J. C. Harle, *Gupta Sculpture: Indian Sculpture of the Fourth to the Sixth Centuries AD*, Oxford: Clarendon Press, 1974: 18; 2) R. C. Sharma, *Buddhist Art: Mathura School*, 1995: 208.

情[18]，但轻纱透体的无褶式大衣是其特色；除颈下边缘及下摆外，大衣表面不见任何雕刻褶襞。不过，根据戈温德讷格尔（Govindnagar）遗址出土的佛像（图四）[19]，鹿野苑艺术家表现的这种特有风格（idiom）也是秣菟罗流派创始的[20]，只是鹿野苑艺术家和工匠或供养人对这种无褶式大衣多有偏好、倾力打造而已。

秣菟罗艺术家创始的轻纱透体的“出水式”或“无褶式”大衣，遂成为四—六世纪天竺各地工匠雕造佛像竞相模仿的典范[21]。依据原始铭记（No.834），桑吉（Sāñcī）大塔四门内的石佛，至迟在公元 450 年已安置原处，皆采用这种轻纱透体的大衣造型。其中，南门和东门内的坐佛，大衣表面尚阴刻规制的水波形衣纹（图五）；而北门和西门内的坐佛，除边缘外，大衣表面不见任何雕刻的褶襞[22]。此外，桑吉遗址出土的其它坐佛及立

18 David L. Snellgrove ed., *The Image of the Buddha*, New Delhi: Vikas Publishing House Pvt Ltd/ UNESCO, 1978: 99-101.

19 秣菟罗的戈温德讷格尔遗址，系 1976 年 7 月在建筑施工时被偶然发现，印度相关部门随即组织专业工作者对其进行了清理。出土的两件立佛着无褶式大衣，一件现陈列于秣菟罗博物馆，一件为印度考古调查局（Archaeological Survey of India）收藏。其中，秣菟罗博物馆所藏佛像，除头光上部残毁外，整体保存完好。佛螺发，大衣通肩被服，表面没有褶襞，衣料轻薄，躯体轮廓清晰可见，右手施无畏印，左手于腰下执大衣边缘。立佛以浅黄色岩石（buff-stone）雕造，高 71 厘米，故有学者据石材怀疑立佛像是从鹿野苑运至秣菟罗。印度考古调查局所藏立佛，头部已失，大衣作通肩披，表面亦未雕刻褶襞，衣料轻薄透体，右手似作与愿印，左手曲至肩下执衣边。此佛像，以秣菟罗地区典型的红砂岩（red sandstone）雕造而成。

关于秣菟罗艺术品所用石材，夏尔马根据秣菟罗不同遗址出土石雕造像的研究和戈温德讷格尔遗址的新发现，结合他对秣菟罗与阿格拉临接地区几处采石场的实地考察，在《佛教艺术：秣菟罗流派》中写道：秣菟罗造像明显使用了一种特有石材，即红砂岩夹带各种色斑；色斑或色块有白色、淡白色、奶油色或黄色之分，通称斑点或杂色红砂岩（spotted or mottled red sandstone）。砂岩的品质，取决于其沉淀性质与岩层构造。因此，我们有时会注意到红砂岩中大块的浅黄色，偶尔整个佛像以浅黄色岩石雕造。秣菟罗工匠主要采用的石材是斑点红砂岩，但其它类型的岩石也有使用。砂岩中的斑点有时非常大，颇为显眼；有时则很小、几近细微。其中，有几件石雕造像正面显示红色，背面则呈浅黄色；或者反过来。有的造像或建筑构件，则以浅黄色夹带红斑点的石材制作。秣菟罗博物馆所藏著名的迦腻色伽立像和戈温德讷格尔遗址出土的一尊禅定坐佛，两石雕正面皆呈浅黄色，背面则为斑点红。这种石雕的剖面，可见一垂直线把整块岩石分成两种不同颜色，表明不同颜色层的自然堆积和形成巨大岩石的纹理。参见 R. C. Sharma, *Buddhist Art: Mathura School*, 1995: 120-122, figs. 15, 103, 126, 138.

20 R. C. Sharma, *Buddhist Art: Mathura School*, 1995: 203-204, 230.

21 参见 A. K. Coomaraswamy, *History of Indian and Indonesian Art*, 1927: 74. 笈多时期的石雕佛像，疑主要采用两种造型或表现形式：一种是我们通常所见典型的秣菟罗佛像，包括褶襞在内所有细部皆雕刻而成，之后通体傅彩和贴金；一种是石雕与彩塑及贴金结合，即首先雕出五官清晰的头部及躯体，然后以彩绘或浮塑及贴金对全身各个部位进行处理，如阿旃陀石窟佛像所示，唯现存佛像的彩绘或彩塑层及贴金大多脱落。关于石雕佛像的彩绘与贴金，美国学者罗兰（Benjiamin Rowland）1953 年在论述秣菟罗佛像时曾提出：几乎毫无疑问，石雕佛像的表面原来全部覆盖一层彩绘或贴金。参见：B. Rowland, The Pelican History of Art; *The Art and Architecture of India: Buddhist / Hindu / Jain*, reprinted with revisions and updated bibliography by J. C. Harle, New York: Penguin Books, 1977: 149.

22 John Marshall and Alfred Foucher, *The Monuments of Sāñchī*, Calcutta: Manager of Publications/ Archaeological Survey of India, 1940: 38-39, 250-251; plate LXX.

佛像，多着这种无褶式大衣[23]。又，安拉阿巴德（Allahābād）附近曼古沃尔（Māṅkuwār）出土的448/449纪年石雕坐佛，也着这种轻纱透体的无褶式大衣[24]。甚至远在尼泊尔五六世纪的石雕，如Cā-bālī立佛，亦具同样造型[25]。

阿旃陀（Ajaṇṭā）石窟可以大体分为早晚两个阶段，即小乘时期和大乘时期。其中，小乘洞窟开凿和雕画于公元前2世纪至公元1世纪，大乘洞窟主要完工于五六世纪，少数延续至7世纪[26]。阿旃陀第1窟大约雕造于5世纪后半，佛殿内主像初转法轮，所着大衣作右袒式披覆，衣料轻薄透体，表面几无褶襞，仅在胸前及腕部可见衣缘，大衣下摆压于腿下并覆座上少许（图六）。根据佛像表面的彩绘遗迹，并与其它洞窟同类造像对比，我们发现阿旃陀石窟佛像的无褶式大衣，衣纹当初系彩绘或浮塑而成。在已完工的石像表面，先涂一层薄灰泥，稍后

图五　坐佛，桑吉1号佛塔东侧（图片采自《梵天东土》，2016：220，图98）

图六　坐佛，阿旃陀第1窟佛殿（作者拍摄）

23 John Marshall and Alfred Foucher, *The Monuments of Sāñchī*, 1940: plate CXXVe, CXXVIa/c.

24 A. K. Coomaraswamy, *History of Indian and Indonesian Art*, 1927: 85, fig. 162.

25 David L. Snellgrove ed., *The Image of the Buddha*, 1978: plates 71-74, 125.

26 参见李崇峰：《阿旃陀石窟参观记》，载李崇峰著：《佛教考古：从印度到中国》，2014：75-104。

图七　立佛，炳灵寺第 169 窟 7 号龛（图片采自《中国石窟·永靖炳灵寺》图 18，北京：文物出版社，1989）

图八　立佛，云冈第 18 窟西壁（图片采自《中国石窟·云冈石窟》[二]，图 171，北京：文物出版社，1994）

于泥层表面彩绘或浮塑褶襞。这种技法，疑为阿旃陀石窟多数佛像所采用，只是由于自然或人为原因，石雕佛像表面的泥层及色彩大多脱落不存。阿旃陀石窟所在地，当时为德干地区的瓦加塔格（Vākāṭaka）王朝统治，未纳入到笈多帝国版图。不过，笈多超日王（旃陀罗笈多二世 / Chandragupta II）把普拉巴瓦蒂笈多（Prabhāvatīguptā）公主嫁给瓦加塔格王子鲁陀罗犀那二世（Rudrasēna II），使笈多帝国与瓦加塔格王朝联姻结盟[27]，因此两地佛教艺术造型的相似合乎情理。又，根赫里（Kāṇhēri）石窟和纳西克（Nāsik）石窟中的佛像，表面处理方式与阿旃陀石窟的佛像基本相同[28]。因此，笈多佛教艺术的影响是深远的。

27 V. V. Mirashi ed., *Inscriptions of the Vākāṭakas: Corpus Inscriptionum Indicarum* V, Ootacamund: Government Epigraphist for India, 1963: xxiii.

28 印度其它地区石窟寺或单体石雕佛像，表面疑采用类似的彩绘或浮塑处理，只是由于千百年来自然或人为破坏，石像表面的原始涂层及彩绘或彩塑已脱落殆尽。

中国现存的早期佛教雕塑，年代明确、数量较大的两处是炳灵寺第 169 窟和云冈昙曜五窟。其中，炳灵寺第 169 窟北壁第 7 龛内立佛应完成于 420 年前后[29]。佛面相方圆，“眉端渐细”，“双目修广”，厚唇赤红，鼻梁高直。“身渐纤直”，“两肩平正”，形体健硕，大衣“通肩被服”，质料轻薄透体，衣纹重环迭襞。佛右腿微屈，似展“行道”之步履；双手皆残，自腕部垂下的衣缘，呈规整的对称波状（图七）。此外，第 169 窟内其它完成于 420 年前后的立佛，也大多具有类似造型。这些特征，与秣菟罗第四期，即笈多时期雕造的佛像极为相似。以“雕饰奇伟、冠于一世”著称的昙曜五窟（第 16-20 窟），开凿于北魏和平年间（460—465 年）[30]。其中，第 18 窟北、东、西三壁雕刻的立佛，大衣质地轻薄，襞褶紧密平行（图八）。这种特征，无疑受到了笈多时期秣菟罗佛像的影响。第 19 窟南壁立佛，无论身体造型还是服饰样式，皆显示出极为清晰的笈多时期秣菟罗佛像“体法”[31]。

图九　立佛，山东青州龙兴寺窖藏出土，青州市博物馆藏（图片采自《梵天东土》，2016：398，图 183）

除上述石窟寺外，20 世纪在山东青州和四川成都发现的佛像窖藏值得关注。

青州龙兴寺窖藏，以北齐造像数量最多，形体最大。北齐佛像多“通肩披衣”，大衣质薄透体，褶襞舒迭下垂，衣纹多用双线[32]；北齐后期雕造的单体立佛，更流行贴体的无褶式大衣（图九）。北齐这种“新影响者，

29　甘肃省文化局文物工作队：《调查炳灵寺石窟的新收获》，《文物》，1963（10）：1。

30　（北齐）魏收：《魏书》，1974：3037。

31　李崇峰：《犍陀罗、秣菟罗与中土早期佛像》，载李崇峰著：《佛教考古：从印度到中国》，2014：752-754、774-776。

32　这种双线衣纹，在犍陀罗第三期，即贵霜晚期石雕佛像中大量使用。参见栗田功編著：《ガンダーラ美術》I 佛伝，東京：二玄社，1988：図 219、223、229、238、387、390-92、425、450、468。

殆来自西域，或用印度取回样本，或用西域工匠。”[33] 实际上，北齐佛像造型的这种新变化，应与五六世纪天竺佛像一再直接东传[34]和北齐王朝西胡化有关。“西胡化”一词，系陈寅恪先生所拟。“所谓‘西胡化’，是指那些鲜卑或鲜卑化的贵族，沈溺于西域的歌舞、游戏与玩物中，甚至想做‘龟兹王子’。北齐起用了大批西域胡人，专门从事游乐。按照‘化’的原则，如果那些鲜卑贵族继续沈溺下去，将会为西胡所同化，变成西胡人或西胡化人”。[35] 当时，“西域丑胡、龟兹杂伎，封王者接武，开府者比肩”。[36] 致使胡小儿能以工于歌舞封王，鲜卑贵人包括武成帝皇后胡氏在内皆喜爱西域游戏，更有波斯狗也被封“为仪同、郡君”。[37] 在西胡化潮流影响下，佛教在北齐得到了长足发展，自天竺远来中土的沙门逐年增多。他们除了参与译经之外，有些还被授予掌管佛教事务、与中央诸卿寺并列的昭玄寺官员——昭玄都（都维那），如中天竺优婆塞达摩般若（Dharmaprajñā）[38]；还有的甚至升任更高一级的昭玄统，如北天竺大德那连提黎耶舍（Narendrayaśas）[39]。这些天竺高僧受到如此重用，应与北齐崇尚“西胡”有关。以画“梵像”著称的曹仲达，“本曹国人，善于丹青，妙尽梵迹，传模西瑞，京师所推，”[40] 创“佛事画”之“曹家样”。曹仲达所作“外国佛像，亡兢于时”，[41] 被后人概括为“曹衣出水”。“曹之笔，其体稠叠，而衣服紧窄。故后辈称之曰：‘吴带当风，曹衣出水。’”[42] 郭若虚所言“其体稠迭”，系形容曹画人物衣褶重迭垂下；“衣服紧窄”，则指衣服质料轻薄，紧贴躯体[43]。这种“曹衣出水”式大衣，显然受到了秣菟罗佛像的影响并吸收了笈多时期天

---

33 梁思成：《中国雕塑史》，见梁思成著《梁思成文集》三，北京：中国建筑工业出版社，1985：332-336。

瑞典美术史家喜龙仁认为：天龙山第 16 窟佛像，是依据外国粉本或由外国人直接雕造的；佛像形神两方面皆属印度式，在造型上与五、六世纪秣菟罗佛像密切相关。因此，某位对秣菟罗流派造像相当熟悉的印度巧匠可能在天龙山工作了一段时间。参见 Osavld Siren, *Chinese Sculpture from the fifth to the fourteenth century*, London: E. Benn, 1925: lxvi.

34 参见宿白：《青州龙兴寺窖藏所出佛像的几个问题》，载宿白著：《魏晋南北朝唐宋考古文稿辑丛》，北京：文物出版社，2011：336-340。

35 陈寅恪：《魏晋南北朝史讲演录》，万绳楠整理，合肥：黄山书社，1987：298。参见陈寅恪著：《陈寅恪集：讲义及杂稿》，北京：生活·读书·新知三联书店，2002：187-189。

36 （唐）李百药：《北齐书》，点校本，北京：中华书局，1972：685。

37 参见（唐）李百药：《北齐书》，点校本，1972：686、693-694。

38 （唐）道宣撰、郭绍林点校：《续高僧传》，北京：中华书局，2014：41。参见《大正藏》No. 2060，50 卷，第 434c 页。

39 （唐）道宣撰、郭绍林点校：《续高僧传》，2014：33-34。参见《大正藏》No. 2060，第 50 卷，432a-c。

40 （唐）道宣：《集神州三宝感通录》卷中，见《大正藏》No.2106，第 52 卷，421b。

41 （唐）张彦远：《历代名画记》卷八引僧悰《后画品录》（《王氏画苑》初刻本）。

42 （宋）郭若虚：《图画见闻志》卷一《论曹吴体法》（《四部丛刊续编》本，宋刻配元钞本）。

43 参见宿白：《青州龙兴寺窖藏所出佛像的几个问题》，载宿白著：《魏晋南北朝唐宋考古文稿辑丛》，2011：343。

竺各地佛教造像的因素。因此，北齐出现的秣菟罗类型或笈多式佛像，既与他们有某种必然关系，也是北齐“西胡化”的必然结果[44]。

成都（益州）出土的佛教造像，以万佛寺和西安路两处最为重要。其中，西安路发现了一件梁“太清五年（551 年）九月卅日佛弟子柱僧逸为亡儿李佡施敬造育王像供养”（图一〇）[45]，万佛寺曾出土“（益）州揔管柱国赵国公招敬造阿育王像一躯”以及其它同类造像[46]。这些育王像或阿育王像，造型几乎完全相同，皆作螺发，大衣“以角搭肩，衣便绕颈，双手下出，一角前垂。阿育王像正当其式。”[47]大衣质料轻薄，褶襞自胸前呈水波状垂下。益州这种新型造像的图样或模型应源自南朝都城建康[48]。据《广弘明集》卷十五《佛德篇》记载，“荆州长沙寺瑞像者……金像也……光上有梵书云：育王所造。梁武闻，迎至都，大放光明。”[49]据文献记载，建康自刘宋开始与天竺往来密切，宋元嘉五年（428 年），天竺“国王月爱遣使奉表”，太宗（明帝）泰始二年（466 年）封天竺“使主竺扶大、竺阿弥并为建威将军。”[50]萧梁时，中天竺国多次遣使入建康；“天监初（503—504 年），其王屈多遣长史竺罗达奉表”，再

图一〇　阿育王像，成都市西安路出土，成都博物院藏（图片采自《梵天东土》，2016：464，图 226）

44 李崇峰：《犍陀罗、秣菟罗与中土早期佛像》，载李崇峰著：《佛教考古：从印度到中国》，2014：754-757、779-781。

45 成都市文物考古工作队：《成都市西安路南朝石刻造像清理简报》，《文物》，1998（11）：4-20，7-8、图 11、图 14、彩页贰：1。

46 参见刘志远、刘廷璧：《成都万佛寺石刻艺术》，北京：中国古典艺术出版社，1955：图版 9。

47 （唐）义净撰、王邦维校注：《南海寄归内法传》，北京：中华书局，1995：98。

48 宿白：《青州龙兴寺窖藏所出佛像的几个问题》，载宿白著：《魏晋南北朝唐宋考古文稿辑丛》，2011：341-342。

49 《大正藏》No. 2103，第 52 卷，202b。

50 （梁）沈约：《宋书》，点校本，北京：中华书局，1974：2384-86。

致国书[51]。故而,建康佛教造像的粉本应源自天竺[52]。益州出土的阿育王像与笈多时期的秣菟罗立佛相似乃情理中事。

印度现存绘画理论的最早文献,是《毗湿奴最上法往世书》(*Viṣṇudharmottarapurāṇa*)第三部分第 35-43 说品 / 章(Adhyāna 35-43),一般称为《画经》(*Citrasūtra*),编辑年代大约在公元七、八世纪[53]。其中,第 41 说品题作 Raṅga-Vartanā(色転),记述了线描与晕染。其第 5-7 偈 / 诗节(Ślokas 5-7)记录了三种创造明暗效果之方法,即叶生(Patraja)、晕染(Airika)和点生(Binduja)[54]。第 10-12 偈记载 :"线描(rekhā)、晕染(vartanā)、莊严(bhūṣaṇa)与色彩(varṇa)通称可作装饰的(四因素)。大师赞美线描,智者称誉晕染,妇女喜欢妆饰,大众爱好色彩。"第 42 说品名为 Rūpa-Nirmāṇa(色变),记述了绘画的艺术形式。其第 82-83 偈阐释 :"一幅作品中的物象毫无晕染堪称平庸(madhyama),一幅画的某一部分晕染、其它部分缺失是下品(adhama),只有一幅完全采用晕染法之画作乃为上品(uttama)。"[55] 这反映出天竺绘画技法的核心是晕染,即"凹凸法"。金克木把《画经》中有关画风及品格的几诗节转梵为汉并做了精辟的解读。其中,第 43 说品第 28-29 偈迻译作 :"波浪、火焰、烟、旗帜、云衣等,若能画风行,可称知画者。睡者有知觉,死者失心意,能分低与高,是乃知画者。"[56] 这两节梵文诗用意深长,熟睡人与长逝者不仅神态彼此可辨,而且形体能分高低。"第一节中的'云、衣'是一词两义。这节诗使我们立即想到'曹衣出水,吴带当风'。第二节说,若能将有知觉、心意(原文两词一源,后者出于前者)的睡觉的人和没有知觉、心意的死去的人画

51 (唐)姚思廉 :《梁书》,点校本,北京 :中华书局,1973 :799。

52 参见 1) 宿白 :《青州龙兴寺窖藏所出佛像的几个问题》,载宿白著 :《魏晋南北朝唐宋考古文稿辑丛》,2011 :340-342 ;2) Chongfeng Li, "The Asoka-type Buddha Images found in China," in *Buddhist Archaeology from India to China*, Shanghai: Shanghai Chinese Classics Publishing House, 2014: 783-798 ;3) 李崇峰 :《犍陀罗、秣菟罗与中土早期佛像》,载李崇峰著 :《佛教考古 :从印度到中国》,2014 :754、777-779。

53 印度学者一般认为 *Citrasūtra* 编辑于七世纪,普里亚巴拉·沙阿 (Priyabala Shah) 推定在五世纪中到七世纪中,金克木认为"这书年代不明,可能是八世纪左右。"参见 1) Anupa Pande, *The Buddhist Cave Paintings of Bagh*, New Delhi: Aryan Books International, 2002: 122, note 1; 2) Priyabala Shah, *Shri Viṣṇudharmottara Purāṇa; A Text on Ancient Arts*, Ahmedabad: The New Order Book Co., 1990: XXV-XXVI; 3) 金克木 :《略论印度美学思想》,见金克木著 :《梵佛探》,石家庄 :河北教育出版社,1996 :134。

54 据(印度)英迪拉甘地国立艺术中心(IGNCA)吴雅妲博士(Radha Sarkar)2015 年 8 月 23 日函告,在这三种梵文术语中,patraja 或 patraka 意为"叶生",即交叉排线法,汉文可译作"叶筋法";binduja 或 binduka 意为"点生",汉文可译为"点画法";至于 airika 或 aniloka,在《毗湿奴最上法往世书》第三部分中有多种拼法,如 hairika、ahairika 或 raikhika,含指优美的线阴影,唯画面中几乎不见线条,汉文可译作"晕染法"。谨此致谢。

55 Priyabala Shah, *Shri Viṣṇudharmottara Purāṇa*, 1990: 153-154, 162.

56 参见 Priyabala Shah, *Shri Viṣṇudharmottara Purāṇa*, 1990: 165.

出分别来，又能画出低和高的分别来，即能在平面上表现出立体，这才算‘知画者’，即精通画艺的画家。”[57]

1872 年，英国格里菲思组织专人临摹阿旃陀石窟壁画。在临摹过程中，他们注意到了壁画中的色彩平涂（flatness）与阴影（shadow）现象[58]。实际上，阿旃陀石窟里没有投影，壁画中的人体形象通过外轮廓线的强调与色彩薄涂的变深（deepening of the color-washes）使之足够清晰。虽然这种画法在阿旃陀早期壁画中没有发现，但在晚期壁画中却十分显著。这一时期采用的另一种技法是明亮（light colour）条纹，借以表现人物面部特征，使之具有生气。此外，暗点子（black dots）亦被运用到壁画之中[59]。1967 年，挪威奥尔女士对阿旃陀石窟壁画的空间结构、透视概念、绘画技法与颜色涂敷等进行了系统阐述：首先，色彩在壁画中的使用是多方面的，包括造型、透视以及画面中各部分之间的调和。为了让人物呈现立体感，艺术家努力探索色彩敷用结构，以给予画面视觉凸度（convexity）。其次，阿旃陀壁画显示出点生法（bindu）的运用，这是一种借助于点画取得色彩层次深浅渐变（shading）的方法，即晕染法。这种晕染式点画，借助于“小点子”的稠密并通过色度层次，使身体各部分呈现立体感。与之关系密切的另一种技法是点高光（highlight），艺术家借助于白条纹达到高光效果，具体表现在额、胸、臂、腿等凸起部位。再次，阿旃陀艺术家创造出给壁画加浓色彩的透视方法（heightened perspective），通过建立不同平面并把它们集合起来，使之彼此依次套叠。在效果方面，这种多视角的旋转透视画法（rotating perspective），给予观众与场景融为一体的感觉。最后，阿旃陀艺术家通过引进深度空间（a dimension of depth），不打破画面中建筑上的平坦，创造出空间大于画壁之幻觉。总之，他们用晕染法（shade）和点高光等达到了立体空间效果，各种物象在画面中没有被凸起，反被创作为即将出现。通过绘画观念与思想，而非具象派场景，他们创造出一种空间尺度，我们可以称之为“精神空间（mental

57 金克木：《略论印度美学思想》，见金克木著：《梵佛探》，1996：134-135。

58 John Griffiths, *The Paintings in the Buddhist Cave-temples of Ajanta, Khandesh, India*, London: Indian Office, Part I, 1896: 7-8.

59 Ghulam Yazdani, *Ajanta: the colour & monochrome reproductions of the Ajanta frescoes based on photography*, Part IV, London: Oxford University Press, 1955: 7.

space)”。[60]

阿旃陀艺术家通过“精神空间”构思与透视概念拓展，在画法与敷色上，除了起稿线和定稿线之外，采用晕染、点生及高光等多种技法，尤以晕染与高光合璧最为常见。人体裸露的肌肤，通常在轮廓线边缘染以较深的赭红色，晕染逐渐向内减淡，最后变为较明亮的浅棕或肉色，致使面颊、胸部、腹部、四肢等显得圆润隆起，眉骨、鼻梁、嘴唇、下巴等凸起部位点高光，整个人体

图一一　阿旃陀第 1 窟壁画（作者拍摄）

图一二　狮子岩壁画（作者拍摄）

60 Ingrid Aall, “The (Ajanta) Murals: Their Art,” in *Ajanta Murals*, A. Ghosh ed., New Delhi: Archaeological Survey of India, 1967: 40-52, esp. 48-51.

奥尔所用英文词 shade 或 shading，汉文一般译作色彩渐变、阴影或色晕，通常包括晕染、点画、擦笔等绘画技法，主要应指晕染法。晕染法系用颜色或水墨渐次浓淡地烘染物像，使其分出阴阳向背并产生立体效果，可以细分为二种：一种为叠晕法，系用同一色的不同色度，由浅入深或自深而浅地对物像加以层层叠染，所呈现出的不同色阶形成明暗关系，使所染物像具有较强的立体感。另一种是渲染法或烘染法，首先用色笔把颜色或水墨涂在纸绢或画壁之上，接着用水笔将颜色或墨晕开，使色彩由深渐浅与底色融合而无色阶痕迹，所染物像具有一定立体感。据笔者调查，阿旃陀石窟壁画似乎主要使用了叠晕法。

造型立体效果明显（图一一）。除人体外，这种晕染法与点高光也用在了动物、花卉、山石以及建筑物的绘画上，以“凹凸花”最具代表。阿旃陀石窟壁画中所见这些技法，后来在印度巴格（Bagh）石窟、斯里兰卡狮子岩（Sigiriya）壁画（图一二）、巴基斯坦北部（即犍陀罗地区）地面佛寺和阿富汗巴米杨（Bāmiyān）石窟以及中国新疆克孜尔石窟等都被程度不同地采纳和运用[61]。

图一三　敦煌莫高窟第 272 窟西壁壁画（图片采自《中国石窟·敦煌莫高窟》（一），图 9，北京：文物出版社，1982）

1908 年，法国伯希和在敦煌石窟考察时曾注意到了壁画中的“阴影”画法[62]。1951 年，向达先生在《莫高、榆林二窟杂考》中专“论天竺传来之凹凸花法”，对敦煌石窟壁画采用的“凹凸法”做了细致而深入的分析：“印度画与中国画俱以线条为主。唯印度画于线条中参以凹凸法，是以能于平面之中呈立体之势。其画人物，如手臂之属，轮廓线条干净明快，沿线施以深厚色彩，向内则逐渐柔和清淡，遂成圆形。是即所谓凹凸法也。阿旃陀以及锡兰之 Sigiriya 诸窟壁画，其表现阴阳明暗，皆用此法。印度画传入中国，其最引人注意与称道者亦为此凹凸法一事，与明、清之际西洋画传入中国之情形正先后同辙。故六朝以来画家以凹凸法作画者，后人著录辄注明其为天竺法，如梁张僧繇在建康一乘寺寺门画凹凸花，唐许嵩《建康实录》谓是天竺遗法，即其例也。……（敦煌）魏窟诸画朱色大都转黑，佛菩萨及力士像往往胸部成二大圆圈，腹部成一大圆圈，形如

61　参见李崇峰《佛寺壁画与天竺遗法》（待刊）。

62　伯希和（Paul Pelliot）著、耿昇译：《伯希和西域探险日记（1906—1908）》，北京：中国藏学出版社，2014：700。

倒品字。然如 P120e/C83 及 P116（117）bis/C238 诸窟，壁画尚保存原来颜色，胸腹诸部乃以粗朱线描成轮廓，内复用朱色晕染，渐中渐浅，遂成胸腹突起之形。（朱色变黑，乃成三大圆圈。诸窟佛像面部用晕染法，变色之后亦成圆圈。）此即所谓凹凸法也。用浅深晕染之。凹凸法技术自印度传至新疆，由新疆以至于敦煌，东西文化之交流，此其一端也。”[63] 从绘画技法来说，敦煌北朝石窟壁画主要采用叠晕法表现人物的立体感。所有人体多涂肉红色，之后沿轮廓线内以深朱与浅朱叠晕成两层色阶。为了突出人体受光部位，如面部、胸部、腹部、手足等都叠晕成圆形，鼻梁、眼睑和下颏等处点高光（图一三）[64]。又，壁画中的人物，有的采用单边染法，即晕染面部及肢体的暗面，或一边重叠一边轻染。借助这种方法，使所画人物颜面特征突出，肌体凹凸效果明显[65]。

通过对上述石窟寺壁画的考察，我们发现：5 世纪前后凹凸法在印度本土创始不久，随之向各地传授，最后抵达中土。故而，“天竺遗法”既是当时各地佛寺壁画创作的主要技法，也是中印佛教艺术交流中的重要表现形式。向达认为“魏晋以后，中国画家受印度之影响，则极为显然：张彦远《历代名画记》记唐以前画家传代之作，画题带印度成分者约十居五六；而张僧繇画一乘寺，凹凸深浅，即为天竺之法，是可见矣。”[66] 张僧繇所画，唐许嵩《建康实录》卷十七有详细记载：梁大同三年（537 年）“置一乘寺，西北去县六里，邵陵王纶造，在丹阳县之左，隔邸，旧开东门，门对寺。梁末贼起，遂延烧。至陈尚书令江总舍书堂于寺，今之堂是也。寺门遍画凹凸花，代称张僧繇手迹，其花乃天竺遗法，朱及青绿所成，远望眼晕如凹凸，就视即平，世咸异之，乃名凹凸寺。”[67]

张彦远《历代名画记》卷七记“张僧繇，上品中，吴中人也。天监（502—519 年）中为武陵王国侍郎，直秘阁知画事，历右军将军、吴兴太守。武帝崇饰佛寺，多命僧繇画之。时诸王在外，武帝思之，遣僧繇乘传写貌，对之如面也。”[68] 同书卷二《论顾陆张吴用笔》云：“张僧繇点曳斫拂，依卫夫人笔阵图，一点一画，别是一巧。”[69] 作为“佛事画”“张家样”之创始者，张僧繇接受退晕式“天竺遗法”[70]，绘事超群，技法独特。故而，

63 向达：《莫高、榆林二窟杂考——瓜沙谈往之三》，载向达著：《唐代长安与西域文明》，北京：生活·读书·新知三联书店，1957：409-410。

64 参见万庚育：《敦煌壁画中的技法之一——晕染》，《敦煌研究》，1985（3）：28-29。

65 参见李崇峰：《佛寺壁画与天竺遗法》（待刊）。

66 向达：《唐代长安与西域文明》，1957：56。

67（唐）许嵩撰、张忱石点校：《建康实录》，北京：中华书局，1986：686。

68（唐）张彦远：《历代名画记》卷七，叶五至六（《王氏画苑》初刻本）。

69（唐）张彦远：《历代名画记》卷二，叶五（《王氏画苑》初刻本）。

70 参见王逊编：《中国美术史讲义》，铅印本，北京：中央美术学院，1956：57。

梁武帝宠爱张僧繇，既命他绘“饰佛寺”，也让其为诸王“写貌”。姚最评其“善图塔庙，超越群工。朝衣野服，今古不失，奇形异貌，殊方夷夏，实参其妙。”[71] 又，张彦远征引唐李嗣真“画评”[72] 云：“张公骨气奇伟，师模宏远，岂唯六法精备，实亦万类皆妙，千变万化，诡状殊形。”[73] 姚最、李嗣真和张彦远关于张僧繇及其画法之评语，似皆与域外特色显著之“凹凸法”不无关系。郑昶认为：萧梁时期壁画尤盛，直以印度寺壁之模样完全转写，建康遂成为当时中国佛教画之中心。释迦佛陀等“皆善佛画，来化中土；印度中部之壁画，即自此时传入，广施于武帝所起诸寺院之壁。故画家如张僧繇等，因此更得直接传其手法，而复略变化之，自成极新之中国佛画，时人对于壁画之美盛，甚形热烈。”[74] 张僧繇在建康以天竺遗法画凹凸花，实际上与阿旃陀石窟晚期壁画的创作时间大体相当。

中土现存的“凹凸法”画迹，多见于新疆龟兹、高昌和甘肃河西走廊的早期石窟寺中。2015 年，山西大同城（北魏平城）内出土了一具石椁板，表面满绘佛教内容。以其所绘释迦多宝对坐像为例，画面中左侧坐佛采用天竺“凹凸法”绘制，以赭红色在裸露的肌肤轮廓线的单侧或双侧晕染，结果与浅红底色形成笔触与色阶，晕染范围包括五官、颈部、右肩、右胸、右臂，双手以及右足等。这种用不同色度、色彩叠染所表现的佛像，具有较强的体积感。据传与之同出的一方纪年墓志，石椁的绘制年代为北魏皇兴三年（469 年）[75]。若然，这应是迄今所知中原北方地区现存最早以“凹凸法”绘制的佛像，较张僧繇在建康一乘寺所画“凹凸花”提早了近七十年。北魏平城的这一新发现，表明“天竺遗法”可能分别由陆路和海路先后传至中土[76]。

关于雕塑与绘画之关系，法国丹纳在《艺术哲学》（*Philosophie de l'Art*）中写到：“一座雕像的目的是要逼真的模仿一个生动的人，一幅画的目的是要刻划真实的人物与真实的姿态。”[77] 意大利文艺复兴时期达·芬奇认为：“绘画需要更多的思想和更高的技巧，它是一门比雕塑更神奇的艺术。”[78] 印度《毗湿奴最上法往世书》明确“绘画规则，适用

71 （北周）姚最：《续画品》，叶十六（《王氏画苑》初刻本）

72 应为《续画记》。参见（宋）晁公武撰、孙猛校证：《郡斋读书志》，上海：上海古籍出版社，1990：680。

73 （唐）张彦远：《历代名画记》卷七，叶六至七（《王氏画苑》初刻本）。

74 郑昶：《中国画学全史》，上海：中华书局，1929：70。

75 山西大同这一新发现，承蒙中国社会科学院考古研究所李裕群博士 2015 年 8 月 25 日见告并出示照片。谨此致谢。

76 参见李崇峰：《佛寺壁画与天竺遗法》（待刊）。

77 （法）丹纳（Hippolyte Adolphe Taine）著、傅雷译：《艺术哲学》，北京：人民文学出版社，1963：12。

78 （意）列奥纳多·达·芬奇（Leonardo di ser Piero da Vinci）著、戴勉编译、朱龙华校：《芬奇论绘画》，北京：人民美术出版社，1979：35。

于金、银、铜及其它金属像的铸刻；石、木、铁质造像，也应采用绘画技法制作。”[79]

综上所述，随着中印两国佛教交流的深入，作为保守的崇拜对象[80]，笈多佛像的造型与技法，对南北朝时期“佛事画”与雕塑的创作产生了相当影响。高齐画家曹仲达和萧梁画家张僧繇，在接受天竺佛像造型与技法的基础上，分别创造出佛教艺术中盛极一时的“曹家样”与“张家样”。

附记：本文原为故宫博物院2016年举办的“梵天东土、并蒂莲华：公元400—700年中印雕塑艺术国际学术研讨会”撰写，该会议论文集因故未出。考虑到西藏早期佛教雕塑亦受到笈多艺术的影响，张长虹博士建议将该文刊于《藏学学刊》，谨此致谢！

◆ 李崇峰　北京大学考古文博学院教授

79 Priyabala Shah, *Shri Viṣṇudharmottara Purāṇa*, 1990: 165.

80 英国马歇尔在《犍陀罗佛教艺术》中写到：“没有哪种艺术形式像宗教艺术（sacred art）那样保守，而在宗教艺术中没有什么比崇拜对象，即偶像（cult image）更为保守了。”John Marshall, *Buddhist Art of Gandhara: The Story of the Early School; its birth, growth and decline*, London: Cambridge University Press, 1960: 100.

青海省文物考古研究所收藏吐蕃石刻的释读与研究 *

夏吾卡先　肖永明　李骥源

内容摘要：本文从青海省文物考古研究所收藏的六条吐蕃石刻的调查、测绘入手，在简要梳理其相关历史背景的同时，对刻文进行了较为规范的摹写、录入和翻译。通过走访石刻采集者等相关人员，考证了石刻源自鲁斯沟遗址，纠正了过去广为流传的各种不实之说。通过对刻文文体、语法及重要名词术语的考释，认为其年代应在吐蕃末期，石条性质系早期佛教建筑石材。

2010 年，5 幅名为“都兰吐蕃古墓出土石刻”的图片在网上广为流传（图一）[1]；2012 年底，有人正式刊布了 5 图中的 3 幅图像，并对石条刻文进行了简单整理和释读[2]；2016 年，有学者对图像中的刻文进行了专题研究[3]。由于网上流传的石刻图像缺乏质地、大小

* 本文系西藏自治区青创项目《唐代吐蕃摩崖造像题记研究》阶段性成果之一。

1 阿顿 · 华多太老师于 2010 年 8 月 20 日在《藏人文化网》个人博客以《都兰吐蕃古墓出土石刻古藏文图》为题发表了 5 张图，分别是第 3、4、6 号石刻的局部图。

2 恰噶 · 旦正：《藏文碑文研究》（藏文），拉萨：西藏人民出版社，2012：119-120；阿顿 · 华多太：《论都兰古墓的民族属性》，《中国藏学》，2012（4）：117-136。

3 ཚབ་འགག་རྟ་མགྲིན། གཏེར་ལམ་ཐུ་རྫོང་བང་སོ་ལས་ཐོན་པའི་མཆིམས་བཟའ་ལྷ་མོའི་བང་སོའི་རྗེ་རིང་ལ་དཔྱད་པ། བོད་ལྗོངས་ཞིབ་འཇུག 2016 (1): 1-10。

图一　网络流传石刻图像

等相关数据，同时，一时无法确认石刻的具体出土地等原因，导致相关研究工作停滞不前。2016 年 7 月 27 日和 2017 年 1 月 27 日，笔者先后两次前往青海省文物考古研究所进行调研，在该所储藏室一楼走廊里有幸观摩了上述诸石刻，并做了图像采集和测绘工作。现根据实地调研所得相关资料，将石刻的大体情况公布如下，不妥之处，还望方家指正。

图二　1 号石刻

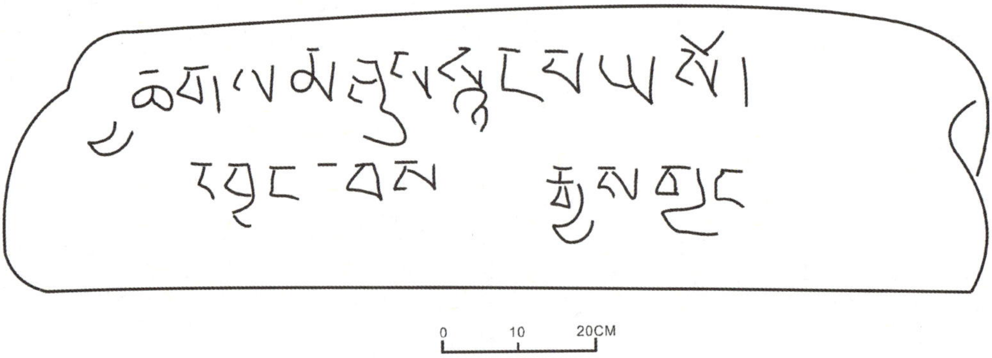

图三　1 号石刻摹本

一、石刻内容

青海省文物考古研究所收藏的吐蕃石刻共有 6 条，现将它们分别编为 1-6 号。石条皆为灰白色花岗岩，呈四方长条形，四周人工凿刻较为规整，每个石条的一侧刻有长短不一的古藏文。由于石条表面受到不同程度的风化，字句间隔“点字”符号不明显。本文依据藏文句法，对其逐一释读翻译。

1 号石刻，长约 1.3 米，宽 0.26 米，厚 0.28 米。石刻一侧刻有两行藏文。由于风化严重，大多文字现已无法识别。其中，能够识读的刻文及翻译如下（图二、三）：

第一行：□ཚགས་མཐུས་སྣང་པཡསོ།

第二行：དབྱང་བས་□ཀྱས་གྱང□

译文：做法要领 / 音…兴。

图四　2 号石刻

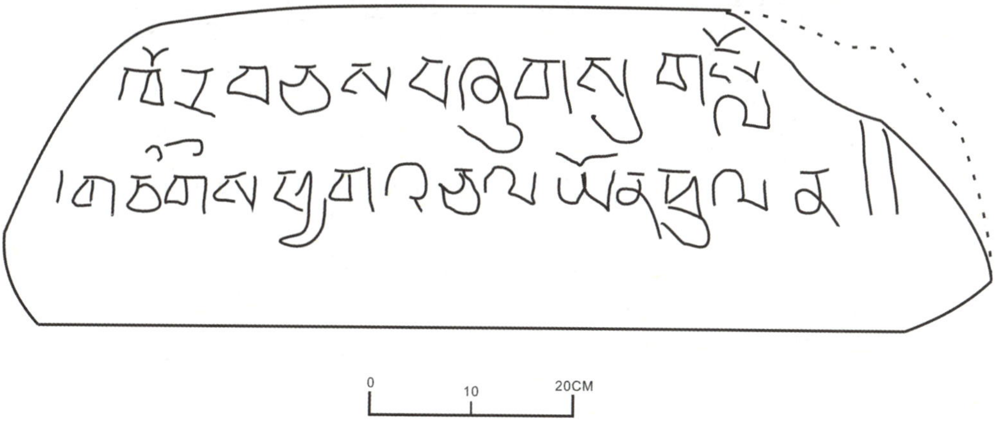

图五　2 号石刻摹本

2 号石刻，略残，长约 0.97 米，宽 0.30 米，厚 0.29 米。石刻一侧刻有两行藏文，字迹清楚，能识读的刻文及翻译如下（图四、五）：

第一行：□ཁོརབཅསབཞུགསུགསྣོ

第二行：□ག·ཅིགིསཕྱུགའཚལཡོནཕུལན།།

译文：…及随从请安…一人敬礼供奉。

3 号石刻，长约 0.93 米，宽 0.30 米，厚 0.32 米。石刻一侧刻有三行藏文。其中，部分文字现已无法识别。能识读的刻文及翻译如下（图六、七）：

第一行：ཕུལ་ཞུ་ཁྲུད་བོར་མག་ཐག་ན་ཁ་གནང་།

第二行：ཕྱོགས་ཀྱིས་སེམས་ཅན་གྱིས། །ཐོག་མ་མྱེད

第三行：□□□·དབང་ངན་པའི་ལས་ཀྱིས

译文：…诸方有情人，无始之…业力不顺之缘。

图六　3 号石刻

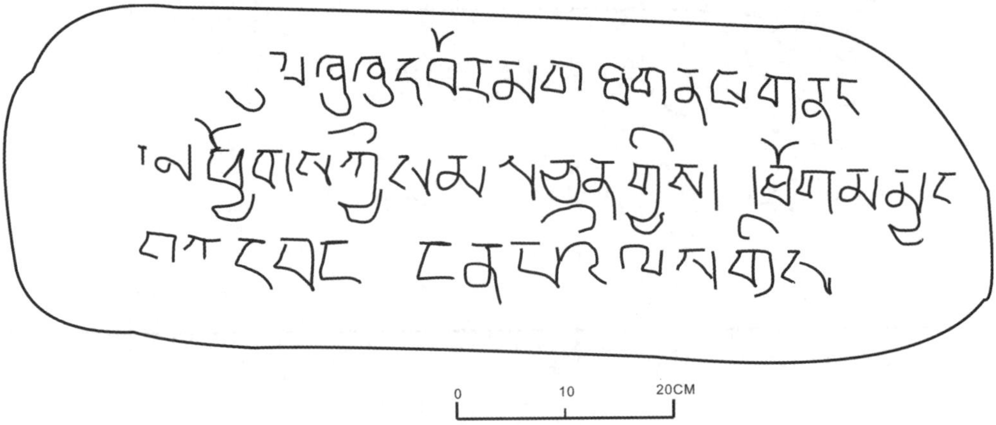

图七　3 号石刻摹本

图八　4 号石刻

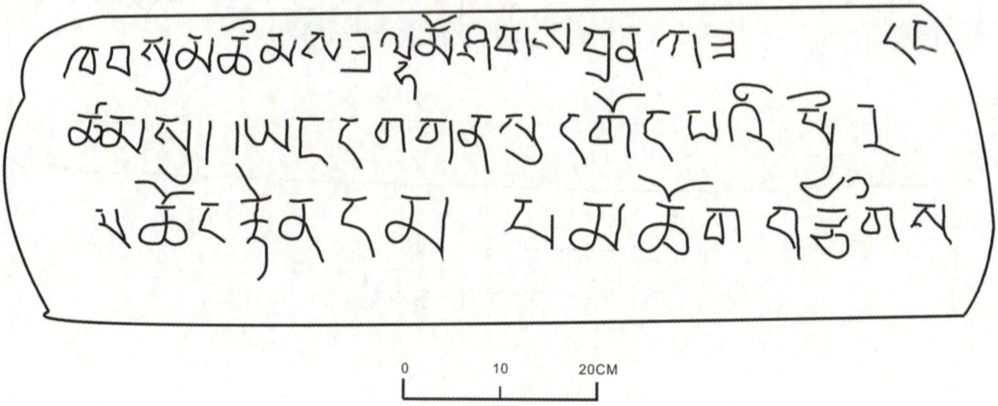

图九　4 号石刻摹本

4 号石刻，长约 1 米，宽 0.29 米，厚 0.29 米。石刻一侧刻有三行藏文，保存相对完整，能识读的刻文及翻译如下（图八、九）：

第一行：ཁབ་སྲུམཆིམས་ཟལྷ་སོ་ཤགས[4]་བྲན་ཀ་ཟ་ □□□ དང་།

第二行：ཚམསྲུ། །ཡངདགགནསྲུ་དགོདཔའི་ཕྱིར

第三行：མཆོད་རྟེན་དམ་པམཆོག་བརྩིགས།

译文：…之地，钦（琛）萨拉姆处，詹卡（勃阑伽）萨…，视此地为圣地，修筑佛

4　原文 ཤགས 是一种藏人间互相思想、语言交流交换的“说唱”形式，但此处把它当作说唱形式从其语境出发似乎不妥，故笔者认为应是“住处”或“房屋”之 ཤག 一字的误写体。

图一〇　5 号石刻

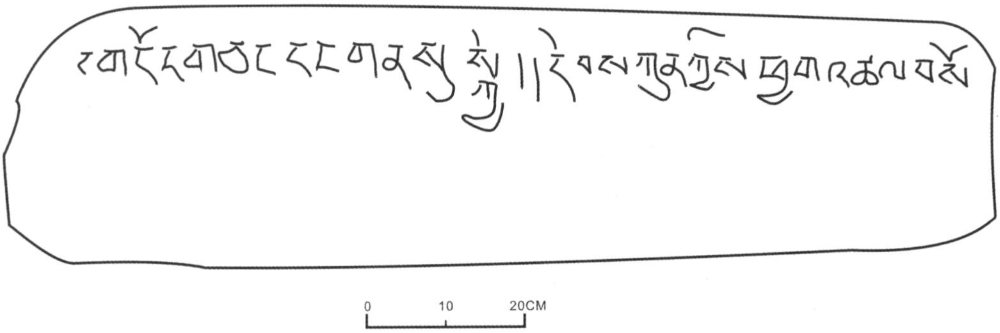

图一一　5 号石刻摹本

塔[5]。

5 号石刻，长约 1.18 米，宽 0.27 米，厚 0.27 米。石刻一侧上方刻有一行藏文。其中，现能识读的刻文及翻译如下（图一〇、一一）：

ངགདོངགཙངངངགནསུསྐྱེ། །དེ་བས་ཀུན་གྱིས་ཕྱག་འཚལབསོ།

译文：…处生长，故众人向其行礼！

6 号石刻，呈不规则长方形，长约 0.95 米，最宽处 0.34 米，厚 0.18 米。石刻一侧左右边缘刻有少量藏文。其中，现能识读的刻文及翻译如下（图一二、一三）：

ངོར། □□□ ར་ཆེན་

译文：（面）前…大。

5　恰噶 · 旦正：《藏文碑文研究》，2012：119-120 中也收录了该石刻内容：ཕྱན་མཆིམས་ཟ་ལྷ་མོ་ཤགས་སྒྲོན་གཟ （ས） ×××མསུ （ལསུ） ། །ཡང་དག་གནསུ་དགོང་པའི་ཕྱིར།མཆོད་རྟེན་དམ་པ་མཆོག་བརྩིགས། 译文：因庶民琛氏公主拉木夏卓…视为境地，故建圣塔；阿顿 · 华多太的录文和翻译为：ཕྱན་མཆིམས་ཟ་ལྷ་མོ་བཀས་ཁྲིན་གཞོལ་སུ…ཡངདགནསུདགོངཔའི་ཕྱིརམཆོདརྟེནདམ་པ་མཆོག་བརྩིགས། 译文：王后钦萨之命在圣地筑建。见阿顿 · 华多太：《论都兰古墓的民族属性》，《中国藏学》，2012（4）：117-136。

图一二　6号石刻

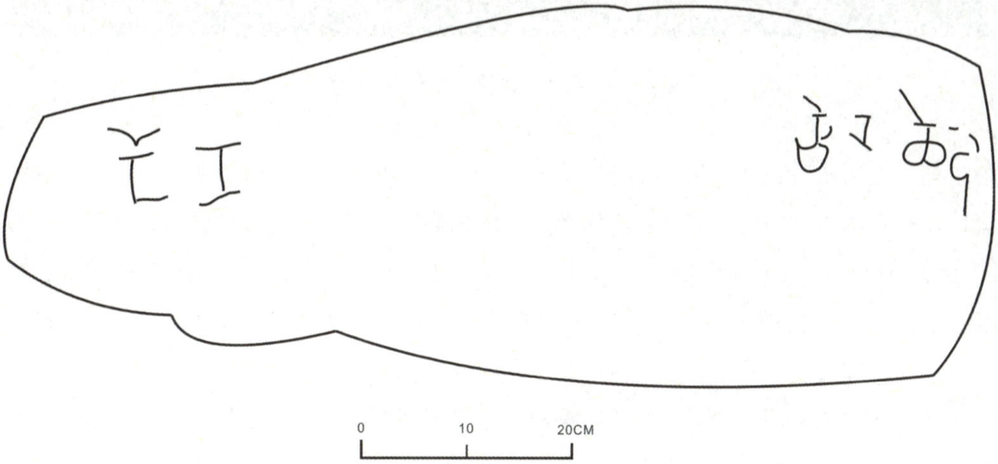

图一三　6号石刻摹本

二、部分石刻图像的早年误传与实际出处

2010年，阿顿·华多太先生在其博客中以《都兰吐蕃古墓出土石刻》为标题刊发了部分石刻的局部图像；2012年，恰嘎·旦正在其出版的《藏文碑文研究》一书中，以《都兰县热水河北岸一号墓石刻》为题对其作了进一步介绍，认为本文编号为4号的石刻出土于1号墓，并刊布了其拼接图像和刻文；同年，阿顿·华多太在其发表的《论都兰古墓的民族属性》一文中，将4号石刻视作（都兰热水河）北岸某墓葬的出土物而进行了介绍；2016年，恰嘎·旦正在其发表的《都兰吐蕃墓—琛氏墓碑考析》一文中，同样将石刻定性为墓葬出土物，并进一步判定其性质为“墓碑”。该文中首次对图像来源

图一四　至今保留在鲁斯沟的石条

做了如下说明："该石刻（4 号石刻）图像，于 1999 年北京大学都兰考古队在此考古发掘时，由三木才先生于热水河北岸的考古营地拍摄"。"据现场研究生同学介绍，石刻系周边墓穴中采集所得"[6]。也就是说，网络上流传的石刻照片，最初是由长期关注都兰吐蕃古墓、并发表过数篇论文的三木才先生拍摄的[7]。虽然三木才先生很可能系网上流传那组照片的拍摄人，但后文所言"1999 年"和"北京大学都兰考古队考古发掘期间"等信息定是当事人或采访人的误记所致。第一，上述石刻图像的具体出处，从当年参与过都兰吐蕃墓发掘工作的北京大学考古文博学院林梅村教授、考古杂志社丁编辑等那里无法得到证实[8]；第二，北大考古队发掘的墓葬位于热水南岸，当年的营地也搭建在南岸而非北岸；第三，本文作者之一的青海省文物考古研究所都兰吐蕃墓考古发掘工作队重要成员，即当年负责采集这组石刻的当事人肖永明副研究员回忆：

"2000 年夏天，我们在都兰县境内进行古墓调查时，在位于热水河南岸鲁斯沟摩崖石刻所在地山脚下的一处遗址内发现了这些石刻。当时，还发现了多

6　ཆབ་འགག་རྟ་མགྲིན། གཏེར་ལམ་བྲུ་སྣོད་བང་སོ་ལས་ཐོན་པའི་མཆིམས་བཟའ་ལྷ་མོའི་བང་སོའི་རྗེ་རིང་ལ་དཔྱད་པ། བོད་ལྗོངས་ཞིབ་འཇུག 2016(1): 1-10.

7　照片初步公开者阿顿 · 华多太先生也向笔者证实了这一说法。三木才先后发表有《都兰古墓 1 号殡葬民俗文化考察》和《都兰古墓等出土的太阳鸟解析——与柳春诚先生商榷》等文章。

8　笔者于 2016 年先后向两位当事人发邮件进行过证实。

图一五　鲁斯沟吐蕃摩崖造像

通石条。我们把带有古藏文的石刻运到了热水河北岸的考古营地。后来，这些石刻被送到青海省文物考古研究所进行保存。”

上述肖永明所提供的消息的可靠性，不仅是因为他是当事人之一，更基于以下两点间接证据：第一，正如肖永明所讲，鲁斯沟遗址至今仍保存有与上述石刻质地、规格相等的十多条石条（图一四）；第二，在鲁斯沟遗址出土文物中，近来备受关注的是吐蕃佛教题材的摩崖石刻像（图一五）。综上看，上述石刻的具体出土地应为热水河 1 号大墓西北约 7 公里的鲁斯沟，而非热水河北岸的古墓集中区。

三、石刻的年代和性质

对于石刻的大致年代，我们从刻文的书写方式及文法入手，基本可以放到吐蕃时期。如 2、3、4 号石刻的刻文中发现藏文元音“ི”正写体和反写体混用的情况；在 2

号石刻中“行礼”一词由“ཕྱག་འཚལ”写成“ཕྱག་འཙལ”；在 3 号石刻中，在“མ”字底下加“ྱ”，以及很多词语缩写法具备吐蕃时期古文的基本特征。同时，在 4 号石刻中出现了吐蕃时期两位显赫家族的信息。一位为钦萨拉姆，“钦”乃姓氏，“萨”即妻子的尊称，拉姆是其名称。“钦”在汉文史书中音译为“琛”，表明她来自吐蕃王朝最具实力的外戚贵族。在两百多年的吐蕃王朝历史中，共有 6 位王妃[9]和无数个权贵大臣[10]出自该家族。而 4 号石刻中出现的钦萨拉姆或钦萨拉姆增就是赞普赤松德赞的王妃。

另一位为詹卡萨…，“詹卡”也是一姓氏，“萨”是妻子的尊称，较为可惜的是其名称已佚失。“詹卡”姓氏在汉文史书中音译为“勃阑伽”。根据史料，詹卡姓氏进入吐蕃政坛始于松赞干布的千户分封时期，当时该家族就有专门的领地[11]。之后从赤松德赞时期的吐蕃“七觉士”到赤德松赞（797—815 年）和赤祖德赞（815—841 年）时期颁发的文书中，有詹卡论杰桑宫堆（བྲན་ཀ་བློན་རྒྱལ་བཟང་ཀོང་འདུས）、詹卡论桑巴（བྲན་ཀ་བློན་བསམ་པ）、詹卡论达协海耿（བྲན་ཀ་བློན་སྟག་བཞེར་ཧེབ་ཀན）等将相[12]。当然赤祖德赞时期该家族到达权力的顶峰，在唐蕃会盟碑中钵阐布白吉云丹名列众相之首就是其明证[13]。詹卡家族的女士作为达官贵人夫人尚不见藏文史料，但赤松德赞时期大译师毗卢遮那母亲就叫詹卡萨准吉（བྲན་ཀ་བཟའ་སྒྲོན་སྐྱིད）[14]。无论石条上出现的姓氏是否为这位女士，这组石条的大体年代应该为赞普赤松德赞执政前后一段时期。

关于出土石刻的性质，曾有学者把 4 号石刻推定为钦萨拉姆墓碑[15]，笔者对此难以认同，亦曾用藏文撰文进行过回应[16]。暂且先不谈其证据链，仅从石刻的简陋形制、内容、规格来看，很难说该石刻是一通吐蕃“墓碑”。从诸石刻的内容到组合关系，出土地点的相关文化现象看，把它视作佛教建筑石条构件较为妥当，原因有如下：第一，石刻本身所记的“…之地，钦（琛）萨拉姆处，詹卡（勃阑伽）萨…，视此地为圣地，修筑佛塔”内容，就是詹卡萨把钦萨拉姆居处视为殊胜之地而修建了一座佛塔；第二，在石刻

9　夏吾卡先：《一部吐蕃王陵的史册——〈桑瓦央琼〉的研究与翻译》，《中国藏学》，2016（3）：158-163。

10　霍巍：《西藏列山墓地相关问题的再探讨》，《藏学学刊》第 5 辑，2009：46-60。

11　དཔའ་བོ་གཙུག་ལག་ཕྲེང་བ། ཆོས་འབྱུང་མཁས་པའི་དགའ་སྟོན། ལྷ་ས། བོད་ལྗོངས་མི་དམངས་དཔེ་སྐྲུན་ཁང་། 2014: 152. བཀའ་ཐང་སྡེ་ལྔ། མི་རིགས་དཔེ་སྐྲུན་ཁང་། 1986: 439.

12　དཔའ་བོ་གཙུག་ལག་ཕྲེང་བ། ཆོས་འབྱུང་མཁས་པའི་དགའ་སྟོན། 2014: 274, 310-311, 324.

13　王尧：《吐蕃金石录》，北京：文物出版社，1982：41。

14　བཻ་རོའི་འདྲ་འབག་དང་སྤྲུལ་པའི་ལོ་ཆེན་བཻ་རོ་ཙ་ནའི་རྣམ་ཐར། སི་ཁྲོན་མི་རིགས་དཔེ་སྐྲུན་ཁང་། 1995: 93, 272.

15　ཚབ་འགག་རྟ་མགྲིན། གཏེར་ལམ་བྲུ་སྟོད་བང་སོ་ལས་ཐོན་པའི་མཚམས་བཟའ་ལྷ་མོའི་བང་སོའི་རྡོ་རིང་ལ་དཔྱད་པ། བོད་ལྗོངས་ཞིབ་འཇུག 2016(1): 1-10.

16　ཤ་བོ་མཁའ་འབུམ། གཏེར་ལམ་རྫོང་ནས་ཐོན་པའི་མཚམས་བཟའ་ལྷ་མོའི་རྡོ་རིང་ཡི་གེའི་སྐོར་ལ་བསྐྱར་དུ་དཔྱད་པ། བོད་ལྗོངས་ཞིབ་འཇུག 2017(4): 98-105.

出土地的崖面上，有两组特征较为明显的吐蕃造像，即鲁斯沟吐蕃佛教摩崖石刻[17]，而多数刻文内容多少跟佛法有关联；第三、石刻的出土地点既不见封土堆，也不见石砌墓圹痕迹，且地表分布有20多条统一规格的石条，其性质应属于建筑石材。最后，鲁斯沟出现的佛教遗迹并不是孤立存在的，在其周边尚存在大量的佛教遗迹。从科肖图发现的佛教遗址[18]、乌兰县大南湾出土的大量擦擦[19]，以及近来被确认为吐蕃佛教遗址的英德尔遗址和红旗遗址等来看[20]，吐蕃于公元7世纪中叶吞并吐谷浑后不久，已开始逐渐推广佛教，而作为吐蕃向东扩张的重要军事基地都兰，存在相应的佛教设施也在情理之中。此次鲁斯沟发现赞普赤松德赞王妃的行踪轨迹对重新认识都兰热水沟一带的历史地位具有重要的史料价值。

◆ 夏吾卡先　西藏大学中国藏学研究所副研究馆员
肖永明　青海省文物考古研究所副研究员
李骥源　青海省文物考古研究所助理馆员

17 仝涛：《丝绸之路上的疑似吐蕃佛塔基址——青海都兰考肖图遗址性质刍议》，《中山大学学报》，2017（2）：100-109。

18 蔡林海：《都兰县考肖图沟吐蕃时期遗址》，《中国考古学年鉴》（1997年），北京：文物出版社，1999：239；仝涛：《丝绸之路上的疑似吐蕃佛塔基址——青海都兰考肖图遗址性质刍议》，《中山大学学报》，2017（2）：100-109。

19 青海省文物考古研究所：《青海乌兰县大南湾遗址试掘简报》，《考古》，2002（12）：49-57。

20 仝涛：《丝绸之路上的疑似吐蕃佛塔基址——青海都兰考肖图遗址性质刍议》，《中山大学学报》，2017（2）：100-109。

从敦煌藏文文书 P.T.1189《肃州府主司徒致河西节度天大王书状》看晚唐五代肃州地区的部族及其与周边关系 *

陆离

内容摘要：P.T.1189《肃州府主司徒致河西节度天大王书状》是931-935年之间，肃州地方长官司徒向归义军节度使曹议金报告归义军辖境内人员在肃州地区偷盗被擒后将遣使送回，以及肃州地区达怛、仲云、甘州回鹘右翼部族(由千户部落组成)活动情况的一封书状。此时肃州地方势力（由龙家、吐蕃化的汉人、羌等组成）还臣属于瓜沙归义军政权，在肃州活动的仲云（南山）与达怛、回鹘部族也盟誓与归义军互不侵犯。说明925年曹议金亲征甘州获胜后当时河西地区局势对归义军政权较为有利，但是甘州回鹘右翼部众在肃州地区仍然有重要影响。

肃州是河西地区重镇，地位与甘、凉、瓜、沙等州并列，唐前期曾于该地设州，派有刺史等官员，安史之乱爆发后，肃州被吐蕃占领。848年张议潮起义曾收复肃州，但此后肃州又落入龙家等部族之手，并依附于甘州回鹘。对于晚唐五代时期肃州的历史，

* 本文为2015年教育部人文社科基金项目《敦煌古藏文官府文书整理研究》(15YJA770013)，2016年国家社科基金重点项目《敦煌、新疆等地出土古藏文官府文献整理与研究》(16AZS001）成果之一。

目前仍然有不少情况尚不明了，学界对之缺乏了解，还有待继续加以探讨[1]。法藏敦煌文书 P.T.1189《肃州府主司徒致河西节度天大王书状》是一件归义军时期的古藏文文书，内容是肃州府主司徒（སུག་ཙུའི་དབང་སི་ཧོ）向河西节度天大王（ཏ་སི་ཅེར་ཧོ་བྱིན་ཐེའི་ཤོང）写的一份公文书状，报告了从天大王治下区域过来的贼人在肃州骚扰，被擒获后肃州方面将遣使送上，还报告了回鹘（ཧོར）等部族的动向，并盖有汉文“肃州之印”。该件文书记载了当时肃州地区的政权、部族状况及对外关系，曾经引起不少学者兴趣，乌瑞（Uray）、山口瑞凤、王尧、陈践、赤木崇敏、任小波等先生先后对之进行了节译或全译[2]，然而对文书年代、文书中涉及到的人物、部族、事件还有一些不明之处。笔者以王尧、陈践先生译文为基础，参照其他诸家译文，并核对藏文原卷图版照片3，对该文书重新释读，并对相关问题加以考证，提出一点自己的看法。

一、文书内容及译文

文书录文译文如下（其中诸家译解不同之处及本人意见在脚注中标出）：

1 ། །ཏ་སི་ཅེར་ཧོ་བྱིན་ཐེའི་ཤོང་ཀྱི་ཞ་སྔར།

2 །སུག་ཙུའི་དབང་པོ་སི་ཧོ་ཀྱིས་མཆིད་གསོལ་བའ།

3 བྱིན་ཐེའི་ཤོང་ཀྱི་ཞ་སྔ་ནས། །དཀུན་ཚིགས་མཐའ་མ་ལ་བབ་སྟེ། །ད་ཅུང་དཀུང་ལྷགས་ཆེ་

4 བ་དང། །བྱུང་རོས་ཀྱི་བཙན་འབངས་མང་པོ་ལ་མངའ་མཛད་པའི་ཐུགས་ཁྲལ་གྱིས་རས་རབ་དུ་འོ་བརྒྱལ

5 ན། །རིན་པོ་ཆེ་སྐུ་གཉེན་པོ་ལས་སྙུན་བཞིངས་སམ་མ་བཞིངས། །མཆིད་ཡི་གེ་ལས་སྙུན་

6 གསོལ་ཞིང་མཆིས། །

1　李军：《晚唐五代肃州相关史实考述》，《敦煌学辑刊》，2005（3）：90-100。又载《敦煌归义军史专题研究四编》，西安：三秦出版社，2009：450-472。仅利用汉文文书探讨了有关事实。

2　乌瑞著、耿昇译：《吐蕃统治结束后甘州和于阗官府中使用藏语的情况》，《敦煌译丛》第一辑，兰州：甘肃人民出版社，1985：214，原载 1981 年《亚细亚学报》第 269 卷第 1-2 期；G. Uray, “L’ Emploi du Tibétain dans les Chancelleries des États du Kan-sou et de Khotan Postérieurs à la Domination Tibétaine”, *Journal Asiatique*, Vol.269, Nos.1-2, 1981: 83-84, 87, 89. 山口瑞凤：《敦煌胡语文献》，《讲座敦煌 6》，东京：大东出版社，1980：519-520；王尧、陈践：《敦煌吐蕃文书论文集》，成都：四川民族出版社，1988：192-193；王尧、陈践：《敦煌古藏文文献探索集》，上海：上海古籍出版社，2008：237-238，313；后来王尧、陈践的录文和译文经过修订又收入郑炳林、黄维忠主编：《敦煌吐蕃文献选辑·社会经济卷》，北京：民族出版社，2013：127；赤木崇敏：《归义军时代チベット文手纸文书 P.T.1189 译注稿》，该文载于荒川正晴：《东トルキスタニ出之〈胡汉文书〉の综合调查》，平成 15 年度 - 平成 17 年度科学研究费补助金（基盘研究（B））研究成果报告书，平成 18 年（2006）3 月：77-86；任小波：《唐宋之际河西地区的部族关系与护国信仰——敦煌 P.T.1189 号〈肃州府主致河西节度书状〉译释》，《西域历史语言研究集刊》第七辑，北京：科学出版社，2014：107-116；白玉冬：《P.T.1189〈肃州领主司徒河西节度天大王书状〉考述》，《丝路文明》第一辑，上海：上海古籍出版社，2016：103-123，该文没有对 P.T.1189 的藏文原文进行完整录文，其译文主要依据赤木崇敏、任小波译文，对其译文与其他人译文不同之处也基本没有加以说明和辨析。

3　《法藏敦煌藏文文献》第 11 卷，上海：上海古籍出版社，2010：161-162。另外国际敦煌项目（IDP）网站也有该件文书照片。

7 ། །ཐྲིན་ཐེའི་ཤོང་གྱི་ཞ་སྔ་ནས། །བདག་ཅག་ངན་པ་ཡང་། འདིར་མབཆིས་ན། །དར་འདོར་
8 ཨེན་འཛོ་རྟག་པར་ཡར་སྨྲ་བགྱིད་སླན་བཉིན། རྒྱལ་པོ་ལ་ཞུས་པ་ལས། །རྒྱལ་པོ
9 གྱིས་ཀྱང་། །དར་འདོས་ཨེན་འཛོ་སློན་པོ་བྱ་རོག །སྟོང་སྡེ་འོ་མགོ་རྣམས་ལ་ལུང་སོལ་
10 བགྱིས། །དར་འདོས་ཨེན་འཛོ་འི་བློན་པོ་བྱ་རོག་རྣམས་ཀྱང་། །བཟང་མ་ལུས་པར་བཅས།
11 སུག་ཙུར་མཆིས་ནས། །དེའི་ཡུན་ཐྲི་འི་གཙུག་ལག་ཁང་དུ། ད་ཧར་ཧྲ་དུལ་ཧོར་
12 བཅས། གནམ་མཐོ་མཐའ་ཆིགས་བགོས། །མྱི་ཅིག་ལྷུག་ཅིག་དུ་བགྱིས། །ཡར
13 ཤ་ཅབ་ཕྱོགས་སུ་དེ་རིང་ཕན་ཅད། །རྟ་མགོ་སྙོ་བསྟན་སྨྲ་མྱི་རྒྱུག་པགྱིས། །ཡར་
14 རྐོག་ནས་སོང་འཙམ། སྔ་རྒྱུགས་བྱས་ཏེ་རྟ་སྣ་བསྟད་དེ། ཤ་ཙུ་ཕྱོགས་ཐག་ཕྱི་པ་ཡོད་ན།
15 བུ་བྱས་ན་ཕ་བསད་པར་བགྱིས། །ནུ་བོ་སོང་ན་ཕོ་བོ་བསད་པར་བགྱིས། །དེ་ལྟར་བགྱི
16 ནས་དམ་ཞག་བཟང་པོར་བགྱིས་ན། །ཤ་ཅབ་ཕྱོགས་ཀྱི་རྐུན་ཕྱི་མྱི་བཅད་པ་ཅི་ལགས། །དེ་བར་ཡན་ང་
17 ཤ་ཅབ་པ་མྱི་གཉིས་རྐུར་གཆིས་པ། །བདག་ཅག་གྱི་བཟུངས་ནས་བདག་ཅག་གྱི་སར་མཆིས་པ་ས་ན།
18 ཧོར་སྡེ་དགུ་ནི་བཅས་བཏང་མ་ལུས་པར་སུག་ཙུར་མཆིས། །རྐུ་མ་མྱི་གཉིས་ངེད་ལ་ཁྲོ་རོག་གི་
19 མཆིའ། །བདག་ངན་པས་ཁྲོས་མྱི་ལགས་པགྱིས་ནས། །ཅི་ཙམ་སྨྲ་གཡེང་བགྱིས་ནས་ཧོར་ལ་མ་
20 སྨྲལ། །བདག་གྱི་སར་མཆིས་པའི་ས་ནས། །བདག་ཅག་མཁར་སྣོ་འི་ཡག་ཤི་དབ། །ར་བའི་རྟ་
21 ཙུན་ཅད་བརྐུས་ནས། །ཁྲོས་ལ་འགྲོ་བ་འདི། །བདག་ལ་སྐྱི་ཆེད་པོ་བོར་བ་ལས་ལགས་སམ།
22 ད་ལྟར་ཡང་མྱི་འདི་གཉིས་ཅདག་སྐྱི་བོར་བ་དང་། །ཡུལ་མགར་གྱི་ལྟེ་མྱིག་ད་ལྟ་འདྲ་བར་
23 བཙན་གྱི་མཐའ་རམ་དྲལ་བ་འདི། །ཇོ་བོ་ཐེའི་ཤོང་གྱི་མཁར་ལགས། །འབངས་ཆིས་ལྟོ་
24 ལྟར་བགྱིད་པ་དེ་འི་ཤོང་མངའ་ཆེ། །མྱི་འདི་གཉིས་བདག་ལ་བསད་མཆིས་པ་ལགས། །
25 ཧོར་ལ་མཐྱིན་བ་བདག་ཉིས། །སླད་ནས་ཤ་ཆབ་ཀྱི་ཡོ་ཧོང་ཀྱན་གྱི་ནུ་བོ་སྦྲབ་ཁྱིར་འོངས་
26 པ། །ད་ལྷར་བདག་ཅག་གྱི་ཅང་ཤམ་འཕྲ་ལྷ་ལ་སྐྱབས། །བསྐྱལ་ཞིང་སྤྱི་ངར་བརྫངས།
27 ཤར་ཕན་ཅད་ད་ལྟ་ཁོ་ན་མྱི་སླན་བའི་ཀམ་ཙུད་ཅི་ཡང་མ་མཆིས། །ཀམ་ཙུད་ཕྱི་ཞིབ་ནི།
28 ཅང་ཤམ་འཕྲ་ལྟ་ལ་སྐབས་ལ་རྫ་བར་ཞུ། །

河西节度天大王[4]驾下　肃州府主司徒[5]禀告：天大王驾下，时届隆冬，寒风凛冽，操劳统驭北面众多官民，辛苦备尝，贵体安泰否？特修书问候。天大

4　ཧ་སེ་ཅེར་ཧོ་ཐྲིན་ཐེའི་ཤོང，王尧、陈践译为河西节度天德王（《敦煌吐蕃文献选辑 · 社会经济卷》，2011：127）。乌瑞译为河西节度天大王（《敦煌译丛》第一辑，1985：214），今从乌瑞。

5　སུག་ཙུའི་དབང་པོ་སི་ཧོ་，王尧、陈践译为肃州长官司徒（《敦煌吐蕃文献选辑 · 社会经济卷》，2011：127），乌瑞译为肃州司徒（《敦煌译丛》第一辑，1985：214），赤木崇敏译为肃州领主司徒（《东トルキスタニ出之〈胡汉文书〉の综合调查》，2006：79），任小波译为肃州府主司徒（《西域历史语言研究集刊》第七辑，2014：109），藏文 དབང་པོ 为地方首领之意，府主、领主皆通。

王驾下，鄙人于此常向达颦乃颜召[6]呈述，向国王[7]请求，而国王亦与达颦乃颜召之‘大臣梅录’、千户部落之诸长官商议，达颦乃颜召之‘大臣梅录’悉数无余前往肃州后，在大云寺鞑靼、仲云、回鹘等，共同对多闻天王起誓[8]：‘集中人马。上部沙州[9]方面，从今迄后，不探马头，无疾走声。无论何时，（不许）早早疾行[10]，或去备马鞍。沙州方面若有盗匪，子为（寇贼者）杀其父，弟为（寇贼者）杀其兄。’既然曾立如此坚定誓言，为何不处理沙州方面之盗寇？近来，又有两名沙州人来偷盗，抓获后，置于我处。回鹘九部落[11]，一个不留，全去肃州。两名盗犯求我相帮，小人对他人佯称‘均为逃犯’，任别人怎么说也未交与回鹘人。后，二贼从我等住地，拿走城门门闩[12]，（将）院中马匹悉数盗走逃逸，此事使我痛苦异常。如今，此二人仍折磨我，折毁门禁森严[13]坚固的

---

6 乌瑞认为 དར་འདོས་ཤིན་འཇོ 为回鹘文 darduš inču 的音译（《敦煌译丛》第一辑，1985：214；G. Uray, “L’ Emploi du Tibétain dans les Chancelleries des États du Kan-sou et de Khotan Postérieurs à la Domination Tibétaine”, *Journal Asiatique*, Vol.269, Nos.1-2, 1981: 83)，森安孝夫、赤木崇敏认为是指回鹘右翼（西部）集团，意为西部王族、随从，（森安孝夫，《ウイグルニマニ教史の研究》，大阪大学文学部纪要 31/32，1991：196；《东トルキスタニ出之〈胡汉文书〉の综合调查》，2006：80）。

7 རྒྱལ་པོ，王尧、陈践译为大王（《敦煌吐蕃文献选辑·社会经济卷》，2011：127），乌瑞译为国王（《敦煌译丛》第一辑，1985：214），山口瑞凤、赤木崇敏译为王（《敦煌胡语文献》，《讲座敦煌 6》，1980：519；《东トルキスタニ出之〈胡汉文书〉の综合调查》，2006：79），任小波译为大王（《西域历史语言研究集刊》第七辑，2014：109），今从乌瑞。

8 གནམ་མཐོ་མཐའ་ཆིགས་བགོས，乌瑞译为：上天的有限之地，已被瓜分完毕（《敦煌译丛》第一辑，1985：214）；山口瑞凤译为共同起永久誓约（《敦煌胡语文献》，《讲座敦煌 6》，1980：519），王尧、陈践译为以多闻子神起誓（《敦煌吐蕃文献选辑 · 社会经济卷》，2011：127），任小波译为多闻天王证盟（《西域历史语言研究集刊》第七辑，2014：109），赤木崇敏译为划分天空之境界（《东トルキスタニ出之〈胡汉文书〉の综合调查》，2006：79），这里译为对多闻天王起誓。

9 ཤ་ཅབ（沙河）可能是瓜州与肃州间的某条河流，另外也有可能是沙州（ཤ་ཅུ）的异写，赤木崇敏认为是沙州（ཤ་ཆུ,ཅུ）的形容词写法，实际 ཅབ 是 ཅུ（水）的敬语（《东トルキスタニ出之〈胡汉文书〉の综合调查》，2006：80）。乌瑞则将 ཤ་ཅབ 译为塞种人（《敦煌译丛》第一辑，1985：214），今不取。

10 རྟ་རྒྱུགས་བྱས，王尧、陈践译为偷渡（《敦煌吐蕃文献选辑 · 社会经济卷》，2011：127）。

11 ཧོར་སྡེ་དགུ，王尧、陈践译为胡人所有部落（《敦煌吐蕃文献选辑 · 社会经济卷》，2011：127）。乌瑞译为回鹘九部（《敦煌译丛》第一辑，1985：214），山口瑞凤、赤木崇敏译作 ཧོར 九部族（《敦煌胡语文献》，《讲座敦煌 6》，1980：519；《东トルキスタニ出之〈胡汉文书〉の综合调查》，2006：79），ཧོར 即指回鹘。

12 ཡག་ཤི，王尧、陈践译为门杠（《敦煌吐蕃文献选辑 · 社会经济卷》，2011：127），山口瑞凤未译，赤木崇敏认为是钥匙的音译（《东トルキスタニ出之〈胡汉文书〉の综合调查》，2006：81），任小波译为门闩（《西域历史语言研究集刊》第七辑，2014：109），今从任小波。

13 ལྕེ་ཤིག，王尧、陈践译为钥匙（《敦煌吐蕃文献选辑 · 社会经济卷》，2011：127），但是与上下文意不合，赤木崇敏未译，任小波则译为“门禁森严”（《西域历史语言研究集刊》第七辑，2014：109），今从任小波。

国之城堡，此乃至尊[14]大王之城堡。大王有权，让民众服诸般劳役。此二人现要杀我，我未交与回鹘人有罪。以后，由沙州杨乡官[15]之弟（将二贼[16]）带上。现派我处张安扎腊拉嘉[17]至驾前送礼。以东方面，现绝无不佳之情[18]，彼处详情张安扎腊拉嘉清楚，可向他垂询。

二、关于文书中的肃州长官与天大王

该件文书是肃州府主司徒（སུག་ཅུའི་དབང་པོ་སི་ཏོ）写给河西节度天大王（ཏ་སི་ཅེར་ཏོ་ཐྱིན་ཟེའི་ཕྱོང）的。晚唐五代宋初敦煌归义军节度使也称为河西节度使，由于敦煌归义军实际为一独立性质的地方割据政权，归义军节度使也往往自称大王，自称大王的归义军节度使有曹议金（令公大王，931—935年及其后）、曹元忠（太师令公大王，964—974年及其后）、曹延禄（太师令公大王，984—995年及其后）等人[19]，而曹议金曾用“承天托西大王”之号[20]，与“天大王（ཐྱིན་ཟེའི་ཕྱོང）”正相吻合，“承天”即“天（ཐྱིན）”，亦即奉天承命、纂承天序之意，这也是中原王朝帝王的习惯用语，归义军节度使对之加以袭用。如唐德宗即位册文有“昊天有命，皇王受之。”唐肃宗即位赦称：“朕闻圣人畏天命，帝者奉天时，”唐顺宗即位赦称：“朕纂承天序，”[21]并非如有的研究者所认为的那样是源自曹氏归义军对回鹘、于阗政治文化的借鉴[22]。该称号又简称托（拓）西大王，同样为曹议

14 ཇོ་བོ，王尧、陈践译为长官（《敦煌吐蕃文献选辑·社会经济卷》，2011：127），山口瑞凤译为主（《敦煌胡语文献》，《讲座敦煌6》，1980：519），任小波译为令公（《西域历史语言研究集刊》第七辑，2014：109），ཇོ་བོ为首领之意，译为“令公”则发音不合。

15 ཡོ་ཏོང་གུན，任小波译为杨乡官（《西域历史语言研究集刊》第七辑，2014：109），今从任小波。

16 赤木崇敏认为带上的是书信（《东トルキスタニ出之〈胡汉文书〉の综合调查》，2006：80）。

17 ཅང་ཨམ་འགྲ་ལྷ，山口瑞凤译为命运战神（《敦煌胡语文献》，《讲座敦煌6》，1980：519），今不取，赤木崇敏、任小波将ཅང་ཨམ་འགྲ་ལྷ（ལྷ）·ལ་སྐྱབས译为张押衙腊罗嘉（《东トルキスタニ出之〈胡汉文书〉の综合调查》，2006：80；《西域历史语言研究集刊》第七辑，2014：109），白玉冬沿用赤木崇敏、任小波译文（《丝路文明》第一辑，2016：105），但ཨམ་འགྲ不应译为押衙。

18 ཀམ་ཅུད，王尧、陈践、赤木崇敏、任小波译为情况（《敦煌吐蕃文献选辑·社会经济卷》，2013：127；《东トルキスタニ出之〈胡汉文书〉の综合调查》，2006：81；《西域历史语言研究集刊》第七辑，2014：109），山口瑞凤译为甘州（《敦煌胡语文献》，《讲座敦煌6》，1980：519），今从王尧、陈践。

19 荣新江：《归义军史研究——唐宋时代敦煌历史考索》，上海：上海古籍出版社，1996：130。

20 P.3882《府君元清邈真赞》，《法藏敦煌西域文献》第29卷，2003：82；郑炳林：《敦煌碑铭赞辑释》，兰州：甘肃教育出版社，1992：532。

21 《全唐文》，上海：中华书局，1982：488、538、602。

22 任小波：《唐宋之际河西地区的部族关系与护国信仰——敦煌P.T.1189r号〈肃州府主致河西节度书状〉译释》，《西域历史语言研究集刊》第七辑，2014：114-115。

金使用[23]，另外曹议金之子曹元忠亦有“拓西大王”之号[24]，所以河西节度天大王应该是曹议金，也有可能是其子曹元忠。该文书盖有方形汉文印章，“肃州之印”[25]，肃州长官司徒为当时肃州政权的首领，从文书内容来看肃州对沙州归义军节度使保持着一定的依附性，肃州司徒称肃州城堡是归义军节度使大王（ཐའི་ཝོང）的城堡。但是肃州首领还与活动在当地的回鹘等部族进行交涉，这些部族在肃州地区也有重要影响力。

这里有必要对晚唐五代宋初时期肃州的历史加以回顾。848年，敦煌世族张议潮率领各族民众起义，推翻吐蕃统治，建立归义军政权，随后就派军收复了瓜、肃、甘等州，861年又收复凉州，归义军政权势力臻于极盛。但是此后唐朝又设立河西（凉州）节度使、河西都防御使等机构，在凉、甘、肃州派驻官员，以分其势，而周边回鹘等部族也开始兴起，归义军疆域日益萎缩。

S.367《沙州伊州地志》云：“龙部落本焉耆人，今甘、肃、伊州各有首领，其人轻捷善斗，皆禀皇化。”文书末尾有光启元年（885年）十二月廿五日张大庆抄写题记[26]，表明此时龙家部族是盘踞在肃州的重要部族。龙家来自西域焉耆，在吐蕃统治河陇西域时期迁入河西走廊，其最高首领为龙王，活动于甘州地区。作于中和四年（884年）的S.389号《肃州防戍都状》记载甘州的龙家等族在回鹘的逼迫下进入肃州，肃州逐渐成为了龙家的主要活动地域：

> 其龙王衷私发遣僧一人，于凉州嗢末首令（领）边充使。将文书云：我龙家和回鹘和定，已后恐被回鹘侵凌，甘州事须发遣嗢末三百家已来，同住甘州，似将牢古（固）。……其吐蕃入国去后，龙家三日众衙商量，城内绝无粮用者。拣得龙家丁壮及细小一伯（百）玖人，退浑达票拱榆昔、达票阿吴等细小共柒拾贰人，旧通颊肆拾人，羌大小叁拾柒人，共计贰伯（百）伍拾柒人。今月九日并入肃州，且令逐粮居（下缺）[27]

---

23 莫高窟第55、401窟曹议金题衔，敦煌研究院主编：《敦煌莫高窟供养人题记》，北京：文物出版社，1986：17、152。

24 见Ch.00207《曹元忠及其夫人修北大像殿堂记》，荣新江：《归义军史研究——唐宋时代敦煌历史考索》，1996：122。

25 王尧、陈践：《法藏敦煌藏文文献解题目录》，北京：民族出版社，1999：161；森安孝夫著，梁晓鹏译：《河西归义军节度使官印及其编年》，《敦煌学辑刊》，2003（1）：143。

26《英藏敦煌文献》第1卷，成都：四川人民出版社，1990：158；郑炳林：《敦煌地理文书汇辑校注》，兰州：甘肃教育出版社，1989：68-69。

27《英藏敦煌文献（第1卷）》，2009：179；荣新江：《归义军史研究——唐宋时代敦煌历史考索》，1996：305。

据 S.389 号《肃州防戍都状》、S.2895《肃州防戍都营田康汉君等状》以及《京兆翁氏族谱》所收《加翁部朝散大夫河西节度使白麻》、《赐劳翁部敕书》等记载，虽然唐朝于归义军收复凉州后在肃州设立了归属驻于凉州的河西（凉州）节度使管辖的肃州防戍都，有肃州防御使、营田使等官员驻守[28]，但是其力量薄弱，无力长期掌控当地局势，肃州逐渐落入龙家之手，而龙家与肃州当地原有势力也进行了一定程度的融合。P.3569《光启三年（900 年）四月官酒户龙粉堆牒》和《押衙阴季丰牒》中记载到达沙州的使者有与西州回鹘、凉州嗢末并列记录的肃州使，由归义军官酒户供酒[29]。P.2937 号归义军官府文书附断片二记载光启三年十一月七日，“肃州使氾建立等一行进发”[30]，氾建立见于前引 S.389 号《肃州防戍都状》是原唐朝肃州防戍都的军将之一。光启三年回鹘已经占据甘州，建立甘州回鹘政权，原唐朝肃州官员及驻军与肃州龙家等部族已经开始联合成为一个独立的地方政权。虽然《文苑英华》卷 409 收薛庭珪光化年间（898-901 年）所拟《授前河西防御押蕃落等使冯继文检校工部尚书依前充河西防御招抚等使制》提到冯继文职责为“防御西夏，控压三州。”[31] 但是实际上甘州、肃州已经脱离了唐朝的控制，保持一定程度的独立。

P.4011《儿郎伟》则记载了甘州进攻肃州之事：

驱傩之法，送故迎新。且要扫除旧事，建立芳春，便获青阳之节，八方启（稽）颡来臻。自从太保□□（封爵），千门喜贺殷勤。甘州数年作贼，直拟欺负欺凌。去载阿郎发愤，点集兵钾（甲）军人。亲领精兵十万，围绕张掖狼烟。未及张弓拔箭，他自放火烧燃。一齐披发归伏，献纳金钱城川。遂使安邦定国，永世钦伏于前。不经一岁未尽，他至逆礼无边。准拟再觅寸境，便共龙家相煎。又动太保心竟（境），跛（叵）耐欺负仁贤。缉练精兵十万，如同铁石心肝。党（倘）便充山进路，使捉猃狁狼烟。未至酒泉山口，他自魂魄不残。便献飞龙白马，兼及绫绵数般。[32]

---

28 李军：《论晚唐时期唐朝对河西东部地区的经营》，《历史研究》，2007（4）：33-34。

29 《法藏敦煌西域文献》第 25 卷，2002：345-347。

30 《法藏敦煌西域文献》第 20 卷，2002：166。

31 李军：《论晚唐时期唐朝对河西东部地区的经营》，《历史研究》，2007（4）：33-34。

32 《法藏敦煌西域文献》第 30 卷，2003：342；荣新江：《归义军史研究——唐宋时代敦煌历史考索》，1996：321。

文书中的太保指曹议金，他曾经乘甘州回鹘的内乱之机，亲征甘州，荣新江先生考证其时间在 924 年秋冬至 925 年初[33]。此后一年左右，甘州回鹘发动了针对占据肃州的龙家部族的战争，归义军则派兵支援肃州龙家，将回鹘军队击败。

归义军的这一军事行动在其它敦煌文书中也有所记载。P.2970《阴善雄邈真赞并序》是归义军曹议金时期的一件文书，此件叙写到归义军与周边部族的战争冲突，其中有“达怛犯塞，拔拒交锋”，“张掖再复，独立殊庸，酒泉郡下，直截横冲。”[34]

P.3718《李绍宗邈真赞》云：

> 后乃张掖城下，立万载之高名；酒泉郡前，播雄声于千古。……张掖城下，勇猛贞坚；酒泉阵上，拔帜冲先。[35]

阴善雄、李绍宗应当是参加了曹议金亲征甘州以及派兵支援肃州的军事行动。归义军进攻回鹘，支援肃州，表明此时以龙家为主的肃州地方势力对归义军保持依附关系，这与曹议金不久前亲征甘州得胜有关。

浙藏敦 114 号藏文文书《肃州府主致沙州令公书状》也记载了曹议金率军支援肃州，征讨回鹘，肃州地方势力对归义军节度使输诚效忠之事[36]。

曹议金去世后肃州地方势力与甘州回鹘、鞑靼（达怛）关系日益密切，曾经一起行动，袭扰瓜沙。P.2155v (2)《归义军节度使曹元忠致甘州回鹘可汗状》（荣新江先生认为时间最可能在 962 年[37]）谈及回鹘人前后两次到瓜州雍归、悬泉镇打劫之事，质问归义军和甘州回鹘两地本是一家，关系亲密，回鹘人为何前来打劫？接下去写道：

> 又去五月十五日被肃州家一鸡悉殉歹勺作引道人，领达怛贼壹佰已来，于瓜州、会稽两处同日下，打将人口及牛马。

并称此事与甘州回鹘无关，“此件不忏贵道人也。”最后曹元忠托去甘州回鹘可汗处

---

33 荣新江：《归义军史研究——唐宋时代敦煌历史考索》，1996：325。

34 《法藏敦煌西域文献》第 20 卷，2002：282；荣新江：《归义军史研究——唐宋时代敦煌历史考索》，1996：317。

35 荣新江：《归义军史研究——唐宋时代敦煌历史考索》，1996：318。

36 参见任小波：《曹议金东征甘州史事证补 - 浙敦 114 号〈肃州府主致沙州令公书状〉译释》，《中国敦煌吐鲁番学会少数民族语言文字专业委员会学术年会会议论文集》，2016（9）：73-80。

37 荣新江：《归义军史研究——唐宋时代敦煌历史考索》，1996：340。

的肃州人带去书状，希望可汗“细与寻问，勾当发遣”，保持两地友好关系[38]，书信内容显示当时肃州地方政权肃州家（由龙家等组成）实际已听命于甘州回鹘，所以曹元忠希望回鹘可汗能够约束在肃州地区活动的部族，使之不再侵扰瓜沙地面。

P.3272v《丁卯年（967 年）正月廿四日甘州使头阎物成去时书本》云：

早者因为有少贼行，已专咨启。近蒙兼惠厚意，无任感钦之至。华翰所云：“令宰相密六往肃州再设咒誓，自今已后，若有贼行，当部落内部随处除剪。”闻此嘉言，倍深感仰。……又云在此三五人，往贵道偷来之事况。在此，因为西州离乱，恶弱之人极多到来。构召诸处贫下，并总偷身向贵道偷劫去，某并不知闻。近者示及，方知子（仔）细。当时尽总捉道枷禁讫，使人并总眼见。即便发遣文帖与诸处小镇，自今以后，若有一人往甘州偷去，逐（随）处官人，必当刑宪。[39]

这是阎物成出使甘州时带去的一封归义军节度使曹元忠致甘州回鹘可汗的书信抄本。文书提到曹元忠曾经写信给甘州回鹘可汗，询问贼人抄劫归义军边城之事。对此甘州可汗特地派遣宰相密六（亦即梅录，回鹘官号，详见后文）前往肃州再次与当地部族（包括回鹘、达怛、肃州家等）盟誓，规定他们不许抄劫归义军领地。而现在因为西州地区动乱，所以有西州人向甘州回鹘领地流窜劫掠，曹元忠表示对此并不知情，但此后会通知归义军边镇注意捉拿惩治。文书内容表明当时肃州地方势力已经完全依附于甘州回鹘政权，肃州地区已经属于甘州回鹘辖境，归义军需要借助甘州回鹘的帮助才能使肃州部族不再侵扰瓜沙地区，而甘州回鹘可汗以前就曾经派人与肃州部族盟誓，禁止他们前往归义军辖境侵扰，但誓约实际效果不佳，所以派遣宰相密六再度前来盟誓，重申誓词。

但是曹元忠的努力并无太大成效，此后肃州龙家等部族（肃州家）仍然不断与回鹘、达怛（鞑靼）联合进兵瓜沙，劫夺人口财物。P.3412《太平兴国六年（981 年）安再胜等牒》，牒文载：

38 《法藏敦煌西域文献》第 7 卷，1998：131；唐耕耦、陆宏基：《敦煌社会经济文书真迹释录》第 4 辑，全国图书馆文献缩微复制中心，1990：402。

39 唐耕耦、陆宏基：《敦煌社会经济文书真迹释录》第 4 辑，1990：411；荣新江：《归义军史研究——唐宋时代敦煌历史考索》，1996：341-342。

右今月廿日寅时，孔僧正、沙弥定昌、押衙唐憨儿等叁人走来，况再胜等闻讯向东消息，言说回鹘、达怛及肃州家相合。就大云寺对佛设誓，说向西行兵……瓜州将患。[40]

再后来辽朝开始对甘州回鹘用兵，准备一举攻灭，收其版图户籍，肃州遂被辽国占领。《辽史 · 属国表》辽统和二十八年（1010 年）载："西北路招讨使萧图玉奏伐甘州回鹘，破其属郡肃州，尽俘其生口。"[41] 当时肃州就是甘州回鹘属地，但是西夏已经兴起，与辽争夺河西走廊，不久之后甘、肃、瓜、沙诸州都被西夏征服。

从 P.T.1189《肃州府主致河西节度天大王书状》来看，文书内容记载当时肃州政权向归义军节度使表示一定程度的臣服，声称肃州属于归义军节度使大王（ཅེར་ཧོ་ཁྲིན་ཞིའི་སྲོང）管辖，归义军节度使大王（ཞིའི་སྲོང）有权支配当地民众为其效劳，但是回鹘、达怛、仲云等部族仍然在肃州境内活动，也具有一定势力。所以笔者倾向于将其定在曹议金执政并自称大王时期，即 931—935 年之间，河西节度天大王（ཧ་སི་ཅེར་ཧོ་ཁྲིན་ཞིའི་སྲོང）应当是曹议金。白玉冬则依据赤木崇敏等的译文，对 P.T.1189 号文书正面和背面盖有的"肃州之印"使用时间进行考察，并结合于阗文文书 P.2741、P.2790、Ch.00269 等对肃州归属归义军政权时期加以讨论，认为该文书年代在 931—935 年之间的早期，背景是此前 924—925 年，协助甘州回鹘稳定局势的达怛、仲云与甘州回鹘保持密切关系[42]。但是于阗文文书 P.2741、P.2790、Ch.00269 等的年代目前还不能确证，学界有观点认为它们是 9 世纪末期的文书（详后），所以这一结论还不能让人信服。

赤木崇敏则认为该文书年代应该与 P.3277v《丁卯年（967 年）正月廿四日甘州使头阎物成去时书本》相同，二者记载了同一件事，即当时甘州回鹘宰相密六与肃州部族盟誓，不再侵犯归义军疆土[43]，任小波也沿用了这一观点，但他表示还有所怀疑，不能确定[44]。从目前见到的史料来看支持该观点的证据尚嫌不足，曹元忠时期归义军已经不能控制肃州，肃州政权首领不应该向归义军节度使曹元忠上书表示归附顺从。

40 《法藏敦煌西域文献》第 24 卷，2002：132；荣新江：《归义军史研究——唐宋时代敦煌历史考索》，1996：32。

41 《辽史》，上海：中华书局，1974：1151。

42 白玉冬：《P.T.1189〈肃州领主司徒河西节度天大王书状〉考述》，《丝路文明》第一辑，2016：103-123。

43 赤木崇敏：《归义军时代チベット文手纸文书 P. T. 1189 译注稿》，该文载于荒川正晴，《东トルキスタニ出之〈胡汉文书〉の综合调查》，2006（3）：84。

44 任小波：《唐宋之际河西地区的部族关系与护国信仰——敦煌 P. T. 1189.r 号〈肃州府主致河西节度书状〉译释》，《西域历史语言研究集刊》第七辑，2014：111。

在 967 年归义军政权已经无力控制肃州，此时肃州已经完全倒向甘州回鹘。而 P.T.1189《肃州府主司徒致河西节度天大王书状》则记载当时回鹘、达怛、仲云等盟誓，与沙州和平共处，沙州人也不能前往肃州地面偷盗，并未提到以前他们还曾经进行过相同盟誓，盟誓者中也没有包括肃州本地的龙家等部族，而正是这些部族组成了肃州政权，在汉文文书中被称为肃州家。当时形势是归义军政权实力较强，所以频繁有瓜沙地区的人进入肃州偷盗，故肃州司徒去函表示不满，但并未将沙州盗贼交给回鹘人，并且还向归义军政权提供甘州回鹘方面的情报，还明确声称肃州属于归义军节度使管辖。而 P.3277v《丁卯年（967 年）正月廿四日甘州使头阎物成去时书本》记载甘州回鹘可汗告诉归义军节度使曹元忠有三五个贼人在甘州回鹘境内即肃州地区偷劫，曹元忠则回复说贼人乃来自离乱的西州回鹘地区，并已向所属诸军镇发出文告，禁止归义军境内人员前往甘州回鹘控制下的肃州地区盗劫。P.T.1189《肃州府主司徒致河西节度天大王书状》则记载是肃州司徒报告归义军节度使有两个沙州人在肃州偷盗，也没有说他们来自西州地区，人数也不是三五个。所以 P.T.1189、P.3277v 两件文书记载的并非同一件事。

肃州府主司徒（སུག་ཅུའི་དབང་པོ་སི་ཏོ）是当时肃州龙家和汉人等居民的首领，他自称司徒，而不称龙王。司徒为中原王朝官职，所以他可能是龙家人，但非龙王后裔，也有可能是受到龙家、吐蕃同化的汉人，承袭了原来唐朝所设肃州防御使、营田使的地位。晚唐五代宋初时期当地汉人与龙家等部族联合组成了肃州政权，除了汉人、龙家，另外肃州地区还有羌（དོར་པོ，即党项等羌族）[45]、通颊等部族。在 926 年前后，归义军出兵肃州，战胜攻打肃州龙家的甘州回鹘军队，肃州地方势力臣服于曹议金，并庇护来到肃州偷盗的归义军属民，将其交还归义军政权，而不是交给回鹘人。文书中的 ཤ་ཙབ 当是沙州（ཤ་ཅུ）的误写或异写，即以沙州来指代瓜沙归义军政权。但是回鹘、鞑靼、仲云等部族在当地活动频繁，具有很强影响力，已经对肃州龙家、汉等当地部族造成了严重威胁。到了 10 世纪中后期，肃州龙家等部族更是完全倒向了甘州回鹘一方，成为其属部。

P.T.1189《肃州府主司徒致河西节度天大王书状》表明当时肃州政权使用藏文作为官方通用语言，这自然与吐蕃在 8 世纪中期到 9 世纪中期对河陇西域地区进行了长时间统治有关，而文书盖有“肃州之印”说明汉文在当地也有一定影响。在敦煌文献中还保留有其他几件与肃州有关的文书，森安孝夫、白玉冬认为年代在中和四年（884 年）的

45 岩尾一史：《ドルポ考 - チッベト帝国支配下の非チッベト人集団》，《内陸アジア言語の研究》XXXI，2016：1-20。

S.389《肃州防戍都状》盖有“肃州之印”[46],P.t.1190《乾符年间肃州牒》也盖有“肃州之印”，其年代是在乾符年间，即874—879年，内容是守城人数不足，请求归义军支援，发文机构应该也是归属唐朝河西（凉州）节度使管辖的肃州防戍都[47]。浙藏敦煌文献114号同样盖有“肃州之印”，内容则为928—930年肃州领主与属民效忠于归义军令公曹议金的呈文[48],P.T.1189、浙藏敦煌文献114号文书发文机构为10世纪前期的肃州地方政权，虽然沿用“肃州之印”，但是此时肃州地方政权已经不是9世纪后期的唐朝肃州防戍都了。需要指出的是肃州地方政权在10世纪中后期同样也可能依然使用“肃州之印”，还不能以“肃州之印”的使用时间来完全确定P.T.1189的年代。

另外，P.T.1189《肃州府主司徒致河西节度天大王书状》记载肃州司徒派遣张安扎腊拉嘉（ཙང་ཨམ་འགྲ་ལྷ་ལ་སྐྱབས）前去曹议金处报告甘州方面的有关情况。法藏P.T.1131号文书《张安扎腊芒古禀帖》则记载肃州（སུག་ཆུ）张安扎芒古（ཙང་ཨམ་འགྲ་མང་འགུ）派遣使者前往河陇西域某地平章政事刺史（ཆབ་སྲིད་བློན་ཆེ་ལ་ཆིན་སྲི）处通好问候[49]，此张安扎芒古与P.T.1189《肃州府主司徒致河西节度天大王书状》中的张安扎腊拉嘉（ཙང་ཨམ་འགྲ་ལྷ་ལ་སྐྱབས）名中都有ཨམ་འགྲ་，日本学者武内绍人认为ཨམ་འགྲ་当是押衙的音译，即晚唐五代肃州地区政权中也有押衙之职，但没有具体加以论述[50]，这一观点被赤木崇敏、任小波、白玉冬等沿用。张安扎腊拉嘉和张安扎芒古当是肃州地区的汉族后裔，P.T.1131号文书记载张安扎芒古乃肃州首领，派遣使者向某地首领平章政事刺史问候，平章政事（ཆབ་སྲིད་བློན་ཆེ）级别很高，相当于宰相头衔，故张安扎芒古不应只有押衙这一低微称号（押衙是晚唐藩镇节度使衙府办事人员，级别很低）并作为头衔使用。而且ཨམ་འགྲ在发音上与押衙是否对音也尚难确定，敦煌藏文拼写汉文文书中押的对音为ཡ，衙（牙）的对音为འགྲའ[51]，故笔者不能同意武内绍人的观点。

---

46 查看文书图版并无此印。《英藏敦煌文献（汉文非佛经以外部分）》第1卷，成都：四川人民出版社，1990：179。

47 森安孝夫著，梁晓鹏译：《河西归义军节度使官印及其编年》，《敦煌学辑刊》，2003（1）：143；白玉冬：《P.T.1189〈肃州领主司徒上河西节度天大王书状〉考述》，《丝路文明》第一辑，2016：109。

48 武内绍人：《歸義軍期から西夏時代のチベット語文書とチベット語使用》，《東方學》，第百四辑，第120页；任小波：《曹议金东征甘州史事证补-浙敦114号〈肃州府主致沙州令公书状〉译释》，《中国敦煌吐鲁番学会少数民族语言文字专业委员会学术年会会议论文集》，2016（9）：73-80。

49 王尧、陈践：《敦煌吐蕃文书论文集》，成都：四川民族出版社，1988：195（汉文）、397-398（藏文）。

50 武内绍人：《歸義軍期から西夏時代のチベット語文書とチベット語使用》，《東方學》，第百四辑：119。

51 周季文、谢后芳：《敦煌吐蕃汉藏对音字汇》，北京：中央民族大学出版社，2006：65。

三、关于达怛（ད་ཏར）与仲云（ཇི་ཉུལ）

文书记载肃州司徒向达弩乃颜召（དར་འདོས་ཀྱིན་འཛོ）呈述，然后又向国王（རྒྱལ་པོ）请求，而国王亦与达弩乃颜召之“大臣梅录（བློན་པོ་བྱ་རོག）”、千户部落（སྟོང་སྡེ）之诸长官（མགོ）商议，达弩乃颜召之“大臣梅录”等于是悉数无余前往肃州，此后，在肃州大云寺（དེའི་ཡུན་ཐི་འི་གཙུག་ལག་ཁང）中，达怛（ད་ཏར）、仲云（ཇི་ཉུལ）、回鹘（ཧོར）等部族，共同对多闻天王起誓（གནམ་མདོ་མཐའ་ཆིགས་བགོས），与瓜沙归义军政权保持互不侵犯，相安无事。

敦煌文书记载晚唐五代归义军时期河西地区有达怛部族活动。P.3579《雍熙五年十一月神沙乡百姓吴保住牒》云：

> 差着甘州，奉使常便去来，至
> 贼打破般次，驱拽直到伊州界内。
> 却后到十一月沙州使安都知般次。
> 押衙曹闰成收赎，于柔软家面上还帛
> 匹，熟绢两匹，当下赎得保住身，与押衙曹闰成
> 到路上粮食乏尽，涓涓并乃不到家乡，便乃
> 得人主左，于达怛边卖老牛壹头，破与作粮
> 牛价银盌壹枚，到城应是赎人主，并总各自出银
> 氾达怛牛价。[52]

文书残留内容记载敦煌神沙乡百姓吴保住奉命出使甘州被劫，随后被挟持驱赶到伊州境内，再后来被归义军曹押衙赎身，跟随归义军使者安都知的般次返回沙州，但是路上乏粮，遂在达怛部族处买牛一头以充粮用。此达怛部族活动在伊州与沙州之间。

晚唐五代于阗文书 P.2741《使臣奏稿》曾经指出，达怛人骑马从北面的 Buhäthum 到黑山和蓼泉，又说“从蓼泉到肃州的道路已被达怛人封闭”。Buhäthum 有学者认为是漠北鄂尔浑河流域之卜古罕城[53]，黑山又名紫塞，在肃州北一百八十里处。蓼泉在今高台

52 《法藏敦煌西域文献》第 25 卷，2002：378；唐耕耦、陆宏基：《敦煌社会经济文书真迹释录》第 2 辑，全国图书馆文献缩微复制中心，1990：308。

53 白玉冬：《于阗文 P.2741 文书所见鞑靼驻地 Buhäthum 考》，《西域文史》第二辑，北京：科学出版社，2007：238。

县东，属张掖管辖，可知达怛活动在漠北至河西北部地区。该文书还记载归义军节度使张淮深时期（9 世纪末期）达怛与沙州归义军、仲云在甘州地区共同采取军事行动，讨伐甘州回鹘：

> 在春季第三月末尾，沙州的军队来了，二十五位于迦带领二千仲云人与二百达怛同来，他们进入甘州第三天，毗伽可汗及其妻与二女被杀。第八天军队就离开远至山丹（Samdamã），他们不敢在突厥中冒险就回去了。于是仲云都火了，他们说，这是回鹘人和沙州人玩的手段，他们领导我们人达一个多月的陆地驰驱，却没有带到最后（决战）的地点就走开了。[54]

归义军同河西北部地区的达怛部族保持着通使关系，这在敦煌汉文文书中多有记载。P.4525《都头吕富定状》云：

> 伏以富定准都官例，着马壹匹，与知客赵清汉乘骑达怛内为使，回来路上致死，未蒙支给，伏乞太傅恩慈，特赐公凭，专请处分。[55]

P.4061 背有一件写于壬午年（982 年）的《都头知内库官某状》：

> 伏以今月十七日支达怛大部跪拜来大绵被子叁领，胡床壹张。未蒙判凭，伏请处分。[56]

这个达怛大部应该是活动在河西北部的一支达怛部族，该部族派使者前来晋见归义军节度使，内库官员为其安排住宿事宜。

唐代达怛，源出中国以北地区。《新唐书 · 地理志》引贞元时人贾耽《道里记》叙

---

54 H. W. Bailey, *Saka Documents Text Volume*, vol.5, London, 1968: 65; 黄盛璋：《敦煌于阗文 P.2471、ch.00296、P.2790 号文书疏证》，《西北民族研究》，1989（2）：43。白玉冬则认为 P.2471、ch.00296、P.2790 号文书年代在 924—926 年，归义军节度使为曹议金（白玉冬：《P.T.1189〈肃州领主司徒上河西节度天大王书状〉考述》，《丝路文明》第一辑，2016：121-123），由于史料有限，目前关于此 3 件文书年代还难以确证。

55 《法藏敦煌西域文献》第 31 卷，2005：367；唐耕耦、陆宏基：《敦煌社会经济文书真迹释录》第 2 辑，1990：621。

56 《法藏敦煌西域文献》第 31 卷，2005：59；唐耕耦、陆宏基，《敦煌社会经济文书真迹释录》第 2 辑，1990：617。

述回鹘道路时，曾记载说，回鹘牙帐东南有达旦泊。据此，学者们指出其周围即达怛部族居止之处。此外，立于开元、天宝年代的突厥文阙特勤碑和毗伽可汗碑也分别载有“三十姓达怛”，“九姓达怛”。王国维先生认为五代时期活动在阴山一带的达怛属“三十姓达怛”或“九姓达怛”的一部分南下者，而在回鹘牙帐东南（达旦泊）一带的达怛则应为九姓达怛。

840 年以后，回鹘为黠戛斯所败，部众溃散西逃，其中一支奔葛逻禄，一支奔安西，一支奔吐蕃（即河西）。两年后，也就是武宗会昌二年（842 年），黠戛斯派将军踏合祖布至天德军报告追歼西迁回鹘情况，曾言“将徙就合罗川，居回鹘故国，兼已得安西、北庭达靼等五部落。”[57] 从安西、北庭所获之达怛部落应是 840 年以后随回鹘西迁到那里的。当回鹘西迁安西或南下河西之时，其牙帐附近的属部九姓达怛也可能随之西迁或南下，故而学界有意见认为敦煌文书所见河西北部之达怛应是从回鹘牙帐迁来之九姓达怛[58]。

五代北宋时期，河西北部地区以及漠北回鹘故地存在一个达怛国。

宋代成书的《册府元龟》记载后唐清泰元年（934 年）八月，达怛国曾遣使没于越入朝贡羊马。[59]

李焘《续资治通鉴长编》则记载乾德四年（966 年）六月，塔坦国天王娘子及宰相允越皆来入宋朝修贡。宋开宝二年（969 年），塔坦国天王娘子之子策卜迪入贡北宋[60]。

王明清《挥麈前录》卷四载有宋臣王延德《使高昌记》，记载其于太平兴国六年（981）出使高昌回鹘的沿途经历，云：

> 初自夏州历玉亭镇、次历黄羊平，……次历茅家喁子族，临黄河，……次历茅女王子开道族，行入六窠沙……次历楼子山，无居人，行沙碛中，……次历卧羊梁劾特族，地有都督山，唐回鹘之地。次历大虫太子族，族接契丹界……次历屋地目族，盖达干于越王子之子也。次至达干于越王子族，此九族达靼中尤尊者。次历拽利王子族，有合罗川，唐回鹘公主所居之地，……传曰：契丹旧为回纥牧羊，达靼旧为回鹘牧牛，回纥徙甘州，契丹、达怛遂各争

57 《资治通鉴》卷 246，上海：中华书局，1956：7968。
58 陆庆夫：《河西达怛考述》，该文载于郑炳林主编：《敦煌吐鲁番文献研究》，兰州：兰州大学出版社，1995：564-565。
59 陆庆夫：《河西达怛考述》，该文载于郑炳林主编：《敦煌吐鲁番文献研究》，1995：564-565。
60 《续资治通鉴长编》，上海：中华书局，1992：173，237。

长攻战。次历阿墩族，经马鬃山望乡岭，……次历格啰美源……次历伊州……乃至高昌。[61]

北宋使者王延德由夏州出发，渡过黄河，取道漠北，经过回鹘故地、马鬃山、格啰美源、伊州，最后到达高昌。达怛部族在黄河至回鹘故地一带沿路皆有分布，居住于回鹘故地腹心地区的达干于越王子族为九世纪后半叶入居鄂尔浑河流域的九族达怛中地位最为尊贵者[62]，也是当时漠北及河西北部地区达怛部族的核心，该族与其他漠北达怛部族组成了传世史料记载的达怛国。

《续资治通鉴长编》卷二十四还称太平兴国八年（983 年），塔坦国使者与高昌国使者一起入宋朝贡，回程时鞑靼使者请求取道灵州，“且言其国王欲观山川迂直，择便路入贡，诏许之。”[63]

达怛国王应该是漠北地区达怛（塔坦）部族组成的达怛国的国王，即前引王延德《使高昌记》所记居住于回鹘故地的达干于越王子族的首领，为达怛诸族中最为尊贵者。近年有学者提出汉籍记录十世纪时期以国王、天王娘子、宰相名义朝贡宋朝的鞑靼（达怛）国，乃九姓鞑靼，堪称九姓鞑靼王国，为当时的漠北游牧政权，在前苏联（今俄罗斯）所出突厥鲁尼文叶尼塞碑铭中也有记载[64]。在河西北部地区活动的达怛部族与漠北地区达怛国也存在密切关系，活动在河西走廊北部地区的达怛部族应该是从漠北地区迁入，但是河西走廊北部地区并不属于漠北地区达怛国，当时河西走廊北部地区甘州回鹘势力也很大。

仲云（རྗེ་དབལ）与敦煌汉文文书中出现的南山同源，二者都是汉代小月氏后裔，南山部族在藏文中的称谓即རྗེ་དབལ，于阗文书 P.2790《使臣奏稿》明确记载仲云（Cimdus）就是南山（Nam śan），二者可以互换，文书称仲云来到沙州，有 5 位于迦（ūgä），跟随他们的有 100 南山人，在沙州有大量的仲云人，亦即南山人[65]，该件文书还记载沙州仲云

61 王明清，《挥麈录》，上海：上海书店出版社，2009：28-29。

62 前田直典：《十世纪时代の九族达靼》，初刊《东洋学报》第 32 期第 1 号，1948 年，收入氏著：《元朝史の研究》，东京大学出版会，1973：237-240；陈得芝：《十三世纪以前的克列王国》，原载《元史论丛》第三辑，中华书局，1986 年，收入氏著《元蒙史研究丛稿》，北京：人民出版社，2005：217-218。

63 《续资治通鉴长编》，上海：中华书局，2004：566。

64 白玉冬：《十至十一世纪漠北游牧政权的出现》，《民族研究》，2013（1）：74-85。

65 H. W. Bailey, “Śri Viśa Śūra and the Ta-uang,”*Asia Major*, new Series, 11.1, 1964: 4-5；参见黄盛璋：《敦煌文书中的仲云与南山》，《西北民族研究》，1989（1）：5；黄盛璋：《敦煌于阗文 P.2471、ch.00296、P.2790 号文书疏证》，《西北民族研究》，1989（2）：66-67，70。

部族第一次与于阗使者正式会见，欲与之通使联络，敦煌汉文文书记载于阗与瓜沙归义军政权最早通使是在901年，当时于阗使者出现于P.4640背归义军军资库司布纸破用历中[66],故P.2790《使臣奏稿》的年代当在901年前后。学界有观点认为南山部族在藏文中被称为ལྷོ་བལ, 该词实际是边鄙蛮族之意，指被吐蕃征服之汉、回鹘等民族，并非专指南山[67]。南山与仲云是晚唐五代活动于瓜、沙、肃、以及西域东部鄯善地区的部族。ཇི་དུལ发音正与仲云相合，是对仲云一词的音译。后晋天福三年（938年）高居诲《使于阗记》云：

> 沙州西曰仲云，其牙帐居胡卢碛，云仲云者，小月氏之遗种也。其人勇而好战，瓜沙之人皆惮之。胡卢碛，汉明帝时征匈奴，屯田于伊吾卢，盖其地也。地无水而尝寒多雪，每天暖雪销，乃得水。匡邺等西行入仲云界，至大屯城，仲云遣宰相四人，都督三十七人候晋使者，匡邺等以诏书慰谕之，皆东向拜。[68]

据日本学者榎一雄、长泽和俊等研究，仲云部族活动在以大屯城为中心的罗布泊地区，有宰相、都督等官职[69]。瓜、沙地区归义军对其很熟悉，在瓜、沙、肃州地区活动的仲云则又称为南山，该部族应该是活动在瓜、沙、肃州南部祁连山地区。S.542背（8）《吐蕃戌年（818年）六月沙州诸寺丁壮车牛役簿》云：

> 李加兴：六月修仓两日。南波厅子四日。送节度粳米。子年十二月差春稻两驮，落回纥。成善友：南波厅子四日。子年十二月差春稻两驮。宜奴：厅子。[70]

由文书可知南波在敦煌附近，是族名或地名。吐蕃政权对其进行着管辖，敦煌寺户在管理南波的机构中充当厅子，服官府杂役。南波有可能就是10世纪归义军时期崛起的南山部族的前身，他们活动于敦煌、瓜州南部祁连山中。南波可能即南人之意，“波”

---

66 荣新江、朱丽双：《于阗与敦煌》，兰州：甘肃教育出版社，2013：110。

67 陆离：《关于敦煌文书中的lho bal（蛮貊）与南波、南山》，《敦煌学辑刊》，2010（3）：28-39。

68 《新五代史》，上海：中华书局，1974：918。

69 长泽和俊著，钟美珠译：《高居诲之于阗纪行》，氏著《丝绸之路史研究》，天津：天津古籍出版社，1990：586-591。

70 唐耕耦、陆宏基：《敦煌社会经济真迹文献释录》第2辑，全国图书馆缩微胶卷复制中心，1990：384、390。

当为吐蕃文“ཪ”的音译，意为“人”，南人就是活动于敦煌、瓜州、酒泉南部祁连山中的部族，他们是原秦汉时期活动于河西地区的月氏、羌人血统的部族，也应当混合了隋及唐前期曾经在祁连山中活动的一些其他民族成分。撰写于后唐（923—937 年）初年的 S.5448《唐故河西归义军节度押衙兼右二将头浑子盈邈真赞并序》记载：“西北输忠，南山闻之而献顿。”[71] P.3257《开运二年（945 年）寡妇阿龙状》记载有南山部落[72]。P.2482 背《常乐副使田员宗启》则记载 947 年前后南山人到瓜州常乐劫掠人口牲畜及常乐官方对之追击的史实，还提到南山有述丹宰相、阿悉兰禄都督[73]。敦煌研究院藏 No.1《归义军衙府酒帐》（文书被施萍婷先生考定在 964 年）记载：“迎南山酒壹角”：“供向东来南山逐日酒二斗。”[74]

P.4525（12）V0《瓜州义郎牒状》记录瓜州、雍归一带有南山部落的活动，并与瓜州官府进行接触：

> 昨去前日廿九日从雍归有南山伍人到来，口云道：“部落尽于雍归鞍下，欲疑瓜州下来，心知以前作恶之事，恐怕更有高下况，义郎当差贰人共南山相随，于部落里商议下来事。”[75]

S.5750v《清儿申诉马主追索状》记载：“清儿前时奉看南山，作其通和，……便去西行，”[76] 这也说明清儿出使的南山部族中心在沙州西边，前引《唐故河西归义军节度押衙兼右二将头浑子盈邈真赞并序》记载：“西北输忠，南山闻之而献顿。”同样可以说明这一点，而仲云正在沙州西边罗布泊一带，所以仲云即南山[77]，是分布在瓜、沙、肃以及西域东部鄯善地区的部族，这些南山部族可能以罗布泊地区大屯城为中心。在 10 世纪以前西域东部鄯善地区是由吐蕃萨毗节度使的遗存 - 璨毗（璨微）政权统治，归义军张

71　郑炳林：《敦煌碑铭赞辑释》，1992：343。

72　唐耕耦、陆宏基：《敦煌社会经济真迹文献释录》第 2 辑，1990：295-298。

73　《法藏敦煌西域文献》第 14 卷，2001：254；唐耕耦、陆宏基：《敦煌社会经济文书真迹释录》第 4 辑，全国图书馆缩微胶卷复制中心，1990：501-502。

74　施萍婷：《本所藏〈酒帐〉研究》，《敦煌研究》创刊号，1983：143-144。

75　《法藏敦煌西域文献》第 31 卷，2005：372。参见陆庆夫：《略论敦煌民族史料的价值》，《敦煌吐鲁番文献研究》，兰州：兰州大学出版社，1995：75。

76　《英藏敦煌文献》第 9 卷，成都：四川人民出版社，1994：116。

77　参见郑炳林：《唐代敦煌金山国征伐楼兰史事考》，兰州大学敦煌学研究所，《敦煌归义军史专题研究》，兰州：兰州大学出版社，2003：22。

承奉金山国时期曾经征讨璨毗（璨微）政权[78]，璨毗（璨微）衰落后，仲云部族在该地区兴起。前引于阗文书 P.2741《使臣奏稿》记载归义军节度使张淮深时期（黄盛璋认为 P.2741 撰写时间在 886 年[79]）或曹议金时期（924—925 年）仲云人（南山）与沙州军队和达怛军队在甘州联合采取军事行动。

P.T.1189《肃州府主司徒致河西节度天大王书状》中的有关记载则表明仲云（南山）在肃州也有频繁活动，仲云（南山）与达怛、回鹘都是晚唐五代时期活动在肃州地区的重要部族，在甘州回鹘势力崛起后，在肃州地区活动的仲云（南山）与达怛常常依附甘州回鹘势力，与之联合行动，肃州地区的仲云（南山）与瓜、沙地区仲云（南山）部族关系密切，这些仲云（南山）部族应该在唐前期、吐蕃统治时期、晚唐五代时期一直活动在瓜、沙、肃州南部的祁连山中，有学者认为 P.T.1189 中出现的仲云（南山）部族是 924—925 年来自沙州以西罗布泊地区滞留河西的部族[80]，笔者对此观点尚不能赞同。

四、关于达砮乃颜召（དར་འདོས་ཕྱིན་འཇོ）、国王（རྒྱལ་པོ）

P.T.1189《肃州长官向天大王禀帖》在介绍达砮乃颜召（དར་འདོས་ཕྱིན་འཇོ）部首领到达肃州之后，又提到鞑靼（ད་ཏར，达怛）、仲云（ཧི་དུལ）、回鹘（ཧོར）等部族在肃州大云寺共同起誓，不再侵扰归义军疆界。达砮乃颜召，乌瑞、森安孝夫认为是回鹘语的藏文音译，意为回鹘西部王族随从，即回鹘右翼王族随从（臣下）[81]。文书记载达砮乃颜召大臣（བློན་པོ）也称为梅录（བྱི་རོག），下面有千户部落（སྟོང་སྡེ）之诸长官（མགོ）。梅录原为突厥、回鹘官名，回鹘文为 buy rug，意为大臣、大相，有领兵的职责，汉文文书也记为密录、密六、媚禄。而《新五代史》卷七四《回鹘传》记载甘州回鹘制度，“其国相号媚禄都督。”[82] S.6551《讲经文》记载西州回鹘职官有宰相、达干、都督、敕使、梅

78 参见拙文待刊稿《论萨毗地区的吐蕃势力及其与归义军政权的关系》。

79 黄盛璋：《敦煌于阗文 P.2471、ch.00296、P.2790 号文书疏证》，《西北民族研究》，1989（2）：67。

80 白玉冬：《P.T.1189〈肃州领主司徒河西节度天大王书状〉考述》，《丝路文明》第一辑，2016：117-118。

81 乌瑞著、耿昇译：《吐蕃统治结束后甘州和于阗官府中使用藏语的情况》，《敦煌译丛》第一辑，1985：214；G. Uray, “L’ Emploi du Tibétain dans les Chancelleries des États du Kan-sou et de Khotan Postérieurs à la Domination Tibétaine”, *Journal Asiatique*, Vol.269, Nos.1-2, 1981: 83；森安孝夫，《ウイグルニマニ教史の研究》，大阪大学文学部纪要第 31-32 辑，1991：196；参见白玉冬：《P.T.1189〈肃州领主司徒上河西节度天大王书状〉考述》，《丝路文明》第一辑，2016：106；赤木崇敏：《归义军时代チベット文手纸文书 P.T.1189 译注稿》；荒川正晴：《东トルキスタニ出之〈胡汉文书〉の综合调查》，2006：80。

82 《新五代史》，上海：中华书局，1974：916。

录等[83]。从有关史料记载来看梅录和都督是甘州回鹘和西州回鹘政权的职官称号，位居宰相之下，宰相可以同时拥有梅录和都督的称号，但并非所有的梅录和都督都是宰相[84]，P.T.1189《肃州府主司徒致河西节度天大王书状》记载的回鹘右翼大臣梅录并没有宰相官号，敦煌等地所出古藏文文献中宰相记为 བློན་ཆེན་པོ 或 བློན་ཅེ、བློན་ཆེ[85]，汉文也对译为大论或论掣晡，如 S.6315《愿文》称："奉福庄严东军宰相大论，盐梅大鼎。" S.2146《转经文》云："则我国相论掣晡敬为西征将士之保愿功德所见也，"[86] 故此回鹘右翼大臣（བློན་པོ）梅录（བྱ་རོག）应该不是宰相。

文书记载了甘州回鹘右翼部族有千户部落（སྟོང་སྡེ），他们当是以万、千、百户十进制编制部落人户，以十进制编制人口是北方匈奴、柔然、突厥、回鹘等游牧民族的传统习惯，并曾经影响了吐蕃[87]，甘州回鹘右翼千户部落的诸长官被称为 མགོ་རྣམས，即诸头领，这一记载反映了甘州回鹘的政权组织形式，弥足珍贵。

达弩乃颜召（西部王族随从、臣下）应当是活动在肃州一带地区的回鹘部族，属于甘州回鹘政权右翼，左右两翼体制是古代北方游牧民族的传统体制，匈奴、突厥汗国、回鹘汗国都实行两翼体制[88]。甘州回鹘集团可能也采用了此种体制，日本学者田中峰人认为甘州回鹘的右翼在甘州肃州北面额济纳河一带的草原地带[89]。其首领梅录、千户部落之诸长官听从国王的建议，来到肃州，与达怛、仲云等部族在肃州大云寺共同起誓，不再进犯侵扰瓜沙地区，也表明归义军同达怛、仲云（南山）、甘州回鹘有较为密切的联系，与汉文文书有关记载正可相互印证。当时曹氏归义军势力正强，故而使得在肃州一带活动的各部族都与归义军修好，一起盟誓不再主动侵扰瓜沙地区。P.3277v《丁卯年（967年）正月廿四日甘州使头阎物成去时书本》记载甘州回鹘可汗派宰相密六来到肃州与各部族盟誓，不再侵扰归义军领地，则是当时归义军节度使曹元忠努力与甘州回鹘可汗修好的结果。

至于国王（རྒྱལ་པོ）具体所指，任小波认为是指归义军节度使，但归义军节度使在

83 参见张广达、荣新江：《有关西州的一篇敦煌汉文文献 -S.6551 讲经文的历史学研究》，载张广达，《文书、典籍与西域史地》，南宁：广西师范大学出版社，2008：166-168。

84 杨富学：《回鹘与敦煌》，兰州：甘肃教育出版社，2013：167-168。

85 林冠群：《唐代吐蕃的相制》，氏著《唐代吐蕃史论集》，北京：中国藏学出版社，2006：166-171。

86 杨富学，李吉和：《敦煌汉文吐蕃史料辑校》，兰州：甘肃人民出版社，1999：185、217。

87 参见陆庆夫、陆离：《论吐蕃制度与突厥的关系》，《兰州大学学报》，2005（4）：60-67。

88 参见肖爱民：《中国古代北方游牧民族两翼制度研究》，北京：人民出版社，2007：11-63、101-181。

89 白玉冬：《十至十一世纪漠北游牧政权的出现》，《民族研究》，2013（1）：84；田中峰人：《甘州ウイグル政权の左右翼体制》，森安孝夫编：《ソグドからウイグルへ》，汲古书院，2011：282-285。

P.T.1189 中被称为河西节度天大王（ཧ་སི་ཅེར་ཏོ་ཐྱེན་ཟེའི་ཡོང），简称天大王，是用藏文拼写汉文，归义军节度使一直奉中原王朝为正朔，结衔首先用河西节度使，所以 རྒྱལ་པོ 并非指归义军节度使。རྒྱལ་པོ 有可能是指 884 年之后由甘州迁入肃州的龙家部族首领龙王，安史之乱爆发后西域焉耆龙王曾经归附吐蕃，并迁入河西走廊地区，在敦煌吐蕃历史文书赞普赤松德赞传记中被称为 ལུང་རྗེ，晚唐五代时期的敦煌文书 P.T.1263《汉藏词汇对照表》记载龙王也被记为 ལུང་རྗེ[90]。肃州司徒虽然是肃州地区的长官，但是龙家部族在肃州势力很大，浙藏敦 114 号藏文文书《肃州府主致沙州令公书状》(年代为 928—930 年) 也记载肃州地区居民为龙家部众（ལུང་འབངས）以及肃州全体百姓（འབངས་བྱིན）[91]，龙家部族是当地主要部族，其首领龙王在肃州仍然具有举足轻重的地位，参与该地区的重要事务的决策、管理，肃州司徒和附近回鹘部族的首领仍然要和他进行磋商联络，Ch.00269 等于阗文文书记载甘州回鹘统治下的甘州一带也有很多龙家部族[92]，《新五代史》卷 74《四夷附录第三》则记载甘州回鹘，“又有别族号龙家，其俗与回鹘小异。”[93] 当时龙家部族在甘州也有很大影响力。归义军节度使则身在敦煌，也无法前往肃州与肃州司徒和附近回鹘部族协商。白玉冬则认为国王（རྒྱལ་པོ）是甘州回鹘可汗，肃州司徒曾受归义军节度使之命前往甘州向回鹘可汗请求，可汗随后给甘州回鹘右翼首领下达指示，命其去肃州和鞑靼（ད་ཏར，达怛）、仲云（ཇི་དྭལ）盟誓[94]，但文书并未记载肃州司徒曾受命前往甘州向回鹘可汗请求。甘州回鹘政权首领在敦煌汉藏文书和传世史籍中称为可汗、ཁ་གན 或 ཁའ་གན་རྗེ་འི་པོ（可汗王）[95]，带有可汗这一特定称号，但 P.T.1263《汉藏词汇对照表》记载回鹘王一词对译为 དྲུ་གུ་རྒྱལ་པོ，这个回鹘王即指晚唐五代的甘州回鹘可汗[96]，所以 P.T.1189《肃州府主司徒致河西节度天大王书状》中的 རྒྱལ་པོ 也有可能是甘州回鹘可汗。考虑到 P.T.1263《汉藏词汇对照表》记载的 དྲུ་གུ་རྒྱལ་པོ 即指晚唐五代的甘州回鹘可汗，晚唐五代时期龙王则称为 ལུང་རྗེ，故而 P.T.1189 中的 རྒྱལ་པོ 为甘州回鹘可汗的可能性较大，肃州司徒有可能曾派使者前往甘州与甘州回鹘可汗联络。

---

90 参见荣新江：《龙家考》，《中亚学刊》第 4 辑，北京：北京大学出版社，1995：144-161；陆离：《关于唐宋时期龙家部族的几个问题》，《西域研究》2012（2）：24-25。

91 任小波：《曹议金东征甘州史事证补——浙敦 114 号〈肃州府主致沙州令公书状〉译释》，《中国敦煌吐鲁番学会少数民族语言文字专业委员会学术年会会议论文集》，2016（9）：74。

92 参见白玉冬：《P.T.1189〈肃州领主司徒河西节度天大王书状〉考述》，《丝路文明》第一辑，2016：117-118。

93 《新五代史》，上海：中华书局，1974：916。

94 白玉冬：《P.T.1189 < 肃州领主司徒河西节度天大王书状 > 考述》，《丝路文明》第一辑，2016：106。

95 王尧、陈践：《敦煌古藏文文献探索集》，2008：222、230、292、305。

96 《法藏敦煌藏文文献》第 11 册，上海：上海古籍出版社，2010：326。

值得注意的是根据 P.T.1189 号文书以及 P.3412《太平兴国六年（981）安再胜等牒》记载，肃州大云寺（དེའི་ཡུན་ཐི་འི་གཙུག་ལག་ཁང）在晚唐五代时期是肃州地区龙家、达怛、回鹘、仲云（南山）等族盟誓对归义军修好或兴兵征讨之处，与归义军政权各阶层普遍信佛一样，这些部族都信仰佛教。大云寺当是当时肃州境内最重要的一所寺院，寺名当与佛教《大云经》有关，该寺应该建于吐蕃占领河陇以前。《唐会要》卷 48《寺》记载武周天授元年（690 年）令两京及天下诸州各置大云寺所[97]，肃州大云寺可能建于此时。

古藏文 ཧོར 即指回鹘、突厥等北方游牧民族，这里的 ཧོར 即为活动于肃州的回鹘部众，即达弩乃颜召之部众，意为甘州回鹘右翼首领之部众，文书记载当时该甘州回鹘右翼一共有 9 个部落（སྡེ）进入肃州地区，他们应该分属药葛罗、仆固等回鹘九族。884 年前后，从漠北南下的河西回鹘占据了甘州，建立起甘州回鹘政权，雄霸一方。911 年，甘州回鹘可汗子狄银率军攻打张承奉金山国，迫使张氏签定城下之盟，承认“可汗是父”，“天子是子”，二者建立起父子关系[98]，当时甘州回鹘势力已经深入肃州，肃州地方势力应该也对其表示臣服。925 年归义军节度使曹议金乘甘州回鹘内乱之机亲征甘州，使之屈服，肃州以龙家为主的地方势力则倒向归义军一边，随后甘州回鹘又征讨肃州龙家，再度被归义军援军击败。但是此后回鹘部族仍然在肃州地区活动，他们属于甘州回鹘政权的右翼部族，和同样活动在肃州一带的达怛、仲云（南山）等族一起不时侵扰瓜沙地区。而肃州司徒在曹议金当政时期时仍然臣属于归义军政权，虽然对甘州回鹘已有所畏惧，但是仍然尽力庇护来自归义军境内瓜沙地区的人员，并且专门遣使将甘州回鹘方面的动向通报给归义军节度使，P.T.1189《肃州府主司徒致河西节度天大王书状》应该是归义军节度使曹议金执政并自称大王时期（931—935 年）的文书。

P.T.1189《肃州府主司徒致河西节度天大王书状》记载在肃州大云寺（དེའི་ཡུན་ཐི་འི་གཙུག་ལག་ཁང）中，鞑靼（ད་དར）、仲云（ཧི་དུལ）、回鹘（ཧོར）等部族，共同对多闻天王起誓（གནམ་མཐོ་མཐའ་ཚིགས་བགོས），与瓜沙归义军政权保持互不侵犯，相安无事。གནམ་མཐོ 王尧、陈践、任小波认为即 གནམ་ཐོས[སྲས]，གནམ་ཐོས[ཀྱི་བུ]，译言多闻子，即多闻天王，是佛教北方护法神，敦煌藏文文书吐蕃王朝后期王妃蔡邦氏（ཚེས་པོང）和其子微松(འོད་སྲུང) 的礼佛发愿文中以多闻天王起誓发愿，在曹氏归义军时期多闻天王同样为官方崇

97 王溥：《唐会要》，上海：上海古籍出版社，2006：996。
98 参见荣新江：《归义军史研究——唐宋时代敦煌历史考索》，1996：227。

奉[99]。由于 P.3412《太平兴国六年（981）安再胜等牒》记载回鹘、达怛及肃州家在大云寺中对佛盟誓，所以 ཀཎམ་མཐོ 可以被判定为多闻天王。

多闻天王即毗沙门天王，为天竺及西域地方信奉，有时亦被视为战胜之神而受到尊崇，于阗则流传观世音菩萨与毗沙门天王建于阗国的传说。唐朝初年毗沙门天王信仰已经进入李唐皇室和军队，中晚唐至宋毗沙门天王信仰在中土盛极一时，在城门楼立毗沙门像，在寺院则造像立碑，天王庙、院及天王塑、绘像遍及四方，而且西南地区政权南诏晚期和后继的大理政权也有浓厚的毗沙门天王信仰。吐蕃统治时期和归义军时期毗沙门天王成为敦煌地区最流行的信仰，为官民所崇信。毗沙门天王既可护卫众生，佑人济难；又可护国护城，助军退敌；更可悉应诸难、除却罪孽；诵其真言还可消灾，神通广大。敦煌汉文文书记载敦煌民众普遍信仰毗沙门天王，诵经念咒，供奉神像，敦煌城楼同样也建有天王堂，还有专门供奉毗沙门天王的天王堂寺，当地还盛行定期祈赛天王[100]。归义军政权周边的甘州回鹘、龙家、仲云、达怛等受到中原王朝和归义军、于阗等政权影响同样也崇奉毗沙门天王，并以之作证盟誓也是自然而然之事。漠北回鹘汗国以摩尼教为国教，但晚唐五代时期由漠北迁徙而来的回鹘部众建立的甘州回鹘政权已经接受了佛教，佛教僧侣受到甘州回鹘可汗的礼敬，并作为使节出使中原，P.3633《辛未年（911 年）七月沙州百姓致甘州回鹘可汗一万人状》记载："天可汗敬信神佛，更得延年，足具百岁。"[101] 说明当时甘州回鹘可汗已经信仰佛教，莫高窟和榆林窟中也多次出现甘州回鹘天公主礼佛供养像[102]，故而甘州回鹘部众同样也信奉佛教神祇北方天王毗沙门天王。

总之，P.T.1189《肃州府主司徒致河西节度天大王书状》是 931—935 年之间，肃州地方长官司徒向归义军节度使曹议金汇报归义军辖境内人员在肃州地区偷盗被抓获，将遣使送回，以及肃州地区达怛、仲云（南山）、回鹘部众（甘州回鹘右翼部众）活动情况的一封牒状。此时肃州地方势力（由龙家、吐蕃化的汉人、羌等组成）还臣属于瓜沙归义军政权，并向其提供甘州回鹘政权的情报，在肃州一带活动的仲云（南山）与达怛、

99 王尧、陈践：《敦煌古藏文文献探索集》，2008：237；任小波：《唐宋之际河西地区的部族关系与护国信仰——敦煌 P.T.1189.r 号〈肃州府主致河西节度书状〉译释》，《西域历史语言研究集刊》第七辑，2014：112-114。

100 党燕妮：《晚唐五代敦煌地区的毗沙门天王信仰》，郑炳林主编：《敦煌归义军史专题研究三编》，兰州：甘肃文化出版社，2005：292-317。

101《法藏敦煌西域文献》第 26 卷，2002：158；唐耕耦、陆宏基：《敦煌社会经济文书真迹释录》第 4 辑，1990：380。

102 朱悦梅、杨富学：《甘州回鹘史》，北京：中国社会科学出版社，2013：116-122。

回鹘部族也盟誓与归义军互不侵犯。说明925年曹议金亲征甘州获胜，使甘州回鹘暂时屈服，并且于次年再次将其击败，使肃州龙家免受其侵扰，此时河西地区局势对归义军政权较为有利。但是甘州回鹘势力仍然很强，回鹘部众在肃州地区还是有着重要影响力，甘州回鹘政权是归义军心腹之患，曹议金也随时对之保持警戒。此后随着曹议金去世，甘州回鹘势力日益增长，在河西地区全面扩张，肃州也完全倒向甘州回鹘一方，归义军处于被动之势，面对甘州回鹘处处退让妥协，逐步被其渗透吞并，归义军晚期政权也出现了回鹘化倾向[103]。

附记：本文撰写过程中曾得到北京大学中古史研究中心史睿先生帮助，谨致谢忱！

◆ 陆离　南京师范大学历史系教授

103 参见陆庆夫：《归义军晚期的回鹘化与沙州回鹘政权》，载兰州大学敦煌学研究所编：《敦煌归义军史专题研究续编》，2003：492-504。

The Bird-faced Monk and the Beginnings of the New Tantric Tradition, Part Two

Leonard W.J. van der Kuijp

Abstract: Part One of this essay was published in a volume commemorating my friend Gu ge Tshe ring rgyal, *Tibetan Genealogies. Studies in Memoriam of Guge Tsering Gyalpo (1961–2015)*, ed. G. Hazod and Shen Weirong (Beijing: China Tibetology Publishing House, 2018: 403-450). There I introduced the newly recovered and published work on the main corpora of tantric literature and its classification, etc. that was written by Lo tsā ba Rin chen bzang po (958–1055), who, in a variety of prophetic passages, is also known as the "bird-faced monk" (*dge slong bya'i gdong can*).[1] That portion of my essay consisted of three parts: A lengthy preamble, [1] A survey of Rin chen bzang po's biographies, his exant writings, and the environment in which he worked, [2] his classification of Buddhist tantric literature, and [3] the question of spurious tantras and allegedly questionable religious practices during the eleventh century. In this, the second part of the essay, I study two passages from his *Rgyud sde spyi'i rnam bzhag, Exposition of the Tantras* that are cited by Sog bzlog pa Blo gros rgyal mtshan (1552–1624). I first began working on these fragments some seven years ago and thus well before the text of his *Exposition* had come to my attention. With the publication of the Lo tsā ba's *Rgyud sde spyi'i rnam bzhag*, the wonderful world of the

1 The nick-name "bird-faced monk" (*dge slongbya'i gdong can*) occurs in the translator's colophon of the translation of the **Āryavajrapāṇinīlāmbaradharavajrapātālatantra*, for which see BKA', vol. 87: 510. Lo tsā ba Rin chen bzang po (958–1055) is no doubt the person behind that name. What lies behind the abbrviations that are used in this article can be found on the last page.

karma of publishing and tbrc.org has now made it possible for my essay to be a bit more comprehensive, and it concludes with an appendix that consists of a title list of tantras that belong to the four classes of tantric literature that Rin chen bzang po distinguished at the end of his work.

Ter nagedachtenis van Gu ge Tshe ring rgyal po.

IV. On two Quotations on the meaning of *tantra* from Rin chen bzang po's *Rgyud sde spyi'i rnam bzhag*

Let us now first fast forward some five and a half centuries from the era of Rin chen bzang po to a certain Lha rje Blo gros bzang po who, it turns out, must be identified as Sog bzlog pa Blo gros rgyal mtshan, a scholar and physician whose many writings on a wide variety of subjects go a long way in informing us of the interest he took in old and rare manuscripts and in pursuing fairly unusual topics of inquiry.[2] Among them is a rather sophisticated treatise that he had written in 1576 at the astonishing age of twenty-four.[3] In this work, he goes to great lengths defending the doctrinal authenticity and the orthopractical and experiential integrity of

2 For him, see J.D. Gentry, *Substance and Sense: Objects of Power in Life, Writings and Legacy of the Tibetan Ritual Master Sog bzlog pa Blo gros rgyal mtshan*, unpublished Harvard University doctoral dissertation (Cambridge, MA, 2014), and now his truly outstanding *Power Object in Tibetan Buddhism: The Life, Teachings, and Legacy of Sokdokpa Lodrö Gyeltsen*, Leiden: E.J. Brill, 2016.

3 SOG1, 171 [= SOG2, 143; SOG3, 145]. He wrote this work in Bsam gtan gling monastery, in Mon yul, that is, in Bum thang, in present day Bhutan. The editor/publisher of SOG2 dated this work to 1636 [*'dzin byed kyi lo = me mo byi*] in the table of contents. Writing in 1605, Sog bzlog pa himself stated in his *Chos kyi rjes su brang ba dag la gtam du bya ba legs bshad bdud rtsi'i dga' ston* [in the *Gsang sngags snga 'gyur la bod du rtsod pa snga phyir byung ba rnams kyi lan du brjod pa nges pa don gyi 'brug sgra*], in *Collected Writings of Sog bzlog pa Blo gros rgyal mtshan*, vol. I, New Delhi: Sanje Dorji, 1975: 599 [= ed. Padma tshul khrims, Chengdu: Si khron mi rigs dpe skrun khang, 1997: 337, 339], that he had completed this work at the age of twenty-four, so that he must have finished it in the *me mo byi*-year of the previous sexagenary cycle, that is, in 1576. SOG1, 171-173; SOG 3, 145, have a printer's colophon by Gzhan phan chos kyi blo gros who states that the printing blocks of Sog bzlog pa's work were carved by order of a certain 'Jam pa'i rdo rje at Bstan gnyis dar rgyas gling monastery, alias Zhe chen monastery. Gzhan phan chos kyi blo gros is better known as Zhe chen Rgyal tshab IV 'Gyur med Padma rnam rgyal (1872–1926).

the texts, ideas and practices of the Old School (*rnying ma*).[4] Standing as a proleptic testimony to his later success in excavating rare books from their places of hiding, this piece was not even his first foray into the world of scholarship, for in it he already refers to his own treatise on the stages of the spiritual path (*lam rim*). That the Lha rje must actually be identified as Sog bzlog pa is evidenced by the fact that this work is listed in the catalog of his collected oeuvre and that he signed this very name to his replies to queries that had been raised much earlier by Gter ston Ratna gling pa (1403–1479) in response to a request by Shākya rab 'phel, who like Sog bzlog pa, had been a disciple of Gter ston Zhig po gling pa (1524–1583). Indeed, Sog bzlog pa was the author of a very informative biography of this rather controversial "treasure-text revealer" (*gter ston*) whose fame also included being a great "repeller of Mongols" (*sog bzlog pa*).[5] Finally, he also signs himself as Gdong dkar 'Tsho byed Blo gros rgyal mtshan dpal bzang po, where *'tsho byed*, "healer," implies the same thing as *lha rje*.[6] "Blo gros bzang po" is thus an abbreviation of "Blo gros rgyal mtshan dpal bzang po." To what extent he really was a practising physician is unclear. Writing a disquisition on the problems surrounding the authorship of the medical text of the *Rgyud bzhi*, he concluded his little, learned tract by saying[7]:

bdag gi[s] rgyud bzhi'i tshig don mi shes kyang //
g.yu thog sangs rgyas dngos kyi rnam thar dang //
brgyud pa'i lo rgyus gtam bzang rnar chags pas //
ji bzhin smras pa'i spobs pa thob phyir bkod //

Though I do not understand the categories of the *Rgyud bzhi*,
Since the good news, the story of G.yu thog, an actual *buddha*, and,

---

4 SOG1, 8, 99 [= SOG2, 8, 85; SOG3, 95, 126]. Shortly after the response to the first query, in SOG1, 12-13 [= SOG2, 11-12; SOG3, 96], he cites a fairly little-known letter Sha gad Lo tsā ba – his full name was Yar 'brog Sha gad Lo tsā ba Shes rab bzang po - sent to Dar ma rgyal mtshan (1237–1305), alias Bcom ldan [rig{s} pa'i] ral gri, concerning what must have been a rare Sanskrit manuscript of the *Guhyagarbhatantra*. Dpa' bo II Gtsug lag phreng ba (1504–1566) also refers to this encounter and to the Lo tsā ba having sent him the manuscript; see his *Chos 'byung mkhas pa'i dga' ston*, vol. 1, ed. Rdo rje rgyal po, Beijing: Mi rigs dpe skrun khang, 1986: 538.

5 See, respectively, the *Gsung 'bum gyi tho byang*, in *Collected Writings of Sog bzlog pa Blo gros rgyal mtshan*, vol. I, New Delhi: Sanje Dorji, 1975: 3, and the *Dri ba rnam par rgyal ba'i dris lan lung rig[s] 'byung gnas*, in *Collected Writings of Sog bzlog pa Blo gros rgyal mtshan*, vol. II, New Delhi: Sanje Dorji, 1975: 145-189.

6 See his *Rdzogs chen pa sprul sku zhig po gling pa gar gyi dbang phyug rtsal gyi skyes rabs rags bsdus dang rnam thar*, in *Collected Writings of Sog bzlog pa Blo gros rgyal mtshan*, vol. I, New Delhi: Sanje Dorji, 1975: 109.

7 See his *Rgyud bzhi'i bka'* [*b*]*sgrub nges don snying po*, in *Collected Writings of Sog bzlog pa Blo gros rgyal mtshan*, vol. II, New Delhi: Sanje Dorji, 1975: 241. Samten G. Karmay made use of this work in his "The Four Tibetan Medical Treatises and their Critics," in *The Arrow and the Spindle. Studies in History, Myths, Rituals and Beliefs in Tibet*, Kathmandu: Mandala Book Point, 2009: 229-237.

The chronology of its line of transmission,
Has come to my ear, I write because I have acquired the courage of speaking exactly what is the case.

We also gather from the catalog of his writings that he had even written a biography of G.yu thog Yon tan mgon po, whom he believed to have been contemporaneous with Rje btsun Grags pa rgyal mtshan (1147–1216) and whom he believed to have been the author of the *Rgyud bzhi*. No trace of this work has been found so far. The literary activity of writing biographies of G.yu thog seems to have been in the air for reasons that may be connected to the somewhat earlier publication of the *circa* 1546 Grwa thang xylograph of the *Rgyud bzhi* by Zur mkhar ba. Sog bzlog pa's junior contemporary 'Ja' tshon snying po (1585–1656) had also composed a biography of G.yu thog and these were important precedents for the much more influential and thus the better-known biographies of the so-called elder and younger G.yu thog that Dar mo Sman rams pa Blo bzang chos grags (1638–after 1697) compiled in 1680.[8]

What is worth noting is that Sog bzlog pa states at the outset of his defense of the Old School that Rin chen bzang po did not confute the Old School tantric literature in his *Sngags log sun 'byin*,[9] but only took aim at the literal interpretation of the orthopraxis of tantric literature (*gsang sngags sgra ji bzhin par spyod pa rnams*) as a whole. This is an echo of Gser mdog Paṇ chen Shākya mchog ldan's (1428–1507) earlier characterization of Rin chen bzang

8 For 'Ja' tshon snying po's work, see my "Za hor and Its Contribution to Tibetan Medicine, Part Two: Sources of the Tibetan Medical Tradition," *Zangxue xuekan* 藏学学刊 / *Bod rig pa'i dus deb/Journal of Tibetology*, vol.12, 2015: 64, n.1. An English translation of the biography of "the elder" G.yu thog Yon tan mgon po by way of Dar mo Sman rams pa's edition of the earlier work by G.yu thog Lhun grub bkra shis is of course available in Rechung Rinpoche, *Tibetan Medicine*, Berkeley: University of California Press, 1973: 147–327. The Tibetan texts of the biographies of "the elder" and "the younger" G.yu thog as edited and presented by Dar mo sman rams pa can be found in *G.yu thog gsar rnying gi rnam thar*, ed. Dbang 'dus, Beijing: Mi rigs dpe skrun khang, 1982: 1-313, 315-348. Dalai Lama V Ngag dbang blo bzang rgya mtsho (1617–1685) states in his autobiography that he wrote the concluding prayer to the blockprint of this work on May 14, 1680; see *Ngag dbang blo bzang rgya mtsho'i rnam thar*, vol. 3, Lhasa: Bod ljongs mi dmangs dpe skrun khang, 1991: 340.

9 With a good number of rather significant different readings, A mes zhabs Ngag dbang kun dga' bsod nams (1597–1659) reproduces the relevant *Sngags log sun 'byin* texts of Pho brang Zhi ba 'od (1016–1111) and 'Gos Lo tsā ba I Khug pa lhas btsas (11thc) in his *Jo gdan bla ma mang thos bshes gnyen pas dris lan yid kyi mun sel*, in *Collected Works*, ed. Si khron bod yig dpe rnying myur skyob 'tshol sgrig khang, vol. 40, Lhasa: Bod ljongs dpe rnying dpe skrun khang, 2012: 28-32, 32-35. It would seem that he had no access to Rin chen bzang po's work.

po's agenda,[10] which included the remark that his goal had been to put forth a hermeneutic for the provisional and definitive intent of the Highest Yogatantras and that he did not list the titles of what he considered to be inauthentic (*yang dag ma yin pa*) tantras, but rather confuted those practices that had taken place on the basis of having taken certain specimen of tantric literature literally by citing passages from the upper two types of tantras, that is, the Yoga- and Highest Yogatantras, and from some Mahayana sutras and authoritative commentaries. All these remarks are borne out by a fifty-two-folio manuscript of what is purportedly his *Sngags log sun 'byin*, that Dr. Sha bo Mkha' byams kindly made available to me a few months ago. Indeed, the main thrust of this work involves a detailed explication of the way in which the antinomial expressions found especially but not exclusively in the *Guhyasamājatantra* literature ought not be taken literally (*sgra ji bzhin pa*). And much later this very feature is also indicated by Mkhas dbang Sangs rgyas rdo rje (1569–1645) where he states that Rin chen bzang po mainly (*gtso bor*) dealt with this subject in his work.[11] But once again, we are confronted with a problem. 'Gos Lo tsā ba II Gzhon nu dpal (1392–1481) refers to what he calls Rin chen bzang po's *Sngags log sun 'byin* in his 1472 study of difficult passages in the *Kālacakra* corpus. He points out that while Rin chen bzang po cites severally from the corpus, he did not fully translate it at the time.[12] This was of course left to Paṇḍita Śrībhadrabodhi and Gyi jo Lo tsā ba Zla ba'i 'od zer. But the problem with 'Gos Lo tsā ba II's remark is that the manuscript of the *Sngags log sun 'byin* that is currently available not once cites passages from the *Kālacakra* corpus.

As is indicated by the title of Sog bzlog pa's work, it consists of a series of replies to

10 For what follows, see his *Le'u gsum pa rig 'dzin sdom pa'i skabs kyi 'bel gtam rnam par nges pa*, in *Collected Works*, vol. 7, Beijing: Krung go'i bod rig pa dpe skrun khang, 2013: 144-145. To be sure, as is evident from his *Gsang sngags snga 'gyur la bod du rtsod pa snga phyir byung ba rnams kyi lan du brjod pa nges pa don gyi 'brug sgra*, 509-538, 538-541, Sog bzlog pa was most probably familiar with this work as well as undoubtedly with Gser mdog Paṇ chen's undated reply to Bya pa Skal bzang chos kyi rgya mtsho'i sde who had sent him a letter apropos of queries of the above treatise. This letter was titled or subtitled *Dogs gcod kyi yi ge legs bshad sgo dbye* and Gser mdog Paṇ chen's undated response to it was his *Gser gyi thur ma las brtsams pa'i dogs gcod kyi 'bel gtam rab gsal rnam nges sam nges don rab gsal*, in *Collected Works*, vol. 17, Beijing: Krung go'i bod rig pa dpe skrun khang, 2013: 375-410.

11 See the afterword of his untitled inquiry into problematic doctrines and works of ambiguous provenance that is contained in his *Collected Works*, vol. V, Kathmandu: Acarya Shedup Tenzin, 1995: 593. Glo bo Mkhan chen Bsod nams lhun grub (1456–1532) appears to cite this work in his undated *Sdom pa gsum gyi rab tu dbye ba'i dris lan lung gi tshad ma 'khrul spong dgongs rgyan*, in *Dpal sa skya'i sdom gsum phyogs bsgrigs*, vol. 7, ed. Si khron bod yig dpe rnying bsdu sgrig khang (Chengdu: ?, ?), 153: *...'jig rten las 'das pa'i rig pa'i mdo zhes bya ba'i rgyud kyang...gso sbyong bshad ces grag ces 'byung bas nag gso sbyong yin no zhes gsungs so //*. However, the text of this quotation is not found in the manuscript. Glo bo Mkhan chen's title suggests that it is a nod to Go rams pa Bsod nams seng ge's (1429–1489) 1476 response, subtitled *Sdom gsum 'khrul spong*, to the series of controversial questions Gser mdog Paṇ chen had posed concerning Sa skya Paṇḍita's *Sdom gsum rab tu dbye ba*.

12 See the *Dpal dus kyi 'khor lo'i dka' 'grel snying po'i don rab tu gsal ba'i rgyan*,?Pho brang Rgyal bzang smon mkhar xylograph, 2b.

queries (*dris lan*) – some fourteen of these are isolated in the New Delhi manuscript by means of an ornamental Rin spungs *shad*[13] - in a work that he took to have been the Karma pa VIII's directive (*chab shog*) to adherents of the Old School.Unfortunately, he provides few details about the circumstances under which this directive was written - indeed, he may not have known much about these - and its highly contentious if not inflammatory content, except towards the end where he apparently recorded its colophon. There it was stated, among other things, that the Karma pa had written it in Central Tibet in a rat (*byi ba*) year. More about this will follow below.

There was at least one earlier reaction to this directive. 'Dul 'dzin Mkhyen rab rgya mtsho had already responded to this very same work in the fire-serpent year, that is, in 1557. Calling himself a Sngags 'chang, a tantric practitioner, this native from G.yag sde in Rtsang [= Gtsang] rong or simply Rong[14] states that he had composed his highly learned treatise at the behest of Ngag dbang kun dga' chos 'byor, an erstwhile disciple of the Karma pa himself and the abbot of the Tshogs sde dge 'dun sgang religious community, as well as at the behest of the then governor of Yar rgyab principality that is located in what is present-day Grwa nang.[15] He also writes that he had taken his inspiration from the writings of Zla ba grags pa, a close disciple of Ratna gling pa, Gter ston Bsam gtan gling pa, Padma brtse ba chen po – the Bhutanese manuscript has the correct Sman rtse ba chen po[16] -, Mkhas grub Sna tshogs rang grol, and one whose name includes Śrī, that is, Dpal.[17]

Now contrary to Sog bzlog pa's contribution, which is a systematic response to some of the issues that were raised in the letter, 'Dul 'dzin's work exhibits none of these features. With seventeen sections (*tshoms*) in all, the first thirteen sections consist of an introduction

---

13 SOG1, 5-153 [= SOG2, 4-128; SOG3, 93-140]. SOG1, 153-161 and 161-169 [= SOG2, 128-134 and 135-141; SOG3, 140-142 and 142-144] contain, respectively, reflections on the treasure-text (*gter ma*) traditions and the Karma pa hierarchs and their earlier re-embodiments.

14 See 'DUL1, 303, 380, 390 [= 'DUL2, 404, 491, 504]. He is probably the same Mkhyen rab rgya mtsho who is noted as a Sngags 'chang in 'Brug chen IV Padma dkar po's (1525–1592) autobiography; see his *Sems dpa' chen po padma dkar po'i rnam thar thugs rje chen po'i zlos gar*, in *Collected Works*, vol. 3, Darjeeling: Kargyud Sungrab Nyamso Khang, 1973: 461.

15 For what follows, see 'DUL1, 83-84, 610-611 [='DUL2, 118-121, 773]. For the early history of the Tshogs sde dge 'dun sgang community, see J. Heimbel, "The Jo gdan tshogs sde bzhi: An Investigation into the History of the Four Monastic Communities in Śākyaśrībhadra's Vinaya Tradition," in *Nepalica-Tibetica. Festgabe für Christoph Cüppers*, Band 1, ed. F.-K. Ehrhard and P. Maurer, Andiast: International Institute for Tibetan and Buddhist Studies GmbH, 2013: 215 ff.For Yar rgyab, see now M. Fermer, "Putting Yar rgyab on the Map," in *Fifteenth Century Tibet: Cultural Blossoming and Political Unrest*, ed. V. Caumanns and M. Sernesi, Lumbini: Lumbini International Research Institute, 2017: 63-96.

16 'DUL1, 379 [= 'DUL2, 490] registers a certain Rgyal dbang rje Sman rtse Chos rje Bsam grub rgyal po as an erstwhile disciple of Ratna gling pa.

17 This may refer to Don grub legs pa dpal 'bar whom he characterizes as one of his principal teachers in 'DUL1, 296 [= 'DUL2, 387].

to Buddhism and its historical development in India together with a detailed account of the rise and spread of the Old School's Word (*bka' ma*) and Treasure-text (*gter ma*) traditions and their respective exponents. Section thirteen includes a survey of the *gter ma* traditions that flourished among some important members of the New School, that is, especially among the Bka' brgyud school. The actual response to the issues addressed in what was allegedly the Karma pa's tract only begins at section fifteen, that is, at more than half way through the text, at the fourth rubric (*spyi don bzhi pa*) – read "the first rubric" - and 'Dul 'dzin uses the format of first presenting the issue at hand which he then follows up with a detailed reply.[18] This section contains some twenty-one problems areas in as many such "rubrics." It would appear that Sog bzlog pa was not familiar with 'Dul 'dzin's treatise, at least I have not detected any evidence that he might have known it.

Lastly, Lho pa Bya bral, "the last/lowestdisciple" of Padma gling pa (1450–1521), also penned a response to the alleged work of the Karma pa in a hare-year, meaning either in 1555 or, perhaps less likely, some duodenary cycle thereafter, while in [Ri ngogs] Dar rgyas chos gling.[19] The preface suggests that he may be identified as Don grub legs pa dpal 'bar whose name 'Dul 'dzin prefixes with the epithet Lho pa Thams cad mkhyen pa and of whom he states that he was in fact a disciple of Padma gling pa.[20] If that were the case, then Lho pa Bya bral may indeed have written his work as early as 1555! Sometime in 1550 or 1551, Rin chen phun tshogs chos kyi rgyal po (1508–1557), the seventeenth abbot of 'Bri gung monastery, traveled south and met with an assortment of Padma gling pa's disciples in Bu tshal/Bsam yas. His biographer Rin chen dpal styles one of these Chos rje Lho pa who had come with his students to see Rin chen phun tshogs chos kyi rgyal po from Dar rgyas chos sdings in Kong po, and he may very well be our Lho pa Bya bral.[21] Neither 'Dul 'dzin nor Sog bzlog pa refers to his work, which dispenses with a thick scholarly apparatus of the likes of 'Dul 'dzin, and Lho pa Bya bral in turn does not mention either one. However, at one point he cites a certain Rje Zhig po.[22] It is indeed tempting to identify him as Zhig po gling pa, one of Sog bzlog pa's masters, which

18 'DUL1, 436-568. Since "the fourth rubric" is followed on p. 448 by *spyi don gnyis pa*, "the second rubric," after which we have "the third rubric" on p. 452, etc., there is a problem of ambiguity until we realize that "the fourth rubric" points back to an earlier enumeration of topics and has nothing to do with the enumeration of the issues that G.yag sde 'Dul 'dzin addresses in this section. However, 'DUL1, 504-507, rubric twelve is followed by rubric fourteen, and 'DUL1, 512, has the next rubric fourteen! 'DUL2, 651, 659, have the very same problem.

19 See his *Rgyal ba'i dbang po karma pas rnying ma pa la dri ba chab shog tu gnang ba'i dri len chos dbyings 'od gsal*, Delhi: National Library of Bhutan, 1985.

20 See 'DUL1, 387-388 [= 'DUL2, 501-502], 'Dul 'dzin records him as the one who transmitted to him the *Dgongs pa kun 'dus* and other precepts via Padma gling pa.

21 See *Dpal ldan bla ma dam pa'i rnam par thar pa dad ldan gdung ba sel ba'i bdud rtsi*, Bir: Bir Tibetan Society, 1985: 397.

22 *Rgyal ba'i dbang po karma pas rnying ma pa la dri ba chab shog tu gnang ba'i dri len chos dbyings 'od gsal*, 6.

would possibly make him Sog bzlog pa's senior contemporary. But this is mere speculation.

But surprise, surprise, it now turns out that the Karma pa was not the author of this circular letter at all! Rather, the available evidence suggests that the author was an interloper who, apparently intent on creating intersectarian trouble for reasons so far only known to him, had circulated his tract using the Karma pa's name as its author![23] At least this is what the Karma pa himself stated in *his* reaction to this letter, which essentially begins with him calling the author a fraud, a liar, and an ignoramus with low insight (*shes rab dman pa*), although he does set the stage by opening his work with a brief introduction to the bona fide Old and New School critiques such as those written by Rin chen bzang po, and 'Gos Lo tsā ba I. Reading the Karma pa's reaction it is clear that the anonymous author was not altogether at home in either the Old or the New School. Indeed, the Karma pa systematically demolishes those passages in this circular that he considered to be seriously illconceived and doctrinally wanting. There is also one instance where he comments on a point made by the author which, he says, would not merely be a tall tale for him, but also for someone like Tsong kha pa Blo bzang grags pa (1357–1419), thereby perhaps suggesting that he suspected that the writer was possibly a member of the Dge ldan pa, that is, the Dge lugs pa school.[24] And this raises a host of other questions that cannot be addressed here.

The Karma pa's work consists of two parts.[25] The first is the longest by far and is directed squarely against well over forty statements made by the author of the fraudulent open letter, whereas the second summarizes some of his own reservations with the Old School that we have partly encountered in the texts to which S.G. Karmay had already drawn our attention[26] as well as in his enormous commentary on 'Jig rten mgon po's *Dgongs gcig* precepts. The first item that is discussed by the Karma pa is the letter's colophon where the author had identified himself as the Karma pa. The interloper had written the following[27]:

23 This does throw a slight wrench in D. Higgins' assumption that the Karma pa was indeed its author in his otherwise fine study; see his *The Philosophical Foundations of Classical Rdzogs chen in Tibet. Investigating the Distinction between Dualistic Mind (rnam shes) and Primordial Knowledge (ye shes)*, in *Studien zur Tibetologie und Buddhismuskunde*, Heft 78, Wien: Arbeitskreis für Tibetische und Buddhistische Studien Universität Wien, 2013: 213 ff.

24 See MI1, 74 [= MI2, 403]. The Karma pa uses the term Dge ldan pa in MI1, 101 [= MI2, 477].

25 MI1, 55-100, 100-104 [= MI2, 351-473, 473-486]. For what it is worth, the catalog of the Tibetan collection of the Cultural Palace of Nationalities in Beijing listed a manuscript of this work in fifty-six folios under no. 003878(8).

26 *The Great Perfection (rDzogs chen): A Philosophical and Meditative Teaching of Tibetan Buddhism*, Leiden: Brill, 2007: 180-182, 188, 195, 230.

27 For all the following three passages from the Karma pa's work, see MI1, 55 [= MI2, 353]. The more or less corresponding passages for the first [1a] and third [2a] of these in 'Dul 'dzin's work can be found in 'DUL1, 564, 437-438 [= 'DUL2, 716, 564], and in SOG1, 164, 5 [= SOG2, 137, 4-5; SOG3, 143, 93]. Passage [1] is absent from Lho pa Bya bral's work, but passage [2a] can be found in his *Rgyal ba'i dbang po karma pas rnying ma pa la dri ba chab shog tu gnang ba'i dri len chos dbyings 'od gsal*, 3-4.

[1a] *karma pas / te gro bla ma rdzogs chen pa grags ldan la bzlo ba...byi ba lo hor zla brgyad pa'i yar ngo la snye mor bris pa dge bar gyur cig /*

Proclaimed by the Karma pa to the well-known Rdzogs chen Lama in Te gro... composed in Snye mo during the moon's waxing period of the eighth lunar *hor*-month of the rat-year; may there be happiness!

All this was a rather unpleasant hoax; Mi bskyod rdo rje writes:

[1b] *de yang shing pho byi ba'i lo snye mor bdag bsdad pa'i dus der te gro na rdzogs chen pa'i bla ma grags ldan su yang med pa'i phyir de la bzlo yig byas so zhes pa ni skur 'debs kyi rdzun chen por snang ngo //*

Now, because there was not any well-known lama who was an adherent of Rdzogs chen in Te gro when I was staying in Snye mo in the wood-male-rat year [*sic*], to say that I issued a proclamation (*bzlo yig*) to him appears to be a great slanderous lie.

To be sure, the reading "wood-male-rat year" presents us with a problem, since no such year occurred in the Karma pa's lifetime; the two most proximate wood-male-rat years were, roughly, 1504 and 1564! If he had originally written "rat year,"which a later editor changed to the wood-male-rat year, then we have the following options: 1516, 1528, 1540, or 1552. I think we can easily dispense with the first one. And this leaves 1528, 1540, or 1552.Taking his biography by his contemporary Dpa' bo II in hand, we learn from an entry – it is placed between 1548 and 1554- that 1552 or the water-male-rat year must indeed have been the year in question.[28] What is more, we also learn from him that the Karma pa had written his response while he was a guest of the ruler of Yar rgyab,who was probably the same one at whose request 'Dul 'dzin had composed his reply some five years later and three years after the Karma pa's passing. It is therefore remarkable, and I am unable to explain this away, that 'Dul 'dzin makes no mention of the fact that the Karma pa may not have been the author of this letter! But he

28 *Chos 'byung mkhas pa'i dga' ston*, ed. Rdo rje rgyal po, vol. 2: 1295, 1297. J. Rheingans, *The Eighth Karmapa's Life and his Interpretation of the Great Seal*, unpublished University of the West of England doctoral dissertation, Bristol, 2008: 144-145, n. 181, suggests that it was written in 1553, an ox-year. My thanks go out to J. Rheingans for sharing his dissertation with me. We find the same in his *The Eighth Karmapa's Life and His Interpretation of the Great Seal, A Religious Life and Instructional Texts in Historical and Doctrinal Contexts*, in *Hamburg Buddhist Studies*, vol. 7, Bochum/ Freiburg: project verlag, 2017: 106.

does apparently cite the colophon in its entirety, which began with:

> *yang rnying ma'i gang zag 'dris chung bar 'dug pas* [/] *rtogs dka' bar dgongs te* [/] *snyan dngags* [*ngag*] *dang mngon brjod dang sdebs sbyor sogs kyis* [*kyi*] *ma bsgrib* [*sgribs*] *par* [/]*'bol rtsom du bgyis* [*gyis*] *pa 'di legs par brtags te lan ldon* [*'don*] *par gyis shig* /[a]
>
> a The text in brackets indicates the variant readings found on p. 716 of the Bhutanese ms.
>
> Furthermore, considering that [my work] is difficult to comprehend by an Old School person who had trivial questions, do properly investigate and issue a response to this easy read that is not obscured by ornate poetry, poetic diction, prosody, etc.!

And we find the very same line in Sog bzlog pa's work. Thus, we may conclude that 'Dul 'dzin and Sog bzlog pa might have taken their cue from the remarks of the Karma pa's colophon and accordingly proceeded to take issue with the anonymous author's critical statements about the Old School. But this would create other problems.

The second of the forty or so problematic remarks by the anonymous author that immediately follows the above and the Karma pa's first comment is:

> [2a] *yang yi ge der / rnal 'byor gyi theg pa zhes bris gda' ba / bod 'dir grags pa'i gsung rab rnams su theg pa gsum las rnal byor gyi theg pa zhes mi 'byung bas brda' la rmongs pa'o //*
>
> Further, the expression "the yoga vehicle" figures in that document; since, apart from the three vehicles, "the yoga vehicle" does not occur in the scriptures that are known in this Tibet, the author was deluded about the expression.

Comparing the Karma pa's text of [2a] with the corresponding ones in 'Dul 'dzin, Lho pa Bya bral, and Sog bzlog pa, we notice that he abbreviated the passages of the text with which he took issue. And many of the actual entries of the author's opinion about sundry doctrinal niceties elicited from the Karma pa a number of choice expressions to the effect that what the fraud had said "merely shows that he himself is the bigger fool" (*rang nyid ches blun po'o zhes ston par zad de*) or that his statement was "a grand confused tale" (*'chal gtam chen po*), to list but two of them.[29]

29 MI1, 70, 95 [= MI2, 392, 460].

There is no question that Sog bzlog pa had the very same text in mind that the Karma pa himself had criticized earlier. The same holds for 'Dul 'dzin and Lho pa Bya bral. And I believe we can also accept that the Karma pa had written this work that was ever so critical of the interloper's piece, if only because it is registered in the earliest catalog of his writings, namely, the one that was compiled by his disciple Zhwa dmar V Dkon mchog yan lag (1525–1583).[30] Towards the end of his treatise, Sog bzlog pa cites a directive (*chab shog*) that the Karma pa had apparently sent to Ngag dbang bkra shis grags pa rgyal mtshan (1488–1564), the Phag mo gru ruler whose court was located in Sne'u gdong– the Phag mo gru nominally ruled over Central Tibet during this time –, in which he had allegedly stated the following[31]:

> *deng sang dbu ru byang phyogs rgyud 'di na //*
> *gter bton lcang lo can sogs bdud sprul gyis*[read: *'gas*]//
>
> At present, in this Dbu ru, region in the north,
> Demonic re-embodiments such as the
> treasure-revealer Lcang lo can....

No friend of the Bka' brgyud pa school as a whole for a variety of politico-historical reasons, Dalai Lama V Ngag dbang blo bzang rgya mtsho (1617–1682) cites these same two lines in his 1666 catalog of Rje btsun Bsam gtan gling pa's *A ti'i chos skor* cycle of esoteric instructions.[32] He quotes these first and foremost in the context of the Karma pa having, in his opinion, falsely accused G.yung ston Rdo rje dpal (1287–1365) for manufacturing a fake copy of the Sanskrit manuscript of the *Guhyagarbhatantra* from the Kathmandu Valley, that he had written the lines *contra* Gter ston Lcang lo can, and that he had thus belittled (*zur za*

30 See the text in the Karma pa's oeuvre, the *Rgyal ba thams cad kyi ye shes kyi sku rnam pa thams cad pa'i thugs can karma pa mi bskyod rdo rje bzhad pa'i gsung 'bum gyi dkar chag*, in *Collected Works*, vol. 1, ed. Karma Bde legs, Lhasa: 2004: 10, and also the manuscript of the same in Zhwa dmar V, in *Selected Works*, vol. 2, Gangtok: Dzongsar Chhentse Labrang, 1974: 210. A history of the Karma pa's writings and their printing is found in Rheingans, *The Eighth Karmapa's Life and His Interpretation of the Great Seal, A Religious Life and Instructional Texts in Historical and Doctrinal Contexts*, 43 ff.

31 SOG1, 164 [= SOG2, 137; SOG3, 143]. The recently published edition of the Karma pa's oeuvre contains two such directives; see the **Dpon sa gong ma la gnang ba'i chab shog zhal yig tshigs bcad du yod pa* and the *Sne gdong rtse chag shog*, in *Collected Works*, vol. 3, ed. Karma Bde legs, Lhasa: 2004: 63-65, 102-111. The Karma pa also wrote a very interesting guide to good governance for the Sne'u gdong court; see *Bod rgyal po chen po'i rgyal thabs kyi mdzad pa gtam du byas pa sne'u gdong rgyal po la gnang bar in po che'i phreng ba*, in *Collected Works*, vol. 3, ed. Karma Bde legs, Lhasa: 2004: 43-58.

32 For what follows, see his *Rje btsun bsam gtan gling pa'i a ti'i chos skor gyi dkar chag theg mchog rin cen do shal*, in *Collected Works*, vol. 27, ed. Ser gtsug nang bstan dpe rnying 'tshol bsdu phyogs sgrig khang, Beijing: Krung go'i bod rig pa dpe skrun khang, 2009: 591, 594-595.

ba) Rin chen phun tshogs chos kyi rgyal po, the re-embodiment of Lha sras Rgyal po, that is, Mu tig btsan po (ca. 800), one of the sons of king Khri srong lde btsan.[33] Lcang lo can is the name of a small private chamber atop the Mi 'gyur rdo rje palace of 'Bri gung monastery. Also known as Gter ston Gnam lcags me 'bar, the treasure revealer is none other than Rin chen phun tshogs, who had unearthed such revelatory literature as the *Dam chos dgongs pa yang zab* cycle at Lcang lo can in *circa* 1540–1543. Evidently, Dalai Lama V's source for the above wasa comment the Karma pa had made in connection with the text in his huge exegesis of the *Dgongs gcig cycle*.[34]

G.yung ston himself made no mention of his alleged connection with such a Sanskrit manuscript in his admittedly brief autobiography that largely consists of a record of the instructions he had received from his teachers.[35] But he was already criticized by 'Bri gung Dpal 'dzin for what the Dalai Lama V had alleged; the former had written[36]:

> *g.yung ston rdo rje dpal zhes pas //*
> *'phangs med gser gyi me tog dang //*
> *gsang ba snying po'i rgya dpe bcas //*
> *bu ston rin chen grub la phul //*
>
> *'gyur bcos mdzad cing rgyud 'bum du //*
> *bzhugs par gsol ba btab pa'i tshe //*

33 Dalai Lama V devotes one entire section on him [and 'Bri gung Rig 'dzin Chos kyi grags pa's (1595–1659)] revelations in his 1680 record of teachings received, for which see his *Zab pa dang rgya che ba'i dam pa'i chos kyi thob yig gangā'i chu rgyun*, in *Collected Works*, vol. 4, ed. Ser gtsug nang bstan dpe rnying 'tshol bsdu phyogs sgrig khang, Beijing: Krung go'i bod rig pa dpe skrun khang, 2009: 168-184. His activities as a treasure-text revealer have been summarized in Gu ru Bkra shis' 1807–1809 *Gu bkra'i chos 'byung*, ed. Rdo rje rgyal po, Xining: Krung go'i bod kyi shes rig dpe skrun khang, 1990: 541-544.

34 See, respectively, his *Zab pa dang rgya che ba'i dam pa'i chos kyi thob yig gangā'i chu rgyun*, in *Collected Works*, vol. 4, ed. Ser gtsug nang bstan dpe rnying 'tshol bsdu phyogs sgrig khang, Beijing: Krung go'i bod rig pa dpe skrun khang, 2009: 299, and p. 975 of the text of complicated origins in the Karma pa's *Collected Works*, vol. 4, ed. Karma Bde legs, Lhasa: 2004: 885-1139.

35 For a discussion of a portion of his life that is based on his autobiography, see the fine essay by Xie Guangdian 謝光典, "Yongdun duo'erzhibande yuanting zhixing - yiqi zizhuan wei zhongxin 雍敦朵兒只班的元廷之行 —— 以其自传為中心 [Autobiography of g.Yung ston rDo rJe dPal ba (1287–1365): A Tibetan Buddhist at the Mongolian Court (as per p. 259)]," in *Xiyu lishi yuyan yanjiu jikan* 西域历史语言研究集刊 /*Historical and Philological Studies of China's Western Regions*, no. 7, ed. Shen Weirong, Beijing: Kexue chubanshe, 2014: 243-259. See also my forthcoming "A Tibetan Magus at the Yuan Court of Külüg Qaγan (Wuzong Emperor): The Case of G.yung ston Rdo rje dpal bzang po (1287–1365)".

36 See his *Chos dang chos ma yin rnam par dbye ba'i bstan bcos*, tbrc.org, W1CZ885, 27b. The text quoted in Sog bzlog pa, *Gsang sngags snga 'gyur la bod du rtsod pa snga phyir byung ba rnams kyi lan du brjod pa nges pa don gyi 'brug sgra*, 394 [= ed. Padma tshul khrims, 134] shows a few minor different readings.

rgya dpe brdzun mar des rig nas //
gsol ba gsan du ma bzhed do //

One called G.yung ston Rdo rje dpal,
Offered Bu ston Rin chen grub,
A golden flower[37] without ?preconditions,
Along with a Sanskrit manuscript of the *Guhyagarbha*.

When he [= G.yung ston] requested [Bu ston] to emend the translation,
And place it [read: bcug] in the *Rgyud 'bum* collection,
[Bu ston] had understood that the Sanskrit manuscript was fraudulent,
And did not wish to listen to the request.

Sog bzlog pa cites this passage and, saying that this was an occasion for some critical reflection, offered the following rebuttal[38]:

bka' 'bum nang gi dris lan 'gar //
gsang ba snying po'i lung mang drangs // [a]
'grel pa de la thugs gtsigs[b] *che //*

mkhan chen thar pa lo tsā[c] *ba //*
gsang ba snying po'i rgyud phyi ma //
gsar 'gyur mdzad pa[d] *thugs la mnga' //*
des na gtam 'di bden pa[e] *dka' //*

gal te bu ston mi bzhed kyang //
slob dpon padma'i rang 'gyur dang //
de rjes paṇ chen bi ma la //
gnyags[f] *ston dznyā na ku mā ras //*
lo tsā byas te yer par bsgyur //

mnga' bdag ral pa can gyi bar //
'di yi bshad bka' shin tu dar //
bar du bcom ldan ral gris bsgyur //

37 The "golden flower" is a metaphor for a gift that accompanies a request.

38 *Gsang sngags snga 'gyur la bod du rtsod pa snga phyir byung ba rnams kyi lan du brjod pa nges pa don gyi 'brug sgra*, 394-395 [= ed. Padma tshul khrims, 134-135].

slad du glo bo lo tsā ba //
dpal ldan byang chub zhes byas bsgyur //

dus phyis 'bri gung lo tsā ba //
nor bu dpal yes bsgyur ba dang //
'di la sgyur[g] *byed lnga tsam byung //*
de phyir[h] *klan*[i] *ka rnyed pa med //*

a Delhi, ed.: *gsang snying lung 'dren mang po snang //*
b Delhi, ed.: *brtsis.*
c Delhi, ed.: *tstsha.*
d Delhi, ed.: *mdzad pa'ang.*
e Delhi, ed.: *par.*
f Delhi, ed.: *nyag.*
g Delhi, ed.: 'gyur.
h Delhi, ed: *phyin.*
i Delhi, ed.: *glan.*

In some reply to queries in [Bu ston's]*Collected Writings*,
Many passages of the *Guhyagarbha* are quoted,[39]
He greatly valued the commentary [?].

The great scholar Thar pa Lo tsā ba,
Translated anew the **Guhyagarbhottaratantra*,[40]
And understood it[s veracity].
Hence, this tale is difficult to be true.

Even if Bu ston did not accept it,

39 For this very problematic reference, see my "The Lives of Bu ston Rin chen grub and the Date and Sources of His *Chos 'byung*," *Revue d'Etudes Tibétaines*, no. 35, 2016: 287-291, and my forthcoming "Did Mar pa Lo tsā ba Chos kyi blo gros ever meet Nāropā? A Propos of Some Conflicting Chronologies," especially n. 13.

40 This is Thar pa gling Lo tsā ba Nyi ma rgyal mtshan (ca.1250–1320), *inter alia* the erstwhile abbot of Bodhgayā, *inter alia* the translator of the *Mahāsūtra-s* – see P. Skilling, tr., *The Mahāsūtras. Great Discourses of the Buddha*, 2 vols., Oxford: The Pali text Society, 1994, 1997 – and Bu ston's teacher of Sanskrit. See also my "Notes on Jñānamitra's Commentary on the *Abhidharmasamuccaya*," in *The Foundation for Yoga Practitioners. The Buddhist Yogācārabhūmi Treatise and Its Adaptaton in India, East Asia and Tibet*, ed. U.T. Kragh, Cambridge: Department of South Asian Studies, 2013: 1409 ff. I am unable to identify the **Guhyagarbhottaratantra*.

Master Padmasambhava's translation that he did by himself and,
Thereafter, Paṇ chen Vimalamitra,
Gnyags ston Jñānakumāra [Ye shes gzhon nu],
Acted as translators and translated the text in Yer pa.

Up to the sovereign Ral pa can (r. ca. 806–838),
Its explanation and transmission were widespread.
In the meantime, it was translated by Bcom ldan ral gri.[41]
Again, it was translated by one called Glo bo Lo tsā ba
Dpal ldan byang chub.[42]

Later, it was translated by 'Bri gung Lo tsā ba
Nor bu dpal ye shes (1313–1387)[43] and,
Because some five translations had taken place for it,
There was nooutcry [against it].

Much earlier in his work, Dpal 'dzin had preceded this statement by having written something quite similar[44]:

rma ban rin chen mchog zhes byas //
gsang ba snying po'i rgyud brtsams pas //
rgyal pos gsan nas btsal ba'i tshe //
lo grangs bcu gnyis gab ces grag[a] *//*

41 It may not be quite accurate to say that Bcom ldan ral gri, that is, Dar ma rgyal mtshan, translated the entire tantra, but he did write a study of it; see the *Gsang ba snying po rgyan gyi me tog*, in *Collected Writings*, vol. 10, Lhasa: Khams sprul Bsod nams don grub, 2006: 155-192.

42 Glo bo Lo tsā ba Dpal ldan byang chub is an unknown quantity [to me] and his name does not appear in any of the traditional listings of translators nor in Khri Bsam gtan's excellent study, *Skad gnyis smra ba'i rin chen bang mdzod*, Lanzhou: Kan su'u mi rigs dpe skrun khang, 2005.

43 A brief biography of 'Bri gung Lo tsā ba, one of Dol po pa Shes rab rgyal mtshan's (1292–1361) key disciples, can be found in Rigs ldan Rgyal ba Jo nang Dpal bzang po's (1419–1493) collection of biographies of Dol po pa and his main disciples of 1465, the text of which was included in the *Dpal ldan dus kyi 'khor lo jo nang pa'i lugs kyi bla ma brgyud pa'i rnam thar*, ed. Bstan 'dzin phun tshogs, Beijing: Mi rigs dpe skrun khang, 2004: 170-175. I have not seen their purported renditions of the tantra.

44 See his *Chos dang chos ma yin rnam par dbye ba'i bstan bcos*, tbrc.org, W1CZ885, 4a; see also the *Gsang sngags snga 'gyur la bod du rtsod pa snga phyir byung ba rnams kyi lan du brjod pa nges pa don gyi 'brug sgra*, 274 [= ed. Padma tshul khrims, 15]. This verse is also cited, with *grag*, in Gser mdog Paṇ chen's *Le'u gsum pa rig 'dzin sdom pa'i skabs kyi 'bel gtam rnam par nges pa*, 146.

a Chengdu, ed.: *grags*, "It is known that...."

Because one called Rma Ban[de] Rin chen mchog,
Had written the *Guhyagarbhatantra*,
It is alleged that, when the king, upon hearing this, looked for it,
It was hidden for twelve years.[45]

Reacting to it, Sog bzlog pa had written something very similar as the passage that I just cited.[46] But he adds for good measure that passages of the *Guhyagarbhatantra* are cited in the Indic commentary on the *Sarvabuddhasamāyogatantra* by Rgya byin sdong po [*Indranāla] of Uddiyana (8thc.), the Indic study of the *Guyasamājottaratantra* by Viśvamitra (8thc.), and the *Bka' gdams Pha chos*, one of the two major sections of the *Bka' gdams glegs bam*. Already 'Gos Lo tsā ba II had argued that even such an authority as Bu ston had included the first two in his Tanjur and, I hasten to add, he had done so without any reservations about their canonicity.[47] Furthermore, he writes that Buddhaguhya's [or: Buddhagupta's] eighth century *Lam rnam par bkod pa* was written on the basis of this tantra and that such earlier scholars as Chos kyi spyan mnga'[read: snga] ba – his identity is unclear to me -and Bu ston considered the so-called *Spar khab* commentary by Sgeg pa'i rdo rje [*Vilaśavajra] and the one by Nyi 'od seng ge [*Sūryaprabhasiṃha] to be witnesses (*dpang du mdzad*) of its authenticity. Both authors appear to have worked in the eighth century. I do not know what Sog bzlog pa may have meant by the latter expression, but Lha bla ma/Pho brang Zhi ba 'od had already questioned the canonicity of this so-called *Spar khab*.[48]

In his comments on the history of the controversy surrounding the famous *Guhyagarbhatantra* and its ultimate vindication as an authentically Indic work in his 1680 record of teachings received, Dalai Lama V first refers to the well known account that Śākyaśrībhadra had obtained a Sanskrit manuscript of this work from while he was staying in Bsam yas and that it subsequently fell into the hands of Snar thang pa Bcom ldan ral gri via the

45 Something like these lines is also found in the *'Byams yig* that is attributed to 'Gos Lo tsā ba I; see the *Sngags log sun 'byin gyi skor*, Thimphu: Kunsang Topgyel and Mani Dorji, 1979: 20-21.

46 *Gsang sngags snga 'gyur la bod du rtsod pa snga phyir byung ba rnams kyi lan du brjod pa nges pa don gyi 'brug sgra*, 275 [= ed. Padma tshul khrims, 15-16].

47 See, respectively, the *Deb gter sngon po/The Blue Annals*, repr. L. Chandra, New Delhi: International Academy of Indian Culture, 1976: 92 [= *The Blue Annals*, tr. G.N. Roerich, New Delhi: Motilal Banarsidass, 1979: 103], and the *Bstan 'gyur gyi dkar chag yid bzhin nor bu dbang gi rgyal po'i phreng ba,* in *Collected Works*, Part 26, ed. L. Chandra, New Delhi: International Academy of Indian Culture, 1971: 454, 468.

48 Karmay, "An Open Letter by Pho brang Zhi ba 'od," in *The Arrow and the Spindle. Studies in History, Myths, Rituals and Beliefs in Tibet*, Kathmandu: Mandala Book Point, 2009: 32.

offices of a certain Rta ston Gzi brjid.[49] In 1204, Śākyaśrībhadra had been invited to Central Tibet by Khro phu Lo tsā ba Byams pa'i dpal (1174–1237) and the latter's autobiography contains a lengthy account of their travels throughout the area from that time to 1214, when his guest left for Kashmir. Be this as it may, the Karma pa line of re-embodiments had long-standing connections with the Old School, as indicated by Dpa' bo II and as is patently clear from the oeuvre of Karma pa II Karma pakshi (1204–1283) and Karma pa III Rang byung rdo rje (1284–1339) and especially by the Karma pa himself.

Writing quite a while after the "publication" of this open letter, Sog bzlog pa's testimony may be judged to carry little weight in view of the fact that the Karma pa had already fully and unambiguously disassociated himself from it. A great deal of knowledge in the Tibetan area was local and it is thus throughout possible that he was confused about the authorship of the letter and that, in addition, he was not altogether or directly unfamiliar with the Karma pa's own response.

Earlier, I remarked on Sog bzlog pa's antiquarian bent of mind, and this comes again fully into view when we find him citing from a hitherto unknown treatise that we now know was written by Rin chen bzang po, which he titles *Rgyud sde spyi rnam*[s].[50] Although the passages Sog bzlog pa cites from it are, as we will presently see, far from unproblematic, we now know that Rin chen bzang po's work was a general survey of the ritual and doctrinal aspects of the tantric literature that belonged to the *Gsar ma*, New School, and in all likelihood the very first attempt of a member of the New School *avant la lettre* at creating some sort of a conceptual structure in the very large number of disparate texts that belong to this genre. Rin chen bzang po's treatise of necessity dealt with the literature involved and the interrelationships that were perceived to exist among what seem to be *prima facie* distinct and disconnected texts and textual cycles. We do not have any idea how wide Rin chen bzang po cast his net with his survey and, in fact, particular texts are not at issue in the quoted passages. These have also nothing to do with the coinage and use of principles along which the translated literature might be organized or their textual histories. Rather, Sog bzlog pa placed it in the context of his response to the anonymous author's remarks on the term *tantra* and its different senses of continuity (*rgyun chags*, **prabandha*), linkage (*'brel ba*, **sambandha*), and without incompleteness (*ma tshang med pa*, **avikala*) while stipulating that there are conditions where these three become meaningless (*don med*).[51] Sog bzlog pa does not shed any light on why the anonymous author had questioned these aspects of the term *tantra/rgyud* and, unfortunately, the Karma pa's own response that followed shortly after he had written this letter is silent about

49 Dalai Lama V, *Zab pa dang rgya che ba'i dam pa'i chos kyi thob yig gangā'i chu rgyun*, 300-302.

50 SOG1, 45-46 [= SOG2,40; SOG3, 105-106].

51 SOG1, 43-44 [= SOG2, 38-39; SOG3, 105-106].

it as well.[52] Rather, it has to do with the grammatical derivation and the definition of the word *tantra* (*rgyud*), here used not in the sense of a literary work, but rather inthe sense of the stream [of consciousness]; Sog bzlog pa's text begins as follows:

> *lo chen rin chen bzang po'i rgyud sde spyi rnam*[*s*] *las /*
>
> *ci'i phyir 'di la rgyud ces bya zhe na / rgyud la legs sbyar gyi sgra las / tantra zhes bya te / ta'i sgra las / ni ran tantra zhes 'brel zhing breng chags pas na rgyud te / de yang gzhi sems can gyi dus / lam rnal 'byor gyi dus / 'bras bu sangs rgyas kyi dus gsum gyi sems rgyud 'brel bas na rgyud do //*
>
> The *Rgyud sde spyi rnam* of Grand-Translator Rin chen bzang po states:
>
> Why is it called *rgyud*? *rgyud* is called *tantra* in the Sanskrit language;[53] from the word *ta*, *ni ran*, inasmuch as the term *tantra* links and is continuous (*breng chags pa*),[54] it is *rgyud*; further, inasmuch as it links the stream of consciousness (*sems rgyud*, **cittasaṅtāna*) of the triad of [1] the foundation of spiritual practice, the occasion of being a sentient being, [2] the path towards liberation, the occasion of meditative practice, and [3] the result, the occasion of enlightenment, it is *rgyud.*

The manuscript of Rin chen bzang po's work reads this passage somewhat differently under the rubric of the "etymology" (*nges tshig*, **nirukta*) of *rgyud*[55]:

> *ci'i phyir 'di la rgyud ces bya zhe na / rgyud la legs sbyar gyi sgra las / tantra / zhes bya ste / ta'i sgra las / ni ran ta tantra zhes / 'brel zhing rgyun chags pas na rgyud de /...*

---

52 The location of this and the next passage in Sog bzlog pa's work should have a parallel in MI1 [= MI2], but…it does not.

53 The word *tantra* derives from √*tan* meaning continuity, unbroken succession, and *tra*, which has the sense of protecting. For other explanations, see Rong zom Chos kyi bzang po (late 11th c.), *Rgyud spyi dngos po gsal bar byed pa'i yi ge*, in *Gsung thor bu*, *Collected Works*, vol. 2, ed. Bkra shis et al., Chengdu: Si khron mi rigs dpe skrun khang, 1999: 87-88, and Bu ston suggests a different derivation in his *Rgyud sde spyi'i rnam par gzhag pa rgyud sde rin po che'i mdzes rgyan*, in *Collected Works*, Part 15, repr. L Chandra, New Delhi: International Academy of Indian Culture, 1969: 98, where he cites the *Dka' 'grel ye shes ldan*, that is, Saraha's (?9th c.) commentary on the **Buddhakapālatantra* for which, see BSTAN, vol.13: 1167; *tantra* derives from *cetana* [read: *cetanā*] – *sems* - and *traya* - *skyob pa*!

54 The word *breng* is identified as an archaism (*brda rnying*) for *rgyun* in Rnam rgyal tshe ring, *Bod yig brda rnying tshig mdzod*, Beijing: Mi rigs dpe skrun khang, 2001: 362.

55 This rubric is contained in RGYUD, 19-20.

> Why is it called *rgyud*? *rgyud* is called *tantra* in the Sanskrit language, that is, from the word *ta, ni ran ta* "tantra." Inasmuch as as it links and is continuous, it is *tantra*...

Parenthetically, this is not exactly the explanation of *tantra* that is given in the late eighth century *Sgra sbyor bam po gnyis pa*, which defines it merely as continuity (*prabandha*).[56] And Sog bzlog pa continues the quotation by citing two lines of verse from, ostensibly, a/the **Māyājālatantra*– it is not found therein! -, which provides three undetermined signifiers (*don gsum*) for the word "linkage":

> *de la sgyu 'phrul dra ba las /*
>
> *rgyud ces bya ba 'brel ba'i don //*
> *don ni rnam pa gsum yin te //*
>
> *zhes so //*
>
> *ces pa dang /*

> In that connection, it is said in a/the **Māyājālatantra*:
>
> The term *tantra* has the sense of linkage;
> The sense is threefold, that is,
>
> and...

The quotation of the tantra stops in mid-verse, as is indicated by the final quotative *zhes so //*, without specifying what these three signifiers are. The *ces pa* and the conjunction *dang* that follow it are Sog bzlog pa's signal that this portion of the quotation from Rin chen bzang po's text has come to an end. He then continues with the second quote indicated by "further, the very same work states" (*yang de nyid las /...ces pa*):

> *yang na sems rgyud gsum 'brel zhing breng chags pa de yang ma tshang med par phun sum tshogs pa'i tshul gyis bde blag tu sgrub par nus pa'i brjod bya dang brjod* [read: *rjod*] *byed du 'brel ba la bya te / dpal dam tshig gsum bkod pa'i rgyud las /*

56 Mie Ishikawa, *A Critical Edition of the Sgra sbyor bam po gnyis pa. An Old and Basic Commentary on the Mahāvyutpatti*, in *Studia Tibetica* No.18, *Materials for Tibetan-Mongolian Dictionaries*, vol. 2, Tokyo: The Toyo Bunko, 1990: 97, no. 294.

'brel dang ma tshang med pa dang //
phun sum tshogs bas rgyud ces bya //[57]

zheso / ces pa dang / yang / sa la kṣa tantra zhes rang gi mtshan nyid 'dzin pas rgyud de / zhes gsungs pa rnams...

Or, one should take *tantra* as linking the signified with the signifier,[58] which, without being incomplete, is easily able to establish in an outstanding fashion the linkage and continuity of the three streams of consciousness[59] as well. It is stated in the **Śrītrayasamayatantra*:

> Due to linkage, without being incomplete, and
> Outstandingness,[60] it is called *tantra*;

And, further, the expression **svalakṣatantra* [means] it is tantra inasmuch as its own characteristic is apprehended.[61]

Again, the manuscript of Rin chen bzang po's work is different and has the quotation and its intent reversed, and adds further pertinent details:

---

57 These lines do not occur in the translation of the text of the tantra, *Śrītrimasayavyūharājatantra*, that is now available in BKA', vol. 87: 543-742.

58 The bivalency of the term *tantra* in the sense of the signified and signifier, is also used by Slob dpon Bsod nams rtse mo (1142–1192), the second patriarch of the Sa skya pa school, in his *Rgyud sde spyi'i rnam par gzhag pa* [Sde dge print], in *Sa skya bka' 'bum*, vol. 2, no. 1, ed. Bsod nams rgya mtsho, Tokyo: The Toyo Bunko, 1968: 29/3 [Ga, 58a] [= *The Yogini's Eye. Comprehensive Introduction to Buddhist Tantra*, tr. Ngor Thartse Khenpo Sonam Gyatso and W. Verrill, *Classics of the Early Sakya*, vol. 1, Xlibris Corporation, 2012: 425]. We encounter it as well in Ratna gling pa's citation of the/a Sgyu 'phrul, for which see his 1458–1466 *Chos 'byung bstan pa'i sgron ma rtsod zlog seng ge'i nga ro* [= *The Nyingma Apology of Rin-chen-dpal-bzang-po*], Tashijong: The Sungrab Nyamso Gyunphel Parkhang, 1972: 82: *sgyu 'phrul las: rgyud kyi dbye ba gnyis yin te //brjod bya don gyi rgyud dang ni //rjod byed tshig gi rgyudgnyisso //.* I have not been able to verify this quotation in the canon. For "signified" and "signifier" as reflecting *brjod bya* and *rjod byed*, see J.C. Gold, *The Dharma's Gatekeepers: Sakya Paṇḍita on Buddhist Scholarship in Tibet*, Albany: State University Press of New York, 2008: 48 ff.

59 I have not found an explanation of the expression *sems rgyud gsum*. At my peril but with some sort of precedent in Rin chen bzang po's work, I venture to explain it as referring to the state of mind at the outset of one's spiritual practice (*gzhi*), in the progressive course of one's spiritual practice (*lam*), and the state of mind that takes place as its result (*'bras bu*).

60 For the various notions of "outstanding", see Klong chen Dri med 'od zer's (1309–1364) *Theg mchog rin po che'i mdzod* [Sde dge blockprint], in *Mdzod bdun*, vol. Kha [2], 158-160.

61 I am not at all sure what this actually means!

de ltar yang sgyu 'phrul dra ba las /

rgyud ces bya ba 'brel pa'i don //
de ni rnam pa gsum yin te //

zhes so // de yang gzhi sems can gyi dus / lam rnal 'byor pa'i dus / 'bras bu sangs rgyas kyi sems rgyud 'brel bas na rgyud do //

It then continues with:

yang bi ta tantra zhes pa gnyen po ye shes rgyas pa'i rgyud / de'ang mtshan nyid pa ltar / 'dod chags kyi gnyen po mi sdug pa bsgom pa lta bu ma yin te / 'dir ni 'dod chags kyi rang bzhin bde ba la /zhe sdang gi rang bzhin gsal ba ste / gti mug gi rang bzhin mi rtog par shes pas / 'dod chags kyi gnyen por 'dod chags nyid bsgoms pas mchog tu gyur pa ste /

ji ltar me yis tshig pa la //
me nyid kyis ni gdung bar bya //[62]

zhes pa lta bu'o // de rgyas par yin yang / rnam snang rgyud dra las /

rgyu dang lam dang 'bras bu rnams //
rgyun chags rgyas pas rgyud ces bya //[63]

zhes so // yang sol kṣatantra / zhes pa / rang gi mtshan nyid 'dzin pas rgyud de /...

The problem with these citations in the *Rgyud sde spyi rnam* is, as far as I can see – which may not be far enough! –, that none are traceable in the translations of these texts as we now have them in the Kanjur-canon of the New School, that is, they are not found in Rin chen bzang po's very own translation of the Vairocana-centered **Māyājālatantra* or in Kṛṣṇa Paṇḍita's and Nag tsho Lo tsā ba's *circa* 1050s–1060s translation of the **Śrītrayasamayatantra*.[64] Thus we *prima facie* have to consider the following possibilities. First, if Sog bzlog pa is correct in attributing

62 This is [almost] a quotation of *Hevajratantra*, II: ii, 49a-b, which reads in BKA', vol. 80: 39: *ji ltar 'tshed pas tshig pa yang // me yis kyang ni gdung bar bya //.*

63 I have been unable to recover the actual source of quotation.

64 See, respectively, BKA', vol. 17, nos. 465 [#466] and 500 [#502].

the *Rgyud sde spyi rnam* to Rin chen bzang po, then it is not wholly unthinkable that the latter had based himself on translations of those Sanskrit manuscripts that included these lines of verse. These translations are now lost. Later, so another possible scenario might run, Rin chen bzang po as well as the team of Kṛṣṇa Paṇḍita and Nag tsho Lo tsā ba used manuscripts of these tantras that did not contain these lines. Admittedly, it is not clear to me where these lines may have been placed in the narratives of these texts, for they do not anywhere discuss the notion behind the term *tantra*. In view of the fact that Tibetan editor-readers are often wont to insert passages in or excise them from manuscripts they were working with, often without any warning signs to their later readers, another though perhaps less likely possibility is that the titles of these texts that are indexed to these citations may have been tampered with. A search of the texts of the *Kanjur Dpe sdur ma* [tbrc.org] reveals that the lines:

> *rgyud ces bya ba 'brel ba'i don //*
> *don ni rnam pa gsum yin te //*

virtually occur in piecemeal fashion in the **Srīguhyasarvacchindatantra*, albeit with very different significations,[65] and that the lines:

> *'brel dang ma tshang med pa dang //*
> *phun sum tshogs bas rgyud ces bya //*

occur with the only insignificant variant reading of *phyir* for *bas* at the beginning of the seventeenth chapter of the *Ye shes rngam pa glog gi 'khor lo*, which is an Old School tantra.[66] More can and probably should be said about these textual problems, but suffice it for now to mention that Dge rtse Paṇḍita 'Gyur med tshe dbang mchog grub (1761–1829) cites the very same last two lines in his 1797 catalog of the *Collected Old School Tantras* where, however, he writes that these were taken from what he calls the *Rdo rje rtse mo* [**Vajraśekhara*],[67] but I have not been able to retrieve these from any works that have *vajreśekhara* in their titles. Regardless of whether he copied these from another source, which is very, very likely, it thus remains to be determined whence they originated.

---

65 BKA', vol. 79: 556-557.

66 BKA', vol. 101: 867.

67 See his *Bde bar gshegs pa'i bstan pa rin po che'i snying po rig pa 'dzin pa'i sde snod rdo rje theg pa las snga 'gyur rgyud sde rin po che'i rtogs pa brjod pa lha'i rnga bo che lta bu'i gtam*, in *Collected Works*, vol. Ja [7], Chengdu: Bod yig dpe rnying myur skyob, 2001: 108. For Dge rtse Paṇḍita, see now the study of T. Makidono, *Dge-rtse Mahāpaṇḍita Great Middle Way of Other-Emptiness*, Bibliotheca Tibetica at Indica 2, Tokyo: Sankibo Busshorin, 2016.

Sa chen Kun dga' snying po (1092–1158), the first patriarch of the Sa skya pa school, does not explain the meaning of *rgyud* in his above mentioned booklet, but his son the Slob dpon Bsod nams rtse mo does and his comments warrant a brief discussion.[68] In all, the Slob dpon cites three different texts for short definitions of *tantra*. The first two are the *Guhyasamājottaratantra* and the **Vajraśekharatantra*, which, he writes, but have it that *tantra* equals continuity, *rgyud ni rgyun chags zhes bya ste //*, and the third is what he calls the **Māyājālatantra* with the to all intents and purposes identical formula *rgyud ni rgyun zhes bya ba ste //*. The Tibetan translation for *prabandha* is this time *rgyun* and not *rgyun chags*, which of course is fine and makes no difference. But, again, Rin chen bzang po's translation of the **Māyājālatantra* does not contain anything like the one line cited by Bsod nams rtse mo. We thus have to consider the possibility that Rin chen bzang po's *and* Bsod nams rtse mo's quotations are to be located in another work than the one translated by the former. For this we may have to turn to the Old School corpus of the so-called eight **Māyājālatantra*-s. The octet's textual history, not to mention the contents of the corpus itself, is indeed a very complicated affair and, for this obvious reason, I will not enter into a discussion of it. This notwithstanding, a few words are in order. According to Nyang ral's *Zangs gling ma* treasure-text biography of Padmasambhava, the cycle of the so-called "eight-fold *Illusion* (*sgyu ma*, *māyā*) texts," consisted of the following[69]:

1. *Guhyagarbhatantra*[70]	5. *Sgyu 'phrul le'u brgyad pa*
2. *Sgyu 'phrul bzhi bcu pa*	6. *Lha mo sgyu 'phrul*

68 For what follows, see his *Rgyud sde spyi'i rnam par gzhag pa* [Sde dge print], 29/3-4 [Ga, 58a-b][= *The Yogini's Eye. Comprehensive Introduction to Buddhist Tantra*, tr. Ngor Thartse Khenpo Sonam Gyatso and W. Verrill, 426 ff.].

69 *Slob dpon padma'i rnam thar zangs gling ma*, ed. Thub bstan nyi ma, Chengdu: Si khron mi rigs dpe skrun khang, 1989: 62 [= E. Pema Kunzang, tr., *The Lotus-Born. The Life Story of Padmasambhava*, ed. M.B. Schmidt, Boston: Shambhala, 1993: 80-81]. This work must now be used together with L. Doney, *The Zangs gling ma: The First Padmasambhava Biography. Two Exemplars of the Earliest Attested Recension*, Andiast: International Institute for Tibetan and Buddhist Studies, 2015, where the relevant passages are found on 141 [40b-41a] and 238-239 [34a-b]. Interestingly, Zhi ba 'od dismissed the authenticity of a [or the?] *Māyājālatantra* corpus, for which see Karmay, "An Open Letter by Pho brang Zhi ba 'od," 31-32.

70 The *Guhyagarbhatantra* is at times called the **Māyājālatantra* in that it is part of the much larger **Māyājāla* corpus; see D. Martin, "Illusion Web - Locating the *Guhyagarbha Tantra* in Buddhist Intellectual History," in *Silver on Lapis. Tibetan Literary Culture and History*, ed. Ch.I. Beckwith, Bloomington: The Tibet Society, 1987: 181, citing Zur 'tsho Dkon mchog tshul khrims, *Zur lugs gsang snying yig cha'i skor*, Dalhousie, 1980, vol. 1: 15, and vol. 3: 251.For the various recensions of this work and the criticism it received from a number of New School intellectuals, see Dorji Wangchuk, "An Eleventh-Century Defence of the Authenticity of the *Guhyagarbhatantra*," in *The Many Canons of Tibetan Buddhism*, ed. H. Eimer and D. Germano, Leiden: Brill, 2002: 265-291.See now also Shen Weirong 沈卫荣 and Yang jie 杨杰, "《秘密藏续》与旧译无上密法于西藏的传播 "Miaomi zangxu" yu jiuyi wushang mifa yu xizangde chuanbo [*Guhyagarbhatantra* and the Dissemination of the *Gsang sngags rnying po* (*sic*)]," in *Tibetan Genealogies. Studies in Memoriam of Guge Tsering Gyalpo (1961-2015)*, ed. G. Hazod and Shen Weirong, 451-509.

3. *Sgyu 'phrul bla ma* 7. *Sgyu 'phrul brgyad cu pa*
4. *Sgyu 'phrul le lag* 8. *'Jam dpal sgyu 'phrul*

The *Zangs gling ma* attributes the first translation of these to the joint efforts of Padmasambhava and Cog ro Klu'i rgyal mtshan. It also has something to say about the provenance of this corpus and the other texts mentioned in this part of the narrative, for it ends with the statement that, "not leaving in India" (*rgya gar na ma lus par*), Padmasambhava had miraculously taken these and a host of other manuscripts from Nālandā monastery in what is now Bihar State to Tibet, after which they were deposited in the "treasury" (*dkor mdzod*) of Bsam yas monastery. The stipulation made by the adverbial phrase "not leaving them in India" could and probably ought to be construed as a response to the possible charge, perhaps first made by 'Gos Lo tsā ba I, that no Sanskrit originals could be found in the subcontinent for many of the Old School's tantras.[71] Indeed, 'Gos Lo tsā ba I is reputed to have questioned some seventy-two Indian scholars whether such and such a work was familiar to them during his sojourn in the subcontinent. When he received a negative reply, he felt that this was suffient proof that these were not authentically Buddhist scriptures.[72] We do not encounter anything of the sort in the available text of his *'byam yig*-open letter, but Gser mdog Paṇ chen does quote Rngog Lho brag pa to this effect. Styling the latter as belonging to the lineage of Mgos = ['Gos Lo tsā ba I], he writes[73]:

mgos kyi brgyud 'dzin du gyur pa'i rngog lho brag pas /

> *bla chen 'brog mi zab chos 'ga' zhig / mgos dang dus mtshungs pa'i paṇḍi ta bdun cu sa gnyis la dris pas / rgya gar na med do zhes zer ro //*

zhes pa'i phyogs chos bsgrub snang bas / rje mgos kyang / bla chen dang / gā ya dhā ra'i slob mar mtshungs kyang / rang la ma byung ba'i chos der byung ba la zur za bar

---

71 'Gos Khug pa Lhas btsas, *Sngags logs sun 'byin*, *Sngags log sun 'byin gyi skor*, Thimphu: Kunsang Topgyel and Mani Dorji, 1997: 20. This phrase is absent in the text A mes zhabs Ngag dbang kun dga' bsod nams cites in his *Jo gdan bla ma mang thos bshes gnyen pas dris lan yid kyi mun sel*, 33.

72 *The Blue Annals*, tr. G.N. Roerich, 360.

73 *Le'u gsum pa rig 'dzin sdom pa'i skabs kyi 'bel gtam rnam par nges pa*, 144-145. Gser mdog Paṇ chen writes that Rngog had composed a study of the rise and development of Buddhist tantra, titled *Gsang sngags kyi byung tshul rnam par bshad pa'i gtam chen mo*. Unfortunately, this work has not [?yet] been sighted. The *Sngags log sun 'byin* [*shes rab ral gri*] that is attributed to Chag Lo tsā ba Chos rje dpal (1197–1264) refers to the *Gze mar mgo* of Lho brag, and I wonder if this Lho brag may be the same as Rngog Lho brag pa; see the *Sngags log sun 'byin gyi skor*, 17. For the *Sngags log sun 'byin* [shes rab ral gri], see K. Raudsepp, "The Dating and Authorship Problems in the Sngags log sun 'byin Attributed to Chag Lo tsā ba Chos rje dpal," in *Contemporary Visions in Tibetan Studies. The First International Seminar of Young Tibetologists, London, September 2007*, ed. B. Dotson et al., Chicago: Serindia Publications, 2009: 281-297.

ni cang mi mdzad dam / snyam du dogs pa'o //

The premise of the statement by Rngog Lho brag pa who is an exponent of Mgos' tradition appears to be established, namely, that:

> Since seventy-two Paṇḍitas contemporary with Mgos were asked about some of the profound religious texts/practices of Bla chen 'Brog mi, they allegedly (*zer*) replied that these were absent in the subcontinent.

Thus, while Lord Mgos, too, was a contemporary of the Bla chen and a disciple of Gayādhara, I doubt that he never criticized the religious texts/practices that had not appeared to himself but that had appeared to that one, the Bla chen.

We must bear in mind that there is a tradition holds that relations between 'Brog mi Lo tsā ba and 'Gos Lo tsā ba I were rather strained.[74] On the other hand, Gser mdog Paṇ chen does question the integrity of Rngog Lho brag pa's remark. And he writes a little further down that while it is the case for what Lho brag pa had to say about the translations of texts, it does not necessarily hold for the profound transmissions that were transmitted by word of mouth (*snyan brgyud kyi gdams ngag zab mo*) or for instructions (*man ngag*).[75] He provides as examples the six teachings of Nāropā and Nīguma as evidence for what would go counter Rngog's claim. And he ends by saying that: "Hence, where did the great translator Mgos criticize 'Brog mi's profound teachings? Rngog was careless."

In what may have been his chronicle, in which the *Zangs gling ma* is cited extensively as an authority, including the above passage,[76] Nyang ral or the author observes that Rma Rin chen mchog had invited Vimalamitra to help him revise the earlier translations, whereafter the two men primarily focused their energies on going through and editing the translations of this

74 See, for example, C.R. Stearns, tr., *Luminous Lives. The Story of the Early Masters of the Lam 'bras Tradition in Tibet,* Boston: Wisdom Publications, 2001: 53-55, 92-97.

75 *Le'u gsum pa rig 'dzin sdom pa'i skabs kyi 'bel gtam rnam par nges pa,* 145-146: *rgyud dang sde snod kyi gzhung lo paṇ gyis bsgyur bar khas len pa de dag / 'phags yul gyi paṇḍi ta mang po de dag la ma grags na dri ma can du* [146] *'grub pa yin gyi / snyan brgyud kyi gdams ngag zab mo rnams ni gtan tshigs de tsam gyis der mi 'grub cing / lo chen gyis kyang rgyud dang bstan bcos kyi dbang du mdzad nas gtan tshigs de ltar bkod pa yin gyi / man ngag gi dbang du mdzad pa ni ma yin no // mi 'grub pa'i shes byed kyi dpe ni / nā ro dang / nī gu'i chos drug bzhin / des na lo chen mgos kyis ni 'brog mi'i zab chos la zur za ba ga la yod rngog gis ni rang dgar byas pa'o //.* There are of course some problems with this remark that cannot be discussed here.

76 *Chos 'byung me tog snying po sbrang rtsi'i bcud*, 308.

cycle.[77] This effort apparently also included the *Rnam snang sgyu 'phrul dra ba*, which, since it concerns Vairocana [= *Rnam snang mdzad*], must of course be none other than Rin chen bzang po's **Māyājālatantra*! It therefore appears that, once again, Rin chen bzang po's rendition had a precedent, let alone the fact that we now do not have eight but nine **Māyājāla* texts!

One of the implications of such a revision, if it did take place, is that they would then have been translated in accordance with Vimalamitra's interpretation of this textual corpus. Though not mentioned by Nyang ral, Vimalamitra is on occasion credited with being the author of splitting the original **Māyājālatantra* of a hundred thousand chapters into this eight-fold corpus. Thus, we seem to have competing traditions for its formation, the mystery of which need not detain us here, but suffice it to say that any of these eight [or sometimes even nine] texts might be generically called a **Māyājālatantra*. It is fairly certain that one or the other library of Sa skya monastery had manuscripts of at least four of the octet. Judging that these "appear to be authentic" (*yang dag pa 'dra /*) Old School tantras, Rje btsun Grags pa rgyal mtshan records the *Guhyagarbhatantra*, the *Sgyu 'phrul brgyad cu pa*, the *Sgyu 'phrul bla ma*, and the *Lha mo sgyu 'phrul* in his catalog of tantric literature, which he probably composed around the year 1200.[78]

In fact, all of these other sources single out the following famous, if cryptic, passage from the *Guhyasamājottaratantra*[79]:

> *prabandhaṃ tantramākhyātaṃ tat prabandhaṃ tridhā bhavet /*
> *ādhāraḥ prakṛtiś caiva asaṃhāryaprabhedataḥ //* [34]
>
> *prakṛtiścākṛterheturasaṃhāryaphalaṃ tathā /*
> *ādhārastadupāyaś ca tribhistantrārthasaṃgrahaḥ //* [35]

The *Guhyasamājottaratantra* is often rightly or wrongly the eighteenth chapter of the *Guhyasamājatantra* proper, but this is something that still needs to be looked into in some detail. These two quatrains in the *circa* 1000 Tibetan translation of the former by, ostensibly, Śraddhākaravarman and Rin chen bzang po read[80]:

77 *Chos 'byung me tog snying po sbrang rtsi'i bcud*, 422.

78 See his *Kye'i rdo rje'i rgyud 'bum gyi dkar chag*, in *Sa skya bka' 'bum*, vol. 3, no. 25, ed. Bsod nams rgya mtsho, Tokyo: The Toyo Bunko, 1968: 275/4/1 [Ja, 205a].

79 See Yukei Matsunaga, ed., *The Guhyasamājatantra, A New Critical Edition*, Osaka: Toho Suppan, Inc., 1978: 115.

80 BKA', vol. 81: 588. The colophon On p. 611, n. 606, we learn that only the Li thang edition contains the text that a certain Thang chen pa and Rgyal mtshan reng [= ?ring] mo had compared with the version that was contained in the so-called *Stag lung rgyud 'bum*, that is, a collection of manuscripts of tantras that were housed in or belonged to Stag lung monastery.

rgyud ni rgyun zhes bya bar grags //
rgyun de rnam pa gsum 'gyur te //
gzhi dang de bzhin rang bzhin dang //
mi 'phrog[s] pa yis rab phye ba //

gzhi dang [var. *rnam pa*] *rang bzhin rgyu yin te //*
de bzhin mi 'phrogs 'bras bu'o //
gzhi ni thabs shes bya ba ste //
gsum gyis rgyud kyi don bsdus pa'o //

This particular reading of the passage is identical to the text that we find, for example, in the possibly early nineteenth century Gting skyes manuscript of the *Rnying ma'i rgyud 'bum, Collected Tantras of the Old School.*[81] There the first translation of this workis attributed to Buddhaguhya [or: Buddhagupta] and 'Brog mi Lo tsā ba Dpal gyi ye shes, who were active around the year 800, after which, so we are told, it was edited much later by Śraddhākaravarman and Rin chen bzang po, argues either for their potential consanguinity, which is unlikely, or that the later translation was not a new translation of the text at all, but, to put it charitably, a revision, or, finally, that we have a problem with the colophon[s]. Whatever the case may be, their virtual identity does call to mind the findings of K.W. Eastman, who argued long ago that the readings of the Dunhuang manuscript of the *Guhyasamājatantraper se* and its early *circa* 800 translation ascribed to Vimalamitra and Ska ba Dpal brtsegs provide evidence that the so-called New School "translation" by Śraddhākaravarman and Rin chen bzang po is at best a slight revision of the former, though the names of these earlier translators are as absent from the New School's Kanjur colophons as they are from their catalogs.[82] This notwithstanding, Eastman's conclusion stands in singular opposition to that of Martin, who wrote that "[a] comparison of random parts of the text in the Nyingma version [= in the *Collected Tantras of the Old School*, vdK] and the Peking version [= Peking Kanjur, vdK]

81 See the *Rnying ma'i rgyud 'bum* [Gting skyes recension], vol. 17, Thimphu: Dingo Khenste Rimpoche, 1973–1975: 177. For the various recensions of the *Collected Tantras of the Old School*, see Thub bstan chos dar, *Rnying ma rgyud 'bum gyi dkar chag gsal ba'i me long*, Beijing: Mi rigs dpe skrun khang, 2000: 4-16; a useful work is also M. Derbac, *Rnying ma'i rgyud 'bum: A Tibetan Buddhist Canon*, unpublished University of Alberta master's thesis, Edmonton, 2007. A very valuable summary of state-of-the-art research on the *Rnying ma'i rgyud 'bum* is R. Mayer, "The Rnying ma Tantras," in *Brill Encyclopedia of Buddhism*, ed. J. Silk et al., vol.1, Leiden: Brill, 2015: 390-397.

82 See his "The Dunhuang Tibetan Manuscript of the *Guhyasamājatantra* [in Japanese]," in *Nihon chibetto gakkai kaiho* 日本西藏学会会报 [*Report of the Japanese Association for Tibetan Studies*] 26, 1990: 5, as cited in A. Hermann-Pfandt, "The *Lhan dkar ma* as a Source for the History of Tantric Buddhism," in *The Many Canons of Tibetan Buddhism*, ed. H. Eimer and D. Germano, Brill: Leiden, 2002: 141.

showed many variant readings in both wording and syntax."[83] The text in the Peking Kanjur is also attributed to Śraddhākaravarman and Rin chen bzang po, and Martin's point is well taken, for the same applies when we compare the Kanjur xylographs [and one manuscript] of the *Guhyasamājatantra* with the text of the manuscript of the Gting skyes recension and the 1794–?1798 Sde dge xylograph of the *Collected Tantras of the Old School*, which, too, is ascribed to Buddhaguhya and 'Brog mi Lo tsā ba Dpal gyi ye shes.[84] I do not know which recension of the *Collected Tantras of the Old School* Eastman has used, but the mid-eighteenth century Mtshams brag manuscript from Bhutan does bear out his results and for good reason. It is after all a copy of the translation ascribed to Śraddhākaravarman and Rin chen bzang po, with a few revisions by Ravīndra and Chag Lo tsā ba II.[85] What all this implies is, of course, that it is hazardous to draw conclusions on a narrow dossier of texts. Again, all of Tibetan Buddhism, including its manuscript treasures, is local with the consequence that almost nothing can be universalized. Martin and Eastman also drew attention to the Tibetan Dunhuang manuscript of the *Guhyasamājatantra*, which cannot postdate the early eleventh century.[86]

We have so far no such tradition of the different translations of the *Guhysamājottaratantra per se*. Zhwa dmar IV Chos grags ye shes (1453–1524) informs us in his 1517 biography of his master 'Gos Lo tsā ba II that, during the summer retreat of 1443, the latter had revised and corrected (*'gyur bcos rnam par dag pa*) the earlier translation[s] of the Candrakīrti II's (9th-10thc.) *Pradīpoddyotana* commentary on the *Guhyasamājatantra* on the basis of his own study of the text and several Sanskrit manuscripts, one of the *Guhyasamājatantra* and no

83 "Illusion Web - Locating the *Guhyagarbha Tantra* in Buddhist Intellectual History," 183-184; the quote is taken from p. 184.

84 BKA', 81, 442-583 {= SDE, vol. 57, no. 4863 [#211], 350/4-376/7, 376/7-381/3 [Tsha, 377b-479b, 470b-486a]}. Note that SDE's table of contents failed to recognize that no. 4863 consists of two translations, the first is that of the *Guhyasamājatantra* and the second is that of the *Guhyasamājottaratantra*. The first is signed by Nyi ma'i dbang po [*Ravīndra] and Chag Lo tsā ba II, who revised the earlier translation of Śraddhākaravarman and Rin chen bzang po; the second is signed by the latter duo. Dge rtse Paṇḍita, *Bde bar gshegs pa'i bstan pa rin po che'i snying po rig pa 'dzin pa'i sde snod rdo rje theg pa las snga 'gyur rgyud sde rin po che'i rtogs pa brjod pa lha'i rnga bo che lta bu'i gtam, in Collected Works*, vol. Nya [8], Chengdu: Bod yig dpe rnying myur skyob, 2001: 321, mistakenly has 'Brog mi [Lo tsā ba] Shākya ye shes (11thc.) instead of 'Brog mi Dpal gyi ye shes. The same mistake is repeated in Thub bstan chos dar, *Rnying ma rgyud 'bum gyi dkar chag gsal ba'i me long*, 81-82; on pp. 41-51, Thub bstan chos dar outlines the sources used by Dge rtse Paṇḍita and his editorial methods.

85 *Rnying ma'i rgyud 'bum* [Mtshams brag recension], vol.18: 938.

86 See K.W. Eastman, "The Eighteen Tantras of the *Vajraśekhara/Māyājāla*," in *Transactions of the International Conference of Orientalists in Japan* 26, 1981: 95-96, which summarizes an earlier paper of his that I have not seen, and Martin, "Illusion Web - Locating the *Guhyagarbha Tantra* in Buddhist Intellectual History," 181-182.

less than three of the *Pradīpoddyotana* itself.[87] This revised translation of the *Pradīpoddyotana*, a commentary on the version of the *Guhyasamājatantra* in seventeen chapters, was never included in any of the xylographed Tanjurcanons. Later, 'Jigs med gling pa (1729–1798) remarks in his 1772 catalogue of a manuscript edition of the *Collected Tantras of the Old School* that 'Gos Lo tsā ba II had also revised-*cum*-edited the translation (*dag bcos mdzad pa*) of the *Guhyasamājottaratantra*.[88] If true, then this might very well imply that the said Sanskrit manuscript of the *Guhyasamājatantra* to which he had access was the one of the tantra's recension in eighteen chapters.

But we are not out of the woods and we will not be for some time after this essay sees the light of day. The translation of the **Guhyasamājopadeśasamudrabindu*, Viśvamitra's commentary on the *Guhysamājottaratantra*, which is a very early, if not the earliest available, study of the text, has preserved some very different readings indeed. The verses that were just under consideration are a case in point; his text has[89]:

de la rgyud ni rnam gsum ste //
gzhi dang rang bzhin dag dang ni //
bye brag tu ni bsdu bar bya //
gzhi dag dang ni thabs dag gis //
rnam gsum rgyud kyi don du bsgrubs //

gzhi dag dang ni thabs dag gis //
rnam gsum rgyud kyi don du sgrub //
rang bzhin rang bzhin med pa'i rgyu //
de bzhin 'bras bu bsdu ba med //

---

87 See the *Dpal ldan bla ma dam pa mkhan chen thams cad mkhyen pa don gyi slad du mtshan nas smos te gzhon nu dpal gyi rnam par thar pa yon tan rin po che mchog tu rgyas pa'i ljon pa*, *dbu can* manuscript in seventy-four folios, 45b [= *'Gos lo gzhon nu dpal gyi rnam thar*, ed. Ngag dbang nor bu, Beijing: Mi rigs dpe skrun khang, 2004: 107-108]. 'Gos Lo tsā ba II also edited the translation of Buddhaguhya's commentary on the *Vairocanābhisambodhitantra*. That he did so without recourse to a Sanskrit manuscript is evident in the very terminology Zhwa dmar IV employs for his narrative; he writes in the same passage indicated above: *...skad gsar chad kyis gtan la ma phab pas tshig g.yong zhing go dka' ba la skad gsar chad kyis gtan la phab /*. See also A. Wayman and R. Tajima, *The Enlightenment of Vairocana*, Buddhist Tradition Series,vol.18, Delhi: Motilal Banarsidass, 1992: 28-31, where Wayman was quite right in his surmize that 'Gos Lo tsā ba II did not have access to a Sanskrit manuscript of this work.

88 See his *De bzhin gshegs pas legs par gsungs pa'i gsung rab rgya mtsho'i snying por gyur pa rig pa 'dzin pa'i sde snod dam /snga 'gyur rin po che'i rgyud 'bum rtogs pa brjod pa 'dzam gling tha gru khyab pa'i rgyan* [A 'dzom print], in *Collected Works*, vol. Pa [13], Chengdu: A'dzom chos sgar, ?1999: 663-664.

89 BSTAN, vol.19: 953. This partly recapitulates the earlier passage in BSTAN, vol.19: 951. Viśvamitra's lengthy comment deserves close study.

I have not been able to verify the translator[s] of Viśvamitra's work, which has a great deal of significance for Indo-Tibetan intellectual history and unquestionably merits a detailed examination in its own right, especially in terms of the authorities it cites, for this gives us an insight, albeit no doubt if ever so skewed, into certain aspects of its author's literary and religious environment. Viśvamitra twice mentions unnamed sutras and he refers a number of times to tantric texts that he equally leaves unidentified. However, what is of considerable importance is that he does expressly refer to a host of other tantric sources by title. For our purposes, three of these stand out, the *Gdan bzhi* [*Catuṣpīṭha*], the *Guhyagarbhatantra*, and the Vairocana-centered *Māyājālatantra*.[90] Thus, these Indic sources must have existed in one form or another during the middle of the eighth century, at the latest, a point that is not without significance for the literary development of the tantric movement as a whole.

Viśvamitra was of course not alone in this, and it would be useful to do this kind of preliminary excavation in the exegeses of his contemporaries such as Vilāsavajra, Buddhaguhya, and the early eighth century Śākyamitra, to name but a few. What is more, His commentary indicates that there were a number of points of contention with the interpretation of the *Guhyasamājottaratantra*. While the sources available to me do not signal any problems with its provenance, I think that the integrity of Viśvamitra's work as a translation of a purely Indic text is probably not entirely beyond question. This is arguably borne out by the fact that it contains a references to "some Indian writings" (*rgya gar gyi yi ge la la*) and the "Indian language" (*rgya gar gyi sgra*), that is, Sanskrit.[91] Surely, this strikes one as strange and really makes no sense, unless, of course, Viśvamitra or the author of these two passages addressed an audience other than an Indian one or one that was not conversant with Sanskrit.

Now the text of the *Guhyasamājottaratantra* verses that the Slob dpon cites reads slightly differently[92]:

rgyud ni rgyun zhes bya ba ste //

90 BSTAN, vol.19: 906-907, 914-915, 955-956. The citation, on p. 914, from the *Catuṣpīṭhatantra* is *sgrogs pa drug gi mchod rten*, which I have not been able to locate in the eleventh century Tibetan translation of this tantra. P.-D. Szántó, *Selected Chapters from the Catuṣpīthatantra (1/2): Introductory study with the annotated translation of selected chapters* (2012), 14-15, has argued that the gestation period of the *Catuṣpīṭhatantra* [as we now have it] took place from *circa* 850 to 1000, "(with preference for an earlier date)." Dated December 16, 2012, I accessed Szántó's work on academia.edu. Viśvamitra's references to a **Catuṣpītha* would suggest that the inception of this tantra's gestation period maye have to be pushed back by one century, to *circa* 750.

91 BSTAN, vol.19: 1079, 1117.

92 *Rgyud sde spyi'i rnam par gzhag pa*, 29/4 [Ga, 58b] [=*The Yogini's Eye. Comprehensive Introduction to Buddhist Tantra*, tr. Ngor Thartse Khenpo Sonam Gyatso and W. Verrill, 426]. Glo bo Mkhan chen mentions that one of Rje btsun's disciples, Mi nyag Shes rab 'bar, alias Prajñājvālā, had written a commentary on Bsod nams rtse mo's work as well; see his *Rgyud sde spyi yi rnam par bzhag pa'i gsal byed nyi ma'i 'od zer*, in *Selected Writings*, vol. 4, Dehra Dun: Pal Evam Chodan Ngorpa Centre, 1985: 26. This Tangut-Xixia scholar's work has not yet surfaced.

rgyun de rnam pa gsum du 'gyur //
gzhi dang de yi rang bzhin dang //
mi 'phrogs pa yis rab phye ba'o //

rang bzhin rnam pa rgyu yin te //
gzhi ni thabs zhes bya ba yin //
de bzhin mi 'phrogs 'bras bu ste //
gsum gyis rgyud kyi don bsdus pa'o //

Is it a coincidence that this is exactly the same reading that we have in his younger brother Rje btsun's survey of the philosophical and practical contents of the Sa skya pa school's Path-and-Result system that is foremost based on the *Hevajratantra*?[93] Hardly! Since this book was also edited by his nephew Sa skya Paṇḍita, we cannot rule out the possibility that he had slightly revised these two quatrains of the tantra. After all, he was a redoubtable Sanskrit scholar, though, as far as I am aware, his biographies and historical sources are silent on this particular score. The Slob dpon's remarks are given additional force in Gtsang Byams pa's work.[94]

Of course, the variants of the *Guhyasmājottaratantra*'s quotations in the Slob dpon's and Rje btsun's writings are not altogether compelling in their departures from the text of the Kanjur. But this is not the reaction one gets with the quotation of the first of these two quatrains that we encounter in 'Dul 'dzin's reply to what he considered to have been the Karma pa's controversial letter; he quotes the verse as follows[95]:

rgyud ces bya ba rab 'brel tshig //
de la rab 'brel rnam gsum te //
ngo bo gzhi dang thabs dang ni //
thabs byung 'bras bu zhes bshad do //

Tantra is a term for linkage (**pratibandha*).

---

93 See his *Rgyud kyi mngon par rtogs pa rin po che'i ljon shing* [Sde dge print], in *Sa skya bka' 'bum*, vol. 3, no. 1, ed. Bsod nams rgya mtsho, Tokyo: The Toyo Bunko, 1968: 2/1-2 [Cha, 3a-b]. The reading is also very close to Bu ston, *Rgyud sde spyi'i rnam gzhag bsdus pa rgyud sde rin po che'i gter sgo 'byed pa'i lde mig*, in *Collected Works*, Part 14, repr. L Chandra, New Delhi: International Academy of Indian Culture, 1969: 947-948.

94 *Rgyud sde spyi'i rnam par bzhag pa rgyud ma lus par 'jug pa la rtsod pa spong ba*, 166-171.'Ba' ra ba Rgal mtshan dpal bzang po's (1310-1391) remarks in his *Thar par 'jug pa'i gru bo zab don chos kyi gter mdzod las gsang sngags gsar ma'i rnam bshad kyi dka' 'grel, in A Tibetan Encyclopdia of Buddhist Scholasticism; The Collected Writings of 'Ba' ra ba Rgyal mtshan dpal bzang*, vol. 3, Dehradun: Ngawang Gyaltsen and Ngawang Lungtok, 1970: 547 f., might also be taken into account.

95 'DUL1, 92 [='DUL2, 132-133].

In that connection, linkage is three-fold;
It is stated to consist of essence-foundation and,
Method and what has arisen from the method, the result.

There is no question that the first two lines of this quatrain echo Rin chen bzang po's quotation from the **Māyājālatantra*.

But...enough of this! The point of the above deliberations is to show the profound philological-historical and bibliographical problems that must be confronted once we begin to take a closer look at the multiplicity of our sources and delve below their surface. Even if these manifold issues are well nigh impossible to resolve at present, I would nonetheless argue that they need to be addressed as much as possible, almost *ad nauseam*, before we can venture to ask questions that have more to do with a philosophical or religious interpretation of the texts at hand. Further, and more to the point of this two-part exploration of but a few aspects of Rin chen bzang po's complex work, it is painfully obvious that so much more can and should be done with it. What is quite clear and worthy of further consideration is that, in this treatise, he neither mentions nor addresses the corpus of works that we associate with the Old (*rnying ma*) tantras. And this can hardly be insignificant.

Appendix

Titles of Tantras Belonging to the Four Classes of Tantric Literature in Rin chen bzang po's *Rgyud sde spyi'i rnam bzhag*

At the end of his discussion of the four classes of tantric literature, Rin chen bzang po provides a remarkably complex listing of the titles of the relevant tantras in abbreviated form, in RGYUD, 66-72. One can but be amazed at the immense knowledge Rin chen bzang po must have possessed of the relevant literature. What now follows is this listing, warts and all. To be sure, these lists cry out for further analysis and discussion. The published text distinguishes between what appears to be Rin chen bzang po's work and the annotations found in the manuscript by using smaller type for the latter, and I have done the same in my translation.

A. Action-tantras; RGYUD, 66-68:

Three ways in which these are restricted (*'ching lugs*):

a. Generally and specifically restricted
b. Restricted in terms of *sku*, *gsung* and *thugs*
c. Restricted in terms of the way in which they originated [67]

1. Four general subject tantras

Four general subject tantras	*Legs sgrub pa* – primarily teaches worship, torma, panegyric of worship
	Gsang ba spyi rgyud– primarily teaches mandalas
	Bsam gtan phyi ma – primarily teaches meditation
	Dpung pa bzang po – primarily teaches spiritual behavior

The specific subdivisions of *sku*, *gsung*, and *thugs*, will come below.

2. When they are restricted in terms of *sku*, *gsung*, and *thugs*:

Sku	Basic:	*Gtsug gtor chen mo*
	Explanatory:	*'Jam dpal rtsa rgyud*
		Mngon par byang chub pa
		Gsang bdag rnam par grol ba
		Glu blangs 'jam dpal rdo rje phreng ba etc. – the domain of 'Jam dpal, and further
		Dpung bzang
		Gtsug gtor gdugs dkar
		Rdo rje sa 'og si si ta ka
Gsung	Basic:	*Padma brtsegs pa*
	Explanatory:	*Padma cod paṇ*
		Don yod zhags pa
		Yid bzhin gyi nor bu
		Yid bzhin 'khor
		'Khor lo bsgyur ba
		Zhal bcu gcig pa
		Za ma tog bkod pa
		Rang byung ye shes
		Snying gyur cig pa
		Dam tshig gsum bkod
		Dngos grub bum pa, etc.

Thugs	Basic:	*Rig pa mchog*
	Explanatory:	*Mi 'khrugs pa'i gzungs*
		Phyag na rdo rje dbang bskur ba
		Me lce 'bar ba
		Rngam pa klog
		Drag po sum 'dus
		Gzungs ring rdor rje be con – primarily teaches the pacification of the eight classes
		'Byung po 'dul byed
		Rdo rje rnam 'joms gos sngon
		Sa 'og 'dul ba – primarily teaches the pacification of the *nāga-s* and the lord of the earth (*sa bdag*)
		Gtum po rgyud gsum
		Mnyam pa med [68] *pa*
		Ral pa gyen brjes, etc.
		Mi g.yo ba'i rtog bdun pa
		Rgya mtsho 'khyil ba
		Bdud rtsi 'od
		Bdud rtsi rab 'khyil
		Stobs po che
		Khro bo spyi 'dus
		Bsam gtan phyi ma, etc.
	Sgrol ma	*Sgrol ma mngon 'byung ba*
		Dngos grub bum pa
		Gzungs gra lnga
		Tsun dra
		Lu gu rgyud
		'Od zer can
		Ri khrod ma
		Ku ru kulle'i rtog pa, etc.

3. According to the ways in which they originated:

Sangs rgyas kyi *dbu las*	*Gdugs dkar can*
......jags las	*Padma brtsegs*
.....dpung pa las	*Dpung pa bzang po*

.....thugs las Rig pa mchog
- primarily (*gtso 'khor = gtso bor*)
teaches the supreme spiritual attainment
.....phyag las *Phyag na rdo rje dbang bskur ba*
- primarily teaches the empowerment[s]
.....lte ba las *Su ti ka ra*
- primarily teaches the common spiritual attainments
.....gsang ba la[*s*] *A mo ga pa sha*
.....zhabs las *'Byung po 'dul byed byung ba*

It is said that there are others tantras that issued from these. In brief, among the sutras and the *Gzungs 'bum*, some are called rtog pa (**kalpa*) and some are called gzungs (**dhāraṇī*); there are very many of them.

B. Conduct-tantras; RGYUD, 68:

Basic: *Rnal 'byor mngon par byung ba'i rgyud* – primarily teaches the generation of the Body (*sku bskyed*)

Explanatory: *Kun nas bkod pa*
Rgyan chen po
Rnam par snang mdzad

It is claimed that each of these tantras orginate from the eight good-fortune signs (*bkra shis rtags brgyad*), that is, the eight [?pilgrimage] places (*gnas brgyad*), so there are eight tantras.[96]

Glang po che rol pa bde ba'i myu gu
Rol pa mchog

Some claim: *The Rnam snang sgyu 'phrul dra ba* and the *Gsang ba spyi rgyud* are conduct-tantras, but some do not claim them as conduct tantras; [The sentence ends with: *ngo bor med par yang gnang ngo //*, which I do not understand].

C. Yoga-tantras; RGYUD, 69:

96 I do not quite understand this statement.

Basic: *De kho na nyid*

Khams gsum zil gnon gyi rgyud – primarily teaches *gsung bskyed pa*

Rnam par snang mdzad chen po'i rgyud– primarily teaches *thugs bskyed pa*

As for the *Rnam snang mngon byang rgyud*, there are five[97]:

When one becomes enlightened in the nature of reality and emptiness:

[1] *Stong nyid sgra sgrogs kyi rgyud*

When one becomes enlightened due to the lotus-moon seat:

[2] *Zla ba 'khyil ba'i rgyud*

When one becomes enlightened in the wording of the Speech (*gsung*):

[3] *Phyag rgya yongs su bsgyur ba'i rgyud*

When one becomes fully enlightened in the Body (*sku*):

[4] *Dpe byad yongs su dag pa'i rgyud*

Four sections (*dum bu bzhi*) and explanatory tantra:

Rdo rje rtse mo

Dpal mchog dang po

Sangs rgyas gsang ba

Dam tshig mngon par byang chub pa

Rdo rje sems dpa'i rgyud gsum

Ngan song sbyong ba'i rgyud rtog pa bdun cu:

[1] *'Jig rten pa rtog pa bcu*

[2] *De las 'das pa'i rtog bcu*

[3] *Gang zag dman pa la dgongs pa'i rtog pa bcu*

[4] *Las thams cad la dgongs pa'i rtog pa bcu*

[5] *Mchog sgrub pa'i rtog pa bcu*

[6] *Sku gsung thugs mnyes pa'i rtog pa bcu*

[7] *Dkyil 'khor la 'jug pa'i rtog pa bcu*

D. The supreme, the highest Yoga-tantras; RGYUD, 69-72:

97 Although five are slated to be mentioned, only four are given!

[1] Means-Father (*thabspha*) tantra:

- the basic tantra is the *Guhyasamāja* in ninety-eight chapters

[2] Insight-Mother (*shes rab ma*) tantra

[3] Non-dual tantra

[1] Father tantras

Basic:	*Bum pa*
- explanatory:	*Rdo rje phreng ba* – seems to be (*'dra*)
	Lha mo bzhis zhus pa
	Dgongs pa lung bstan – seems to be (*'dra*)
	Ye shes rdo rje kun las btus pa
	Furthermore, the *Rdo rje mkha' 'gro*, [70] etc.

'phags pa cha mthun pa'i rgyud la / gshin rje gshed dgra nag gdong drug pa la /

Dmar po 'jigs byed

Their explanatory tantras:

Rdo rje mkha' 'gro snyoms par 'jug pa gsang ba'i rgyud
Khro bo bcu'i rgyud
Sngags don gsal bar rdo rje rgyas 'debs
Rdo rje dri med pa
Dbang bskur kun nas bkod pa
Snying po 'byung ba mngon par byang chub pa, etc.

[2] Insight-mother tantras:

From a classification of the *Rdo rje sems dpa' kun nas bkod pa'i rgyud*, the basis of all:

Basic:	*Sku*	*Rgyud dges pa do rje*
	Gsung	*Ma hā ma ya*
	Thugs	*Bde mchog 'khor lo*
	Yon tan	*Thig le chen po*
	'Phrin las	*Rdo rje gdan bzhi*

Here, the basic tantra of the *Dges rdor sku tantra* is the five hundred thousand *śloka* one - it is in the hands of the ḍākinī - the tantra practiced in the human world, the *Brtag pa gnyis pa*

Explanatory-: uncommon	*Mkha' 'gro rdo rje gur*
Explanatory-: common	*Saṃ bhu ṭa*, etc.

From that the need of sixteen types of tantra (*rgyud sde bcu drug*) is shown.

Furthermore:

Ye shes thig le
Ye shes rol pa
Dga' chen ston pa…

Or (*yang nam*) the six tantras:

1. *Bde ba tsakra byin brlabs kyi rgyud*
2. *Dges rdor man ngag gi rgyud*
3. *Ma hā ma ya dam tshig gi rgyud*
4. *Rdo rje gdan bzhi gtsug gi rgyud*
5. *Sangs rgyas thod pa'i rgyud*
6. *Sgyu ma bde mchog gi rgyud*

When the *Bde mchog gi rgyud* is classified: The extensive basic tantra in one hundred thousand chapters; the intermediate one in one hundred thousand ślokas; the summary one in fifty-one chapters.

The neuter tantras (*ma ning gi rgyud*)[98]: The thirty-two basic tantras such as the *Dus kyi 'khor lo'i rgyud* and the *Dur khrod rgyan*, etc. and the countless ancillary tantras (*yan lag gi rgyud*). It is stated[99]:

98 This is a highly unusual category and requires further exploration.

99 I have not been able to identify the origin of this quotation. Rje btsun Grags pa rgyal mtshan has the last two lines in his *Dpal he ru ka'i 'byung tshul*, in *Sa skya bka' 'bum,* vol. 3, no. 37, ed. Bsod nams rgya mtsho, Tokyo: The Toyo Bunko, 1968: 300/2 [Ja, 256b].

The basic tantra is three-fold.
The explanatory tantras are thirty-two [71]
The ancillary tantras are countless.

Two basic tantras, the extensive *Rig pa rya mtsho* tantra. What is known as the *Rnam pa* are in the hands of the *ḍākinī*. Its subsequent text, the *Dpal mngon par mi snang ba'i tshig rkang 'bul ba.*[100] Its subsequent text, *Kha sbyor rgyud* and *Bla ma*; it is said[101]:

The explanatory tantras are claimed to be five-fold.

What derives from the *Nges brjod bla ma of Bde mchog* and the *Mkha' gro kun spyod* and ?

……………..…kun nas bkod pa
De bzhin gshegs pa'i sku gzugs, etc.

The *gsung gi rgyud*:

Basic tantra:	*Sgyu 'phrul chen mo* in three chapters
Explanatory tantras:	*Gsang ba chen mo*
	Khu yug rol pa
	Grags pa bzang po
	Ye shes mchog, etc.

The *thugs kyi rgyud*:

Basic tantra:	*Dpal nam kha' dang mnyam pa* in one hundred thousand [*śloka*-s]…*Bde mchog*
	Its subsequent texts *Mngon par brjod pa*
	Byin rlabs kyi rog pa in one hundred thousand *śloka*-s
	Its subsequent texts: One in fifty-one chapters
	Ming in one hundred thusand [*śloka*-s]

100 I have the feeling we must read here *tshig rkang 'bum pa*, "one hundred thousand lines."
101 I have been unable to identify the origin of this quotation.

Explanatory tantras: *Dgongs pa rab 'byams pa ston pa mkha' 'go ... bde mchog ma Kun spyod chen mo*
Rdo rje slob dpon dang slob ma'i las ston pa He ru ka...bde mchog sngon 'byung
Bskyed rim ston pa...bde mchog Nges brjod bla ma
Rdzogs...bde mchog rim dang las tshogs 'ba' zhig ston pa Phag mo sngon 'byung
Las tshogs lho na ston pa Las rgya mtsho
Mngon gcod ston pa Dus 'byung ba
Slob dpon gyi bya ba ston pa Sdom pa rgya mtsho
'Phrin las bzhi ston pa Sngags kyi rgya mtsho
Dbang bzhi ston pa Lta ba'i rgya mtsho
Rlung gi las sdom pa las 'byung...bde mchog dang brgyad do ba
Brtul zhugs ston pa Sangs rgyas thod pa
Yon tan bcu gnyis dang sgo [72] *bstun pa sbyangs pa rol pa gnas pa la sogs pa las gdams pa*
The twenty-four *A ra li*

The *yon tan gyi rgyud*:

Basic tantra: *Phyag rgya chen po ye shes thig le*
Saṃ bhu ṭa bde rgyas thun mong gi rgyud
Explanatory tantras: *Sangs rgyas mnyam sbyor*
Thig le kun 'byung
Khro bo rol pa
Dpal mchog bde ba
Rab tu gsal ba, etc.

The *'phrin las kyi rgyud*:

Basic tantra: *Gser gyi char ba*
Subsequent tantra: *Rgyan chen po*
Explanatory tantra: *De nyid rnam gsal*
'Jig rten mnyes pa
Yid bzhin 'khor lo
Don yod rgya mtsho
Ye shes mkha' 'gro, etc.

[3] Non-dual tantras:

'Jam dpal and *Dus 'khor*

As for *'Jam dpal*:	*'Jam dpal rtsa ba'i rgyud*
	'Jam dpal sgyu 'phrul dra ba
Explanatory tantra:	*Rdo rje phreng ba*
	Rdo rje grub pa
	Don yod pa
	Gsang rgyud, etc.
	Some claim these to be conduct-tantras; some claim them to be ritual-tantras.

As for *Dus kyi 'khor lo*

Basic tantra:	*Dam pa dang po*
	The summary derived from it in five chapters
Explanatory tantra:	*Sangs rgyas 'byung ba*
	Thod pa'i rgyud che chung
	Dum bu nye bar bzhag pa, etc.

Abbreviations:

BKA' *Bka' 'gyur [dpe sdur ma]*, ed. Krung go'i bod rig pa zhib 'jug lte gnas kyi bka' bstan dpe sdur khang, 108 vols., Beijing: Krung go'i bod rig pa dpe skrun khang, 2006–2009.

BSTAN *Bstan 'gyur [dpe sdur ma]*, ed. Krung go'i bod rig pa zhib 'jug lte gnas kyi bka' bstan dpe sdur khang, 120 vols., Beijing Krung go'i bod rig pa dpe skrun khang, 1994–2008.

'DUL1 'Dul 'dzin Mkhyen rab rgya mtsho, *Sangs rgyas bstan pa'i chos 'byung dri lan nor bu'i phreng ba*, Gangtok: Dzongsar Chhentse Labrang, 1981.

'DUL2 Ibid., Thimphu, 1984.

MI1 Karma pa VIII Mi bskyod rdo rje, *Gsang sngags snga 'gyur las 'phros pa'i brgal lan rtsod pa med pa'i ston pa dag bstan pa'i byung ba brjod pa drang po'i sa bon*, in *Bka' brgyud pa'i brgal lan dang dris lan phyogs bsgrigs*, comp. Dam chos zla ba,

Beijing: Mi rigs dpe skrun khang, 2009: 55-104.

MI2 Ibid., *Collected Works*, vol. 3, ed. Karma Bde legs, Lhasa: 2004: 351-486.

RGYUD Lo tsā ba Rin chen bzang po, *Rgyud sde spyi'i rnam par bzhag pa 'thad ldan lung gi rgyan gyis spras pa*, in *Sngon byon sa skya pa'i mkhas pa rnams kyi rgyud 'grel skor*, vol. 1, Kathmandu: Sa skya rgyal yongs gsung rab slob gnyer khang, 2007: 1-77/78.

SDE *The Tibetan Tripitaka. Taipei Edition* [= Sde dge xylograph, vdK], ed. A.W. Barber, 72 vols., Taipei: SMC Publishing Inc., 1991.

SOG1 Lha rje Blo gros bzang po/Sog bzlog pa Blo gros rgyal mtshan, *Rgyal ba'i dbang po karma pa mi bskyod rdo rjes gsang sngags rnying ma ba rnams la dri ba'i chab shog gnang ba'i dris lan lung dang rigs pa'i 'brug sgra*, in *Two refutations of Attacks on the Nyingmapa School*, repr. Sonam T. Kazi, Gangtok, 1971: 1-173.

SOG2 Ibid., *Rgyal ba'i dbang po karmā pa mi bskyod rdo rjes gsang sngags snying ma ba* [read: *rnying ma pa*] *rnams la dri ba'i chab shog gnang ba'i dris lan lung dang rig*[*s*] *pa'i 'brug sgra*, in *Collected Writings of Sog bzlog pa Blo gros rgyal mtshan*, vol. II, New Delhi: Sanje Dorji, 1975: 1-143.

SOG3 Ibid. "*Rgyal ba'i dbang po karma mi bskyod rdo rjes gsang sngags rnying ma pa rnams la dri ba'i chab shog gnang ba'i dris lan lung dang rigs pa'i 'brug sgra*," *Sngags mang zhib 'jug* 1, 2002: 93-117; Ibid., *Sngags mang zhib 'jug* 2, 2002: 123-145.

◆ Author: Leonard W.J. van der Kuijp, Professor, Harvard University.

The Sectarian Formation of Tibetan Vegetarianism: Identifying the First Polemic on Meat-eating in Tibetan Literature*

Yangxian Jia (Nyangshem Gyal)

Abstract: This paper aims to explore the sectarian features of Tibetan vegetarianism and illustrate its influence on the practice and spread of vegetarianism in Tibetan history. Much is known about vegetarianism in contemporary Tibet, and several articles have been devoted to its investigation. Yet almost all of these articles tell us relatively little about some important historical aspects of Tibetan vegetarianism, namely: about the popularity of vegetarianism in some Tibetan Buddhist schools and the lack of it in others; about the shift of arguments to pro-vegetarianism during different periods; and about the geographical differences in Tibetan vegetarianism. This paper will provide a fairly comprehensive, but by no means exhaustive, overview of these informative gleanings and demonstrate that these already mentioned aspects have their roots in the sectarian features of Tibetan vegetarianism to some degree.

* This paper is part of my MA thesis at Jagiellonian University in Krakow, Poland, and thus, I would like to show my great gratitude to Prof. Joanna Grela, who has been my MA supervisor from September 2014 to July 2016. Without her consistent guidance and encouragement, I think I would not have finished my MA thesis. In addition, I would also like to express my great thanks to Dr. Gerald Roche, who has offered countless help throughout the years; he has not only corrected my English, but also offered valuable comments and questions with regard to the topic. Without his great help, I would not have been able to complete this paper. Parts of the results of this paper have been presented at the 14th Seminar of the International Association for Tibetan Studies (IATS), June 19-24, 2016, Bergen, Norway.

Therewith, this paper will argue that the sectarian formation of Tibetan vegetarianism explains a great deal of the historical trajectory of Tibetan vegetarianism, as well as its spatial distribution today.

Introduction

Unlike in Chinese Buddhism, while vegetarian cuisine never became standard for Tibetan Buddhist monks, it did become a problematic topic, and polemics upon it appeared with some frequency throughout Tibetan history. One of the puzzles of Tibetan Buddhist history, then, is why Tibetan Buddhists argued over vegetarianism with such enthusiasm, a debate that had wide repercussions, yet demonstrated less willingness to practice vegetarianism *per se*. Here, I attempt to provide some clues to answer this question by presenting the sectarian features of Tibetan vegetarianism.

By "sectarian features" I mean that vegetarianism might have been practiced by all the Buddhist schools in Tibet, yet I found that the lack of it in Geluk (dge lugs) tradition is surprisingly evident compared to other Buddhist schools.[1] If vegetarianism had been traditionally practiced by all Tibetan Buddhist schools, then its absence in the Geluk tradition would be an exception. Our knowlede of sectarianism in Tibetan vegetarianism can be filled in with information gleaned from two types of Tibetan texts: texts on the faults of meat, and texts in defense of meat. The latter type especially forms the heart of this paper. Texts on the faults of meat appear in Tibetan literature with some frequency, though I am not aware of any such texts from Geluk scholars. Conversely, I have encountered some meat-defending texts that were composed by Geluk masters.

In order to examine the sectarian features of Tibetan vegetarianism, I will first demonstrate the fact that the practice of vegetarianism among the Geluk was, indeed, rare prior to twentieth century, compared with other the norms in Tibetan Buddhist schools. The exploration of this phenomenon would also serve as an opening remark for the main discussion of this article: the sectarian features of Tibetan vegetarianism, which would then allow us to understand the main arguments on the theme—meat or no meat—over time and across places in Tibet. In addition, this will enable us to visualize what rhetorical strategies Tibetan Buddhists adopted in order

1 The practice of vegetarianism in Geluk is very rare, and its conscious anti-vegetarianism or meat-defending position was fairly consistent until the end of twentieth century. However, the pattern becomes much more complex in contemporary Tibet, where Geluk still holds a meat-defending position while starting to practice vegetarianism in its monastic kitchens, passively synchronized with the recent mainstream — vegetarian — movement in the Kham area. However, there is not enough space in this paper to conduct research on the contemporary aspects of Tibetan vegetarianism, and it will retain relatively more focus on the historical aspects of Tibetan vegetarianism. With regard to the issues around vegetarianism in contemporary Tibet, see the details in Gaerrang (Kabzung), 2016: 1-17; Katia Buffetrille, 2014: 113-128; and Gaerrang (Kabzung), 2011: 31-43.

to argue for and against the idea of vegetarianism. This paper will restrict itself to Tibetan textual resources relating to debates around meat consumption, as well as to the fieldwork that I conducted in three distinctive places in contemporary Tibet, namely: Rebgong (reb gong), Pema (pad ma), and Serda (gser rta) county.

1. Sectarian Polemics Around Tibetan Vegetarianism

Both Western and Tibetan scholars have done research on the subject of Tibetan vegetarianism over the last six years; some of this research has already been published, and almost all of it has agreed that vegetarianism is a controversial topic among Tibetans and investigated why this is so. This is especially true of Katia Buffetrille's (2014) article "A Controversy on Vegetarianism", in which she explores how idealized vegetarianism is contradictory to the realities of Tibetan life (especially nomadic lives). Furthermore, Geoffrey Barstow's (2013) unpublished Ph.D. dissertation, *The Food of Sinful Demons: A History of Vegetarianism in Tibet* gives great insight into the historical aspects of Tibetan vegetarianism, particularly with its investigation into the religious calls for vegetarianism and the cultural and environmental factors that prevented such a diet in Tibet. Gaerrang's (2011) article, "The Alternative to Development on the Tibetan Plateau: Preliminary Research on the Anti-Slaughter Movement," also examined some controversial issues around vegetarianism in modern Tibet. While the main focus of his work was the 'anti-slaughter movement' in the Kham areas, the appeal of vegetarianism is deeply associated with the anti-slaughter movement. These three works give us deep insight into the controversial aspects of vegetarianism in contemporary Tibet. Nevertheless, none mention the sectarian features of the issue, which I have found to be one of the most vital factors in understanding the controversy around Tibetan vegetarianism.

Furthermore, recent publications on Tibetan vegetarianism have made plentiful references to pro-vegetarian arguments, yet none have examined any meat-defending texts that are from pre-modern Tibet. Such texts are significant, since they not only give a clear vision of the arguments for and against meat consumption in pre-modern Tibet, but also tell much about the situation in modern Tibet too. I, therefore, decided to conduct the translation of such sources into English.[2] The following passages will provide a longer, more complex answer, exploring the multiple polemics around both meat-defending and pro-vegetarianism.

Geoffrey Barstow's already-mentioned Ph.D. dissertation offers a broad and important insight into the historical background of Tibetan vegetarianism, and it is especially dedicated to searching for the strong relationship between vegetarianism and monasticism in Tibet. My discussion is also indebted to Barstow, who suggests that while vegetarianism may have been

2 Throughout this article, except for one portion of the references that I have noted as others' translations, all translations of Tibetan literatures are mine, even if other versions have been previously published. The provenance of these original texts is provided in the bibliography.

more popular among one school or another at any time or place, it has overall been practiced and upheld by representatives of all the schools of Tibetan Buddhism. Unlike Barstow, who discusses the history of Tibetan vegetarianism based upon pro-vegetarian texts and accounts, the focus of my investigation is to explore the polemics around vegetarianism by examining both pro- and anti-vegetarian perspectives and texts. Furthermore, I explore how those different perspectives influenced the development of vegetarianism later in Tibet.

This article, to a large extent, has its roots in reading and analyzing three lengthy meat-defending texts that are from the Geluk school. They are: (1) Khedrup Je's (mkhas grub dge legs dpal bzang, 1385–1438) meat-defending text that is contained in his work *The Elimination of the Mistakes around the Three Vows* (thub bstan byi dor), which I found is most probably the earliest such text in Tibetan literature; (2) Gedun Drubpa's (dge 'dun grub pa, 1391–1474) text, *The Answers to Namgyal Drakpa's Questions* (*ta'i si tu rnam rgyal grags pa'i dri ba'i lan*), where he also provides deep insights into the debates around vegetarianism; and (3) another text that I have recently become aware of, *The Examination of the Allowance and Proscription of Meat and Alcohol Among Buddhists* (*Sang srgyas chos lugs pas sha chang sbyod rung mi rung gi don bshad pa*) by Alak Dorshi (a lags dor zhi, 1947–), a prominent Geluk scholar from Amdo. On the other hand, in order to confront two opposing ideas on meat eating, I also studied some of the important pro-vegetarian texts, for instance, Ngorchen Kunga Zangpo's (ngor chen kun dga' bzang bo, 1382–1444) text on the faults of meat: *A Letter to Benefit Students* (*spring yig slob ma la phan pa*).

1.1 Khedrup Je's Meat-Defending Text

Compared with other Tibetan Buddhist schools, there is little evidence that the Geluk masters have practiced vegetarianism or hold the vegetarian position as firmly as others; in contrast, several masters have actually legitimized meat-eating among their followers, including figures like Khedrup Je, Gedun Drubpa, and Alak Dorshi, who have composed strong arguments defending meat-eating. Particularly significant are figures like Khedrup Je, one of the earliest lineage heirs of the Geluk School, whose text was the earliest one in defense of meat-eating among the Geluk and probably the earliest in Tibetan literature as a whole. It is, therefore, though lengthy, worth reproducing here. In order to save space, I provide only selected excerpts.

> If someone asks what the permitted and forbidden things for monks are, some would say, "Monks should not be eating meat; slaughterers only arise for the sake of meat-sellers and others who supply those who eat meat. If no one ate it, butchers would not appear. Therefore, these so-called meat eaters are very involved in misdeeds. The same bad karma arises as with butchers."
>
> They should be asked, "In which Vinaya is meat forbidden to monks? If a monk

eats meat, does a fault arise or not arise?" If it doesn't arise, then [saying this] is a corruption of the Vinaya. If it does arise, then does the Vinaya say it is a defeating act? A major fault? An abandoning downfall? A solitary fault? A fault requiring individual confession? A misdeed? Which? In the first case, there are five defeats. In the second case, there are fourteen major faults. In the third case, there are thirty-one abandoning downfalls. In the fourth case, there are ninety-one solitary faults. In the fifth case, there are five faults requiring individual confession. In the sixth case, there are one hundred and thirteen misdeeds. It must be among the 254 trainings![3]

On the other hand, someone might say, "It is in the misdeeds of the 'gathered sources.'" In that case, tell us which of the seventeen basic precepts[4] [gzhi bzu bdun] explains that it is a fault! In which of the basic precepts of the Vinaya of the Conqueror is meat explained to a fault for monks? Say this. Was it made training or not? If it is not made [a training] then it is in contradiction with those trainings that have been made. If it was made, then tell us about the place and time when it was made, and by whom? If you look in the texts of the Vinaya and its commentaries, you won't find it anywhere. We can also do without explicitly refuting this. The refutation comes in the perspective of concordance. It is true that it has been taught that.[5]

This is the beginning of the text, where Khedrup Je's arguments place a heavy emphasis on the discussion one finds in *The Foundation of Vinaya* (*'dul ba mdo rtsa*). However, he rarely mentions the *Laṅkāvatāra Sutra* (*lang kar gshegs pa'i mdo*) or the *Mahāparinirvāna Sūtra* (*myang 'das kyi mdo chen mo*), where meat was explicitly prohibited by the Buddha. While this does not necessarily indicate that Khedrup Je was unaware of these Mahayana scriptures; it does show the great emphasis that he placed on the study of Vinaya and the practice of monastic disciplines. In addition, at the beginning of this text, Khedrup Je used the word *Khachik* (*kha chig*), literally means "others" or "opponents", which is a terminology that frequently appears during monastic debates and is used in situations when one disagrees with others' opinions. Therefore, I suspect that this term represents Khedrup Je's opponents rather than his own hypothetical analysis. In other words, it indicates that there must have been some Tibetan scholars holding the ideas that he disagreed with.

---

3 I am grateful for the assistance of Geoffrey Barstow in translating this short portion of Khedrup Je's text.

4 The "seventeen basic precepts" are the basic precepts of cultivation for an ordained monk. There is one precept for obtaining the vows not yet obtained; nine precepts for protecting the vows already obtained; and seven precepts for purifying the transgressed vows. See details in *The Foundation of Vinaya Sutra*.

5 Rje tsong kha pa sogs, *The Fragment Collected Works of Je Tsongkhapa, Khedrup Je and Gyaltshob Je*, 1999: 331–332.

1.2 Ngorchen Kunga Zangpo's Text on the Faults of Meat

We should then ask, who are Khedrup Je's opponents in his text? There is no clear answer within the text itself, and Khedrup Je did not even provide a single name of either the schools or individuals who opposed him. Nonetheless, in order to explore this question, I then reviewed the pro-vegetarian literatures in Tibet prior to Khedrup Je, as well as during his period, and tried to find out whether or not some pro-vegetarian texts explicitly opposed Khedrup Je's position.

There were actually several pro-vegetarian texts during the same period as Khedrup Je, as well as prior to him. Ngorchen Kunga Zangpo, for instance, was the founder of the Ngor branch of the Sakya (sa skya) school. He was Khedrup Je's contemporary and wrote a text explicitly criticizing meat-eating—*A Letter to Benefit Students*—of which two third discussed the faults of meat-eating. It seems to me that this text gives great insight into the arguments in favor of vegetarianism, and considering that Khedrup Je's defense of meat-eating might be a response to Ngorchen Kunga Zangpo's text, it is, therefore, worthwhile to reproduce some portions of the text here.

> In the time when one gains the precious human body – the most and only physical form of embodiments of enlightened body, speech and mind – in order to practice Bodhicitta, one ought to practice the correct view of understanding the existence of cause and effect, as well as to perform correct/pure conduct. Yet, some unwise practitioners are unrestrainedly drinking alcohol and eating slaughtered meat [bsad sha],[6] and even argue that this is permitted by the Vinaya, and in the Vajaryana vehicle. These people are not only involved in misdeeds, but also leading others to such evil deeds. These people must have followed bad teachers, which would become the cause of the collapse of one's practice. Therefore, here I am going to conduct an argument against such ideas in three ways: the faults of drinking alcohol, the faults of eating slaughtered meat, and the proscription of both meat and alcohol in Vajrayana.[7]

This short passage is the opening remark of Ngorchen Kunga Zangpo's text, where he structures his arguments around the three sets of vows that Tibetan monks take. Two sections are dedicated to a discussion of the faults of meat according to each set of vows, and within other sections, he discusses the faults of both meat and alcohol accordingly. In the following passage of his text, Ngorchen Kunga Zangpo highlights the faults of meat:

6 Meat from an animal that has been intentionally killed, which is distinct from the meat of animals that have died naturally.

7 Ngor chen kun dga' bzang po, 2010: 315-316.

We read in the Mahāparinirvāna Sutra: "to offer somebody alcohol, poison, weapons, and slaughtered meat is evil charity." Some might argue that monks are allowed to eat slaughtered meat under the three circumstances as the Vinaya states. However, this is an exceptional choice, not a definitive teaching of the Buddha. For instance, if a monk is sick, and without eating meat would probably die, then the monk can eat it as a medicine. Other than that, monks shouldn't be eating [meat that satisfies the conditions of] threefold purity. In the Mahāparinirvāna Sutra, Kasyapa asked, "In the past, why did the Tathagata [the Buddha] permit the consumption of meat examined in the three ways?" The Buddha replied, "Kasyapa, I allowed the consumption of meat examined in the three ways as a means to gradually eliminate meat eating." Therefore, we should understand Buddha's teaching fully.[8]

In this passage, Ngorchen Kunga Zangpo discusses two vital arguments. First, he suggests that monks should not eat slaughtered meat even under the conditions of threefold purity. Second, he cites an account from the *Mahāparinirvāna Sutra* and argues that the rule of threefold purity is a provisional rather than a definitive teaching of the Buddha.

Interestingly, Ngorchen Kunga Zangpo uses the term "slaughtered-meat" (bsad sha), instead of the term "meat" (sha) in general, which probably indicates that Ngorchen Kunga Zangpo tolerated the consumption of *shisha* (*shi sha*), "non-slaughtered meat", or meat from an animal that has died of natural causes, such as being killed by wolves, etc. Therefore, though Ngorchen Kunga Zangpo criticizes meat-eating firmly, he does accept the consumption of non-slaughtered meat. The practice of refrain from eating *sadsha*, or only consuming *shisha*, could be seen as a strategy to push towards vegetarianism, allowing Tibetans to eat meat free from killing. This is also the case in modern Tibet, especially in nomadic areas.

I conducted seven days of fieldwork in July 2015 in Pema (pad ma) county,[9] a Tibetan nomadic area between Amdo and Kham, currently located in Guoluo prefecture, Qinghai province, China. During this time, I became aware that many local Tibetans were only consuming *shisha* rather than practicing vegetarianism *per se*. Among my interviewees, an old

8 Ngor chen kun dga' bzang po, 2010: 325-326.

9 As a "border minority" between Amdo and Kham, Pema has inevitably been influenced by both sides. Compared to other areas, Pema is the one of the most diverse places in Amdo in terms of religiosity. More than five different religious traditions have practiced Buddhism in Pema; Geluk, Sakya, Kagyu, Nyingma, as well as Jonang, and yet the dominant school is the Nyingma tradition. Pema is the only place in Amdo where individuals and institutions participate in the "vegetarian movement" to the same degree as the Kham areas. Meat consumption is somehow stigmatized by religious interpretations. Therefore, the local slaughterhouse in Pema collapsed in 2007. There are only two butcher shops in the town, set up by Chinese businessmen from Sichuan province. Pema is geographically part of Amdo, but religiously more influenced by the Kham area. Therefore, is a very interesting place to investigate the complexity of vegetarianism in contemporary Tibet.

Figure 1. Two Tibetans selling *shisha* on the street of Pema town.
Yangxian Jia (Nyangshem Gyal) [2015]

Tibetan man told me that for about five generations, his family had been practicing the tradition of only consuming *shisha*. He himself had also been practicing this rule for his whole life. One day, I encountered two Tibetan young men who were selling meat on the town street. When I approached them, they realized that I am a Tibetan, too. So, they explained to me that the meat they were selling was *shisha*, which was from a yak that had been killed by wolves (See Fig. 1).

As can be seen, shisha consumption is also practiced in contemporary Tibet. When I became aware that this practice was popular in some Tibetan areas, my suspicion was that it was probably only a contemporary phenomenon. However, thanks to Ngorchen Kunga Zangpo's writing, I realized that it was also a pre-modern practice among Tibetan Buddhists, at least since the fifteenth century. This shows how historical sources could illuminate contemporary practices.

1.3 The First Polemic on the "Meat or no Meat" Theme in Tibetan Literature

As can be seen, Ngorchen Kunga Zangpo's arguments on the faults of meat were all firmly refuted by Khedrup Je. In addition, Khedrup Je and Ngorchen Kunga Zangpo carried out several intense polemical exchanges over the interpretation of the Hevajra body *mandala*, which were also fueled and intensified by several later arguments.[10] Therefore, my suspicion

10 On the polemics between Khedrup Je and Ngorchen Kunga Zangpo, see: Jorg Heimbel, 2015: 249-289.

is that Khedrup Je's meat-defending text could be a rejoinder to Ngorchen Kunga Zangpo and his lineage heirs. If this is the case, it was probably the first polemic on vegetarianism in the history of Tibetan literature. Therefore, Khedrup Je's arguments are important enough to quote here too:

> In addition to certain proscriptions, "*The Foundations of Vinaya*" states that "[monks] are allowed to eat the meat which satisfies the threefold purity. And meat is generally prohibited if it did not attain threefold purity." The threefold are; when [monks] have seen, heard or suspected that the meat was slaughtered for themselves. So if any of these criteria is incomplete, then the meat did not have threefold purity, and vice versa.
>
> In "*The Foundation of Vinaya*" it says, "It is not to be eaten if [monks] are aware that the meat was slaughtered for themselves." In its extensive commentary, it also clarified that "If [monks] have seen, heard or suspected that the patron has slaughtered the animal for specific [monks], then [monks] should not eat the meat. Other than that, it is even allowed to take and eat the meat from slaughter house or butcher shops if it is the permitted meat." Here "permitted meat" means possessing the threefold purity.
>
> Some foolish people argue that all slaughtered meat does not attain the threefold purity and is thus forbidden. These people aren't even aware of one single sentence of the "Extensive Commentary of the Vinaya." If all slaughtered meats are not allowed, then think about why the Vinaya proclaimed that, "It is allowed to take and eat the meat from slaughterhouse or butcher shops if it is the permitted meat."
>
> If some argued that such meat is only for curing sickness, then it [Vinaya] should be clearly stating the word "sick" instead of generally saying "monks", which the Vinaya did not. For the sick, meat would even have been allowed if it hadn't attained threefold purity. In the "*Extensive Commentary of the Vinaya*" it said, "There will be no impure karmic consequence if the consumption of meat is on the ground of curing illness. For instance, it is not to eat if [monks] are aware that the meat is slaughtered for themselves, but there is an exception if it is for curing illness." Therefore, the idea that the regulation of threefold purity is for sick is a lie to fool people.[11]

Now, it becomes very clear that Khedrup Je was largely disagreeing with Ngorchen Kunga Zangpo's arguments. First, he argued that the *Vinaya's* rules on threefold purity is a definitive

11 Rje tsong kha pa sogs, *The Fragment Collected Works of Je Tsongkhapa, Khedrup Je and Gyaltshob Je*, 1999: 332-333.

meaning of the teaching, and demonstrated that the rule is not only for the sick, but for all monks. While Khedrup Je did not analyze the Buddha's accounts in the *Mahāparinirvāna Sūtra*, where the Buddha claimed that his allowance on threefold purity is a provisional regulation, aimed at gradually eliminating meat-eating, he did disagree with people who hold such an idea, and argued that if the rules on threefold purity in the *Vinaya* is not a definitive proclamation, then all monastic disciplines in the *Vinaya* should be the same.

In addition, Khedrup Je also argued that slaughtered meat is suitable as long as it attains the threefold purity. From Khedrup Je's point of view, we can see that he considered the meat from butcher shops to conform to the regulation of threefold purity, and thus, allowable for monks to consume. In comparison, from Ngorchen Kunga Zangpo's standpoint, no meat is to be eaten if it requires intentional killing. From Ngorchen Kunga Zangpo's point of view, the action of killing animals and eating meat are at the same level of fault, since he thought that killing would mostly not occur if people did not eat meat, which again is strongly disproved by Khedrup Je:

> It is true that it has been taught that killing is unsuitable. And, for the sake of consistency with that, one may think that meat does not usually arise without the taking of life. Well, in that case, leather boot soles and leggings would be unsuitable. These also do not usually arise without the taking of life. If you assert that these are also unsuitable, then you have corrupted the rules regarding suitability. There will not be a legitimized school at all. There are many more examples like this.[12]

In this part of his text, Khedrup Je has strongly rejected the idea of equating the faults of killing and meat consumption. While this alone might not indicate Khedrup Je's meat-defending position, it demonstrates that these two activities—killing animals and eating meat—are different, and they at least have different levels of faults. Khedrup Je argues that meat-eating is entirely different from the act of killing, such that according to his point of view, the person who kills an animal is solely responsible for the death of that animal. In contrast, the person who buys or consumes the meat after the death of the animal is not responsible for the karmic outcomes, or at least not responsible at the same level as the slaughterer, since this meat attains threefold purity.

While Barstow states that the idea that eating meat is wholly separate from killing an animal has been current at many points in Tibetan history, he claims that he has yet to find any Tibetan texts that actually promoted this idea.[13] Given that Khedrup Je differentiated the

---

12 Rje tsong kha pa sogs, *The Fragment Collected Works of Je Tsongkhapa, Khedrup Je and Gyaltshob Je*, 1999: 331-332.

13 Geoffrey Barstow, 2013b: 88.

activity of eating meat and killing animals in the fifteenth century, there is little doubt that such an idea has been promoted for a long time, at least from the fifteenth century.

I perceived that many Tibetans supported this idea during my fieldwork in Amdo, where most informants agreed that meat from butcher shops all met the conditions of threefold purity. Nonetheless, informants from Kham frequently drew a distinction between meat that comes from animals that have been intentionally slaughtered and meat that comes from animals that have died naturally. Such clues alerted me to the possibility that there was an invisible trend, in which the practice of only consuming shisha was more familiar in Kham areas than in Amdo, but that the pattern might not hold if detailed investigations were conducted. There is, unfortunately, no room for investigating such a research question—a comparison of vegetarianism between Kham and Amdo—in this article, which I aim to investigate further in another article in the near future.

Before pursuing further analysis of Khedrup Je's text, I would like to examine the argument that Khedrup Je himself was a pro-vegetarian. This occurred to me after I studied Barstow's (2013) dissertation, where he argued that Khedrup Je was a pro-vegetarian, along with figures such as Dolpopa (dol po pa, 1292–1361), Karmapa Rolpe Dorje (karma rol pa'i rdo rje, 1340–1383) and Ngorchen Kunga Zangpo.[14] Barstow argued that Khedrup Je is perhaps the most prominent example of pro-vegetarianism among the Geluk, based on Khedrup Je's following quotation: "Some say, the Vinaya says it is suitable to eat meat out of desire for the taste. We would never say this. Even in a dream, I would never say this is not a fault."[15] Other than this, Barstow did not provide any further evidence to demonstrate Khedrup Je's pro-vegetarianism.[16]

This short reference comes from Khedrup Je's meat-defending text which I have translated. While Khedrup Je might appear pro-vegetarian if one only examines this single excerpt, it is clear from the broader context that this reference indicates Khedrup Je's categorical avoidance of meat consumption rather than his pro-vegetarianism. This is suggested in another part of his text:

> In addition to this, it is very clear that meat was permitted [to monks] by the Vinaya. In *The Foundation of Vinaya Sutra* it states that "[monks] are not to eat the meat

14 Geoffrey Barstow, 2013a: 49.

15 Geoffrey Barstow, 2013a: 72.

16 In his Ph.D. dissertation, Barstow mentioned that he quoted this reference from another article, so it seems that Barstow was not aware of Khedrup Je's meat-defending text until I pointed it out for him. As far as I am concerned, the book based on his dissertation, *Food of Sinful Demons: Meat, Vegetarianism, and the Limits of Buddhism in Tibet* will be soon published by Columbia University Press. It remains to be seen whether or not he will examine Khedrup Je's text in his upcoming publication.

[fragment] which has been eaten by a tiger, or to eat the flesh of the elephant, horse, or serpent. They are forbidden to eat odd-toed ungulates, fox, monkey, woodpecker, crow, vulture, waterfowl, dog, hawk and owl, and may not eat those birds who eat human corpses, or virtuous/white birds, bats, lizards, mules and insects." In its [the Vinaya's] *extensive commentary* it also said that "those meats are not to be eaten if one is aware of it." So it is clear to understand that such proscriptions indicate that meat can be eaten [by monks] as long as it is outside of this category. Otherwise, if meat needed to be forbidden in general, then why should the Buddha specifically proscribe certain types of meat?[17]

In this part of his text, Khedrup Je argues for the avoidance of the categorical proscription of meat consumptionin *The Foundation of Vinaya*. He explains that this proscription indicates that the Buddha actually allowed monks to eat meat from outside of these categories. Interestingly, Kieschnich has also shared similar thoughts in his article "Buddhist Vegetarianism in China," where he compiled several commentaries on certain proscriptions of meat-eating from Vinaya: "The same two sets of regulations contain discussions of various types of animal flesh that monks are to avoid. Monks, the Buddha proclaims, are not to eat elephant, horse, serpent, dog, or human meat. Such proscriptions suggest that monks commonly consumed other kinds of meat."[18]

Having said all that, Khedrup Je did also argue that eating meat while growing attached to its taste was unsuitable as a Mahayana practitioner, instead of arguing that Mahayana practitioners should abandon meat. However, unlike other pro-vegetarians such as Ngorchen Kunga Zangpo, Shabkar (zhabs dkar tshogs drug rang grol, 1781–1851) and Jigme Lingpa ('jigs med gling pa, 1730–1798), the evidence of Khedrup Je's pro-vegetarianism is rare, at least in his written work. On the contrary, he conducted detailed arguments in defense of meat-eating, especially with regard to legitimizing the consumption of meat under the conditions of threefold purity, and his arguments for threefold purity kept the same tone throughout the text. All these clues suggest to me that Khedrup Je was neither vegetarian nor pro-vegetarian, and I would therefore cast doubt on Barstow's argument for Khedrup Je's pro-vegetarianism.

While researching my MA thesis on Khedrup Je and Ngorchen Kunga Zangpo's disputes on vegetarianism, I noticed that the polemical exchanges between them also played an important sectarian role in terms of establishing each one's doctrine texts (*yig cha*); this is especially true in terms of Khedrup Je's writings.[19] The sectarian aspect of the polemical literature between Khedrup Je and Ngorchen Kunga Zangpo has already been pointed out by Jorg

17 Rje tsong kha pa sogs, *The Fragment Collected Works of Je Tsongkhapa, Khedrup Je and Gyaltshob Je*, 1999: 332.

18 John Kieschnick, 2005: 188.

19 Yangxian Jia (Nyangshem Gyal), 2016.

Heimbel, who stated that "In general, the dispute (between Khedrup Je and Ngorchen Kunga Zangpo) was not merely polemical exchange written in a cutting tone, but was also conducted from a sectarian standpoint, which shaped the religious realities of fifteenth-century Tibet."[20] Nevertheless, Heimbel did not specifically mentioned their polemics over vegetarianism, and I argue that these were the origin of the formation of sectarianism in Tibetan vegetarianism.[21]

1.4 Gedun Drubpa's Meat-Defending Text

As mentioned earlier, Khedrup Je was not the only one of Geluk lineage who defended meat-eating. Gedun Drubpa, another prominent Geluk scholar from the same period as Khedrup Je, also argued that monks could eat meat that had attained threefold purity. Unlike Khedrup Je's text, which neither mentioned specific names of Tibetan Buddhist schools nor individuals, Gedun Drubpa's work in defense of meat-eating was a direct response to questions he received from Namgyal Drakpa Zangpo (*rnam rgyal grags pa bzang po*, 1395–1475), a famous Jonang (*jo nang*) scholar, as well as a great doctor who founded the Shang pa (*byang ba*) tradition of Tibetan medicine. Due to debates with Gedun Drubpa and several other Geluk masters, he became well-known in his school. In his *Questions of Namgyal Drakpa Zangpo*, he asked numerous questions to Gedun Drubpa regarding monastic rules. One of these was related to meat eating, and he queried Geden Drubpa:

> "There is no doubt that The Foundation of Vinaya allowed [monks] to eat meat under the three circumstances, but it has even been proscribed for shravakas [nyan thos] in other sutras. What do you think of it?"[22]
>
> Here is the answer by Gedun Drubpa:
>
> If the Buddha had initially allowed shravakas to eat meat, and proscribed it later, then The Foundation of Vinaya would also have prohibited it. Then if you ask, "Why did the Buddha criticize meat-eating in the Mahāparinirvāna Sutra?" The reason is not because Buddha permitted shravakas to eat meat and then proscribed it later, but because of the way that Buddha received questions from students. In *Mahāparinirvāna Sutra*, for instance, one asked the Buddha, "Can one be a great patron without any charity?" "If offering women for celibates, offering alcohol for

20 Jorg Heimbel, 2017: 250.

21 Yangxian Jia (Nyangshem Gyal), 2016.

22 Rnam rgyal grags pa bzang po, "The Questions of Namgyal Drakpa Zangpo." This short text was included in Gedun Drubpa's collected works alone with his own answers to Namgyal Drakpa Zangpo. In *The Collected Works of Gedun Drubpa*, Volume 9 of 9, 2013: 286.

non-drinkers, offering untimely food for timely eaters, and offering meat for non-meat eaters, then one would probably become a famed patron, but without merit," said the Buddha. "Is it a sinful action to offer meat to a non-meat eater?" one asked the Buddha. "It is an evil act, if one offered meat to my followers who have abstained from it. Therefore, please do not offer them meat, and it is not allowed," said the Buddha.

In *Mahāparinirvāna Sutra* the Buddha was asked, "If vegetarianism is a praised act, would it be an evil act to offer meat to non-meat eaters?" "Exactly, you have understood my idea, and this is the way to practice dharma. From now on, my followers are not to eat meat," said the Buddha.[23]

As we have seen, unlike Khedrup Je, besides the *Vinaya's* regulations on meat-eating, Gedun Drubpa also provided the accounts from Mahayana sutras like *Mahāparinirvāna Sūtra*, and demonstrated that the Buddha's call to abandon meat was optional. This is probably due to the question by Namgyal Drukpa Zangpo, and he himself also might have intentionally not overlapped with Khedrup Je's text. However, in this passage, Gedun Drubpa provides the full conversation on meat-eating between the Buddha and his students, showing that if a patron knows that the monk is a non-meat eater, then it is not allowed for them to offer meat to that monk.

However, one thing that is clear from this account is that the Buddha did prohibit patrons and laymen from offering meat to his vegetarian students. This indicates that there must have been other monks who actually ate meat in the Buddha's time. In addition, Gedun Drubpa also provided several fragmented stories from the *Mahāparinirvāna Sūtra*, where Buddha clearly proscribed meat consumption, yet Gedun Drubpa firmly argued that these accounts could not prove that the Buddha proscribed meat-eating entirely for monks:

In the *Mahāparinirvāna Sutra* the Buddha said, "Meat is like the flesh of the mother's son, so how could I permit meat-eating [to monks]". But this does not mean that shravakas are not allowed to eat meat, for if it did, then they wouldn't even be able to eat what they have been given by patrons.[24]

This short passage gives a clear insight into the early Indian Buddhist time, where monks were not allowed to cook for themselves and could not even carry salt with them, and their survival relied merely on the support of patrons and laymen. Therefore, monks needed to

23 Dge 'dun grub pa, 2013: 304-305.

24 Dge 'dun grub pa, 2013: 236.

live on charity. In this case, monks needed to eat whatever was put in their begging bowls. If monks were particular about their diets, then it would have been difficult for the community to support them. Hence, Gedun Drubpa illustrated the conflict between the fact that monks had to eat whatever they had been given by patrons and the Buddha's decision on the proscription of eating meat.

There is no doubt that in the *Mahāparinirvāna Sūtra* the Buddha claimed that his regulation on threefold purity was a provisional teaching, an expedient mean to help people in their move towards full vegetarianism. Therefore, this account has led to a considerable debate among Tibetan commentators about the exact meaning of the story. Gedun Drubpa, for instance, gives his own interpretation of the reference from the *Mahāparinirvāna Sūtra*:

> In addition, in the *Mahāparinirvāna Sutra* it says, "Meat eating is a way to induce great compassion, and it is compatible with practicing great compassion." This also does not mean shravakas were not allowed to eat meat. "Kasyapa, I allow the consumption of meat examined in the three ways as a means to gradually eliminate meat-eating. In short, this was taught so that meat-eating might be brought to an end," said the Buddha. This also did not mean that shravakas were not allowed to eat meat. If this were the case, the teachings of the Buddha would collapse sooner or later, because among the three vehicles, the Buddha hadn't proscribed shravakas from having selfish applications (i.e., meat-eating).
>
> Therefore, the ultimate teaching of those sutras (i.e., the *Mahāparinirvāna Sutra*) is to prohibit Bodhisattvas from eating meat with desire, because consuming meat with desire to its taste would debase one's great compassionate idea. For example, the Buddha said, "In order to reject desire, I even changed the color of my robes into the worst ones, so how I could attach to the taste of meat? On the ground of these causes, Bodhisattvas, therefore, are not to eat meat." There are many other examples, but considering that masters have already argued previously, I will not repeat them here again."[25]

In this part of his text, Gedun Drubpa again firmly opposes the idea that the regulation of threefold purity was a provisional teaching. He also argued that the consumption of meat under the threefold purity is a definitive rule for monks. Having said that, on the other hand, like Khedurp Je, Gedun Drubpa does also think that eating meat while being attached to its taste is unsuitable for a Mahayana practitioner. Both Khedrup Je and Gedun Drubpa highlighted the idea that eating meat out of desire is unsuitable for Mahayana practitioners, but did not

25 Dge 'dun grub pa, 2013: 240.

proscribe meat entirely for their disciples.

In addition, Gedun Drubpa wrote, "considering that masters have already argued previously, I will not repeat them here again." Who are these "masters" that Gedun Drubpa refers to? This question leads me to think that there must be other scholars who have also defended meat-eating, apart from Khedrup Je, prior to Gedun Drubpa. However, thus far, apart from Khedrup Je's work I could not find any meat-defending texts composed by Tibetan scholars prior to Gedun Drubpa, and it is uncertain if such texts do exist. He could have been referring to Indian masters.

Thus, the next question will be whether or not such arguments have also appeared in Indian Buddhism. During a Buddhist workshop in Krakow, Poland in 2015, Prof. Dorje Wangchuk told me that his teacher Prof. Lambert Schmithausen was preparing a book on the history of Buddhist vegetarianism, and he was aware of evidence for the defense of meat-eating in the work of Bhāvaviveka (leks ladn 'byed, c. 500–570). This is a very important clue; therefore, my suspicion is that those early references that defended meat-eating in Geluk tradition would have been influenced by Indian masters like Bhāvaviveka or others. In addition, Kieschnick also stated in a citation in his article "Buddhist Vegetarianism in China" that Lambert Schmithausen was preparing a book-length study of Buddhist vegetarianism that draws on a wide variety of sources, including Sanskrit, Pali, and Chinese.[26] Yet unfortunately, this book still remains unpublished thus far.

I have also encountered a reference on meat eating by Bhāvaviveka from his work *The Blaze of Reasoning* (*rtog ge 'bar ba*), where he argued that "for *shravaka* (*nyan thos kyi theg pa*), it was clearly pointed out that the consumption of threefold purity would not be misdeed. In addition, the food [meat] from begging also meets the criteria."[27] Other than this, I have not found any reference in defense of meat-eating in Indian Buddhism thus far. Nevertheless, it still remains to be seen whether or not Geluk scholar's meat-defending position was influenced by Bhāvaviveka.

While Namgyal Drukpa Zangpo queried Gedun Drubpa regarding the regulation of meat consumption in the monastic rules, the evidence as to whether or not he himself was pro-vegetarian is very thin. By reviewing Namgyal Drakpa Zangpo's biographical sources, thus far, aside from his query on meat-eating to Gedun Drubpa, I did not find any evidence that he is either vegetarian or pro-vegetarian. Having said that, there are some clues that still lead me to believe that Namgyal Drakpa Zangpo is a vegetarian, or at least a pro-vegetarian.

Firstly, Namgyal Drakpa Zangpo was the lineage student of Dolpopa, the founder of the

26 John Kieschnick, 2005: 208.

27 I have yet to locate the origin of this reference: this is a citation from Sakya scholar Gorampa's (1429–1489) *Commentary on the Distinctive Features of the Three Vows* by Sakya Pandita (1182–1251), which was compiled in a recent edited volume by Geoffrey Barstow, 2016: 76-77.

Jonang school and a lifelong vegetarian who composed a text to criticize meat eating, the *Words on Proscription of Meat and Alcohol* (*sha chang bkag ba'i lung 'dren*).[28] Accordingly, I suspect that Namgyal Drakpa Zangpo would have likely been influenced by Dolpopa's vegetarianism. Secondly, given that Namgyal Drakpa Zangpo queried the rule of meat-eating to Gedun Drubpa, we can anticipate that meat was a problematic issue for him in terms of practicing monastic discipline. Alternatively, he might not have agreed with Khedrup Je's aforementioned text and the Geluk school's meat-defending position; otherwise, there would have been little necessity for him to question others about this issue. Therefore, even though the evidence for his position of pro-vegetarianism is thin, I still claim that Namgyal Drakpa Zangpo was a pro-vegetarian to some degree.

Interestingly, Namgyal Drakpa Zangpo was a well-known Tibetan doctor, and meat is considered to be one of the most important aspects of the diet according to Tibetan medicine. As Barstow stated, both Tibetan popular opinion and medical theory link the consumption of meat with the development of strength.[29] I, therefore, cannot help but wonder how Namgyal Drakpa Zangpo would have been able to cope with this inevitable conflict between the idea of vegetarianism and the value of meat according to Tibetan medicine. Nevertheless, there has been at least one example of being a doctor as well as being a vegetarian. Yuthog Yundan Gongpo (gyu thog yon tan mgon po—n.d.), for instance, one of the most well-known doctors of Tibetan medicine, is described in his biography as having rejected a gift of meat offered to him by others. In doing so, Yuthog Yundan Gongpo confirmed that he himself was a vegetarian.[30] This account at least tells us that there have been some Tibetan doctors who were vegetarians. Therefore, it might also be the case that Namgyal Drakpa Zangpo maintained his pro-vegetarian position while practicing Tibetan medicine.

After Khedrup Je and Gedun Drubpa, there were still some other prominent Geluk masters who held similar ideas through the 17th and 18th centuries. For instance, the fifth Dalai Lama, Ngawang Lobzang Gyaltso (ngag dbang blo bzang rgya mtsho, 1617–1682) criticized the vegetarian:

> "Some people choose to become a vegetarian for one or two years, and consider the abstention of meat consumption to be monastic discipline. Such actions merely let foolish people admire, please do not follow such stupid deeds."[31]

This, again, showed a Geluk master's anti-vegetarian position. In addition, the fifth

28 Dol po pa shes rab rgyal mtshan, 2011: 290-308.

29 Geoffrey Barstow, 2013a: 167.

30 Jo po lhun grub bkra shis, 1982: 172.

31 Ngag dbang blo bzang rgya mtso, 2009: 32.

Dalai Lama frequently expressed his concern over monastic discipline. In his history book, the *Song of the Cukoo* (*deb ther dpyid kyi rgyal mo'i glud byangs*), when Ngawang Lobzang Gyatso praised someone as being a great Buddhist practitioner, he then described them further by emphasizing the person's abstention from women and alcohol.[32] This showed that the fifth Dalai Lama attached importance to the abstention from women and alcohol in terms of monastic discipline, but not the abstention from meat. In comparison to the fifth Dalai Lama's abstinence from women and alcohol, the fourth Karmapa Rolpe Dorje (karma rol pa'i rdo rje, 1340–1383), the holder of one of the highest religious positions in the Kagyu system, not only refrained from alcohol, but also emphasized the avoidance of meat. According to Go Lotsawa's ('gos lo tsA ba gzhon nu dpal, 1392–1481) depiction of the fourth Karmapa Rolpe Dorje in the *Blue Annals* (*deb ther sngon po*), "He guarded his monastic commitments with great subtlety, not allowing even a hair's breadth of meat or alcohol into his presence."[33] It is, therefore, clear that the fifth Dalai Lama and Rolpe Dorje's abstinence from certain activities and objects were strongly connected with their monasticism. Yet, both enshrined different objections in their monastic rules, with the former emphasizing abstention from alcohol and woman and the latter insisting on the inappropriateness of meat and alcohol. We, thus, see from these two accounts that for the fifth Dalai Lama, the consumption of meat might not be a problematic action; at least, it was not as sinful as encountering alcohol and or women. Conversely, for Rolpe Dorje, meat-eating was a problematic issue that contravened his monastic discipline. These accounts also suggest to us the fact that there were different levels of interest that the Kagyu and Geluk luminaries placed on the practice of vegetarianism.

1.5 Alak Dorshi's Meat-Defending Text

Apart from Khedrup Je and Gedun Drubpa's aforementioned meat-defending texts, which are composed by Geluk masters, I am aware any of only rare lengthy meat-defending texts in Tibetan literature until recently. Alak Dorshi (a lags dor zhi, 1947–), a prominent Geluk scholar from Amdo, currently a retired professor at Northwest University for Nationalities, China, composed a short online article in 2014: "The Examination of Allowance and Proscription of Meat and Alcohol among Buddhists" (Sangs rgyas chos lugs pas sha chang sbyod rung mi rung gi don bshad pa). A quarter of this article is dedicated to arguing the allowance of meat consumption to Tibetan Buddhists, and the rest of it discusses alcohol, cigarettes, and animal-releasing (tse thar, 放生 fang sheng).

Regarding the issue of meat consumption among Buddhists, Alak Dorshi strongly criticizes those religious leaders who demand that Tibetans abstain from meat (without

32 Ngag dbang blo bzang rgya mtso, 1981: 128-129, 139.

33 'gos lo tsA ba gzhon nu dpal, 1985: 592.

naming any specific individuals), and argues that if being vegetarian were a criterion for being a Buddhist, then Buddhism would have never spread to Tibet.[34] By 2016, this article had already been viewed by nearly 40,000 people on We-Chat. Considering its length, I provide its summary here:

> Food is the first and indispensable condition for human life, while religious faith is the third condition for human beings. Thus, people tend to fulfill their food demand prior to religious belief. What people eat is determined by different environmental factors; those one who live in jungles hunt for a living, those who live near seas or rivers, fish for a living, those who live on grasslands herd for a living, and those who live on flat ground farm for living, and so on. Thus, if Buddha asked everyone to be a vegetarian, then Buddhism would not have been able to spread. Some say one cannot practice compassion if he or she eats meat; if one says those who eat meat lose their ability to practice compassion, then what about those non-Vegetarian-Buddhist masters who fulfilled Boddichitta?[35]

Alak Dorshi's discussions are based on a wide range of arguments. First, he explains the difficulty of being a vegetarian in a severe environment like the Tibetan plateau. He then turns his arguments to monastic discipline, referring to the *Vinaya's* allowance of threefold purity, and states that the Buddha has adopted these monastic rules for good reason and would not have demanded the same rules for different people and communities. He also refutes the idea that eating meat while practicing compassion is incompatible by giving some examples of non-vegetarian Buddhist masters. In addition, Alak Dorshi also argues that abstaining from meat is harmful for physical health. In arguing so, he refers to a story from Milarepa's biography:

> Once Marpa Lotsawa (mar pa lo tsA ba, 1012–1097) provided Milarepa (mi la ras pa, 1040–1123) three boxes with pieces of advice, and asked Milarepa to open them accordingly when obstacles occurred during the practice of meditation. There was a time when Milarepa's physical strength declined and made him unable to keep practicing meditation. He then opened the first box that had been offered by Marpa Lotsawa, where he found a piece of advice: when your body condition becomes weak and vulnerable, you should consume meat and alcohol to regain the physical strength, which will allow you to keep practicing.[36]

34 Dor zhi gdong drug snyems blo, 2014.

35 Dor zhi gdong drug snyems blo, 2014.

36 Dor zhi gdong drug snyems blo, 2014.

This story tells us that Milarepa's consumption of meat was to regain his physical strength. As can be seen, apart from religious arguments, Alak Dorshi also includes some secular arguments, such as the relationship between meat-eating and physical strength, indicating that vegetarianism is no longer limited to monastic contexts, it is also becoming a controversial topic—more broadly, and with more complexity—among Tibetan lay society.

All these clues clearly illustrate the consistent meat-defending or anti-vegetarian position by Geluk tradition. In addition, they therefore make the sectarian features of Tibetan vegetarianism become more evident. There have been debates on vegetarianism in Tibetan history since the fifteenth century, yet the meat-defending side has been composed entirely of Geluk masters, both in pre-modern and modern Tibet. There is also a chance that other schools may have done the same, yet the broad trends in Geluk seem well-established; at least this is the case in the history of Tibetan literature. Thus, I argue that Tibetan vegetarianism is, indeed, characterized by sectarian features from the fifteenth century.

2. Sectarian Limits to the Spread of Vegetarianism

Since the rise of Geluk tradition and its'consistent stance in defense of meat-eating, vegetarianism in Tibet has been entrenched in sectarian distinctions. The arguments in defense of meat-eating put forward by Geluk masters have been the core factor in the absence of vegetarianism among those of the Geluk school. In addition, these arguments may have also limited the practices of vegetarianism among other schools to some degree. In the following passages, I, therefore, will suggest some particular phenomena that have occurred as consequences of the sectarian formation of Tibetan vegetarianism.

2.1 The Lack of Vegetarianism from the Mid-fifteenth to the Late-eighteenth Century

Interestingly, while vegetarianism experienced a fairly steady level of interest from the thirteenth to the fifteenth centuries, there was a sharp decline in vegetarianism from the mid-fifteenth to late-eighteenth century in Tibet. In particular, I have only rarely found accounts of individuals who practiced vegetarianism or supported the idea in the two centuries after Khedrup Je and Gedun Droppa in Tibetan literature. Even if some sources still remain undiscovered, the lack of evidence strongly suggests that vegetarianism, did, indeed, become much less common during this period. Therefore, the next question would be why vegetarianism experienced different levels of interest in certain periods in Tibet. Specifically, why did vegetarianism become less popular from the mid-fifteenth to the late-eighteenth century? Barstow argued that it was simply because the practice of vegetarianism experienced a lower level of popularity than it had previously enjoyed.[37] It seems unlikely, however, to be coincidental that the texts in defense of meat-eating appeared in the fifteenth century and were followed by a decline in vegetarianism starting just after the mid-fifteenth century.

The Geluk school, as the holder of Geluk canonical texts, must have been greatly influenced by Khedrup Je and Gedun Drubpa's texts. Furthermore, their meat-defending ideas might have influenced other Tibetan Buddhist schools too. In addition, it is also important to note that the Geluk school, the latest Tibetan Buddhist school to flourish, emerged as the dominant religious school of Tibetan Buddhism by the seventeenth century, but seems to have not practiced vegetarianism as enthusiastically as other schools. It is important to consider the strong religious and political power which the Geluk gained during this period (the mid-fifteenth to late-eighteenth century), especially during the period of the fifth Dalai Lama, as well as the fact that many monasteries converted to Geluk traditions during his time. Additionally, in contrast, the lack of pro-vegetarian accounts in Tibet during this period strongly suggest that as the dominant religious school, the Geluk's consistent meat-defending position would have restricted the practice of vegetarianism among other religious schools too.

Thus, my assumption is that vegetarianism experienced this lower level of promotion during the period of the mid-fifteenth to eighteenth century due to the increased influence of the Geluk school and their defense of meat-eating as a part of their program of promoting monastic discipline by recourse to canonical texts. I therefore cast doubt on Barstow's argument and argue instead that the lack of vegetarianism during the period of the mid-fifteenth to eighteenth century was partly a result of the consistent meat-defending position by the Geluk masters. While this conclusion is also tenuous, it is worth mentioning here.

2.2 Shift of Arguments on Pro-vegetarianism

Along with this lacuna, there was a dramatic shift in the arguments for vegetarianism when it was revived in eighteenth century Tibet. Along with its early appearance in the eleventh century, vegetarianism gained considerable attention from Buddhist masters from different schools, but it never seemed to rise beyond minority status.[38] In addition, by the eighteenth century, the arguments for and against vegetarianism were significantly centralized on the regulation of monastic disciplines that monks ought to apply; likewise, the debates were also limited to monasteries rather than lay communities.

In contrast, from the eighteenth century, pro-vegetarianism arguments seemed to have started emphasizing the suffering that animals experienced. This is especially true in the case of Jigme Linpa, Shabkar, and Dza Patrul (rdza dpal sprul, 1808–1887),[39] who were strongly

37 Geoffrey Barstow, 2013a: 50.

38 Geoffrey Barstow, 2013a.

39 Geoffrey Barstow, 2013a: 51-73.

dedicated to the practice of vegetarianism and composed articles related to the faults of meat-eating. Barstow argued convincingly that arguments regarding vegetarianism emphasized monastic rules by the late-eighteenth century, but he did not investigate why the emphasis shifted afterwards. It is probable that due to previous meat-defending and anti-vegetarian texts that strongly argued for the allowance of threefold purity, later pro-vegetarians might have felt the need to find another way to promote vegetarianism. However, it is more possible that this could be an intentional strategy aiming to spread vegetarianism among the laity. By this I mean that masters like Jigme Linpa and Shabkar might have realized that arguing for vegetarianism through monastic rules was no longer a viable way to encourage lay people to choose a vegetarian diet. Instead, they highlighted the conflict between the practice of compassion and the suffering that animals underwent by using vivid language. Overall, the shift in argument during this period is a milestone that stimulated the increasing participation of the laity in the practice of vegetarianism in Tibet.

2.3 Geographical Features of Tibetan Vegetarianism

There is not enough space to discuss the geographical features of Tibetan vegetarianism in this article, but it too can help us to understand the question of why vegetarianism experienced different levels of interest at different times and in different places in Tibet. Thus, it is worth providing a brief discussion here. Regarding the geographical features of Tibetan vegetarianism, we can start by noting that at present, vegetarianism in Kham is more active than it is in Amdo. Previously mentioned articles on Tibetan vegetarianism have also mainly investigated the vegetarianism in the contemporary Kham areas.

"Why does vegetarianism remain unpopular in Amdo compared to Kham?" When I asked this question to one of my informants, Tenzin (bstan 'dzin), a Geshe from the Geluk School, he replied, "It is because Amdo is dominated by the Geluk tradition." I did not quite understand the answer until I found the meat-defending texts from the Geluk school. This conversation also led me to think about the geographical features of Tibetan vegetarianism.

Given that Geluk is the dominant school in Amdo, we can anticipate that if the texts in defense of meat-eating had never existed, then the geographical difference of vegetarianism between Amdo and Kham might not have appeared, or at least it might not be so evident. Therefore, my tentative argument is that the geographical features of Tibetan vegetarianism are an inevitable outcome of the aforementioned pattern—the large emphasis that the Geluk place on the legitimization of meat in their tradition—which sheds a clear light on why vegetarianism remains less popular in Amdo as a Geluk dominated area. Vegetarianism in Geluk regions is very rare, yet the pattern becomes much more complex in contemporary Tibet, where the Geluk still hold the meat-defending position but are starting to practice vegetarianism in monastic kitchens, which is passively synchronized with the recent mainstream vegetarian movement from Kham areas.

Conclusion

Vegetarianism has been a controversial topic for Tibetans over numerous centuries, at least from the fifteenth century, when Geluk masters like Khedrup Je started arguing in defense of meat-eating in certain circumstances. Since then, vegetarianism has been entrenched in sectarian divisions. This has also had an enormous impact on the spread of vegetarianism later in Tibet, namely with regard to the decline of vegetarianism during the period from the mid-fifteenth to late-eighteenth century; the shift in arguments towards pro-vegetarianism from the eighteenth century; the simultaneous shift from an emphasis on monastic discipline to lay compassion; and a geographical distinction between Amdo and Kham in terms of the distribution of vegetarianism in contemporary Tibet. The aforementioned historical evolution has its roots in the sectarianism of Tibetan vegetarianism to some degree. This paper has explored the impediment of the Geluk's meat-defending position on the distribution of vegetarianism from several dimensions. Thus, the sectarian nature of vegetarianism in Tibet explains a great deal about the historical trajectory of debates and practices surrounding vegetarianism, as well as their spatial distribution today.

Bibliography

Tibetan Language Sources

Mkhas grub dge legs dpal bzang. 1999. "Sdom pa gsum gyi rnam par bzhag pa mdor bsdus te gtan la dbab pa'i rab tu byed pa thub bstan rin po che'i byi dor" [The Outline of the Three Vows: Eliminating the Darkness of School]. In *The Fragment Collected Works of Je Tsongkhapa, Khedrup Je and Gyaltshob Je*, Lanzhou: Gansu Minzu Publishing House, 328-364.

Dge 'dun grub pa. 2013. "Ta'i si tu rnam rgyal grags pa'i dri ba'i lan" [The Answers for Namgyal Drappa bzang po's Questions]. In *The Collected Works of Gedun Drubpa*, Volume 9 of 9, Beijing: China Tibetology Publishing House, 289-329.

Jo po lhun grub bkra shis. 1982. *G.yu thog gsar rnying gi rnam thar* [*Biography of g.yu thog gsar rnying*], Beijing: Minzu Publishing House.

Dol po pa shes rab rgyal mtshan. 2011. "Sha chang bkag pa'i lung 'dren rnams" [The Words of Prohibition of Meat and Alcohol]. In *The Collected Works of Dolpopa*, Volume 7 of 13, Beijing: China Tibetology Publishing House, 290-308.

Dpal sprul o rgyan 'jigs med chos kyi dbang po. 2007. *Snying tig sngon 'gro'i khrid yig kun bzang bla ma'i zhal lung* [*The Words of My Perfect Teacher*]. In *The Collected Works of Dza Patrul*, Volume 7 of 8. Xi'ning: Qinghai Minzu Publishing House.

Ngor chen kun dga' bzang po. 2010. "Spring yig slob ma la phan pa" [A Letter to Benefit

Students], In *The Collected Works of Ngor Ewam*, Volume 7 of 20, Beijing: China Tibetology Publishing House, 315-351.

Dor zhi gdong drug snyems blo. 2014. "Sang srgyas chos lugs pas sha chang spyod rung mi rung gi don bshad pa" [Examining the Allowance and Proscription of Meat and Alcohol Among Buddhists].
[URL:http://zw.tibetculture.net/zj/cmjy/201409/t20140916_2021902.htm, accessed 18th july, 2015]

Ngag dbang blo bzang rgya mtso. 1981. *Song of the Cukoo*, Beijing: Minzu Publishing House.

—— 2009. "Bstan ba'i rtsa ba rab byung dang khyim pa la gdags ba'i cho ga 'khrul spong rnam rgyal gser mdog", In *The Collected works of the fifth Dalai Lama*, Vol. 17/28, Beijing: China Tibetanology Publishing House.

'gos lo tsA ba gzhon nu dpal. 1985. *Deb ther sngon po* [*The Blue Annals*], Chengdu: Sichuan Minzu Publishing House.

English Language Sources

Ary, Elijah. 2009. "Elevating Tsongkhapa's Disciples: KhedrupJey and the Jey Yab sey Sum", In *Contemporary Visions in Tibetan Studies: Proceedings of the First International Seminar of Young Tibetologists*. Brandon Dotson, Kalsang Norbu Gurung, George Halkias and Tim Myatt (eds.), Chicago: Serindia, 299-319.

Barstow, Geoffrey. 2013a. *Food of Sinful Demons: A History of Vegetarianism in Tibet*. Unpublished Ph.D. dissertation, University of Virginia.

—— 2013b. "Buddhism Between Abstinence and Indulgence: Vegetarianism in the Life and Works of Jigme Lingpa." *Journal of Buddhist Ethics*, Volume 20: 74-104.

—— 2016. *Dod kyi dkar zas ring lugs* [*Tibetan Vegetarianism*] (ed.), printed by Larung Monastery, Sichuan.

Berzin, Alexander. 2010. "Satire and Non-Sectarianism? Yogic Trimphalism in Mdo Mkhyen Brtse Ye Shes Rdo Rje's 'Babble of a Foolish Man'." In *Proceedings of the 12th IATS Seminar*, August 17.

Buffetrille, Katia. 2014. "A Controversy on Vegetarianism." In Roberto Vitali (ed.) *Trails of the Tibetan Tradition, papers for Elliot Sperling*. Dharamsala: Amye Machen Institute, 113-128.

Gaerrang (Kabzung). 2011. "The Alternative to Development on the Tibetan Plateau: Preliminary Research on the Anti-Slaughter Movement." *Revues d'Etudes Tibétaines*, No.21: 31-43.

—— 2016. "Tibetan identity and Tibetan Buddhism in Trans-regional Connection: the contemporary vegetarian movement in pastoral areas of Tibet (China)." *Revues d'Etudes Tibétaines*, No. 47: 1-17.

Gayley, Holly. 2013. "Reimagining Buddhist Ethics on the Tibetan Plateau." *Journal of Buddhist Ethics*, Volume 20: 247-286.

Gordon, Watson. R., and Doniger O'Flaherty, Wendy. 1982. "The Last Meal of the Buddha." *Journal of the American Oriental Society*, No.4: 591-603.

Heimbel, Jorg. 2013. "The Jo gdan tshogs sde bzhi: An Investigation into the History of the four Monastic Communities in Sakyasribhadra's Vinaya Tradition." *the International Institute for Tibetan and Buddhist Studies*, vol.1: 187-241.

—— 2015. "The Dispute Between mKhas Grub rJe and Ngor Chen: Its Representation and Role in Tibetan Life-Writing." Proceedings of the *Fifteenth Century Tibet: Cultural Blossoming and Political Unrest*, Volker Caumanns and Marta Sernesi (eds.), Lumbini: Lumbini International Research Institute, 249-289.

Jinpa, Thubtan. trans. 2008. *The Book of Kadam: The core Texts*. volume.2, Library of Tibetan Classics, Boston: Wisdom.

Kalzang Dorjee Bhutia. 2018. "Foxes, Yetis, and Bulls as Lamas: Human-Animal Interactions as a Resource for Exploring Buddhist Ethics in Sikkim." *Journal of Buddhist Ethics*, Volume 25: 45-69.

Klein, Jakob. A., 2017. "Buddhist Vegetarian Restaurants and the Changing Meanings of Meat in Urban China." "*Ethnos*" (*Journal of Anthropology*), Volume 82: 252-276.

Kieschnick, John. 2005. "Buddhist Vegetarianism in China." In *Of Tripod and Palate: Food, Politics, and Religion in Traditional China*, edited by Roel Sterckx, New York: Palgrave Macmillan, 186-212.

Mccleary, Rachel M. and van der Kuijp, Leonard W. J., 2010. "The Market Approach to the Rise of the Geluk School, 1419-1642." *The Journal of Asian Studies*, Volume. 69, No.1 (February): 149-180.

Reinders, Eric. 2004. *Blessed Are the Meat Eaters: Christian Anti-vegetarianism and the Missionary Encounter with Chinese Buddhism*. Duke University Press.

Samuel, Geoffrey. 1993. *Civilized Shamans: Buddhism in Tibetan Societies*. Washington DC: Smithsonian Institution Press.

Stewart, James. 2015. *Vegetariansim and Animal Ethics in Comtemporary Buddhism*, London: Routledge.

Suzuki, D.T. 1956. *The Lankavatara Sutra: A yana Text*. London: Routledge & Keegan.

Telwatte, Rahula. 1988. "Buddhist Attitude Toward Meat-Eating and Non-Violence." In *Religious and Comparative Thought: Essays in Honour of the Later Dr. Ian Kesarcodi Watson*, edited by PurusottamaBilimoria and Peter Fenner, Delhi: Sri satguru, 101-112.

TerHaar, Barend J., 2001. "Buddhist-Inspired Options: Aspects of Lay Religious Life in the Lower Yangzi from 1100 until 1340." *T'oung Pao*, no. 87: 92-152.

Yangxian Jia (Nyangshem Gyal), 2016. *The Sectarian and Political Limits to the Spread of Vegetarianism in Tibet*, unpublished MA thesis, Jagiellonian Univeristy in Krakow, Poland.

◆ Author: Yangxian Jia (Nyangshem Gyal), Doctoral student at the college of Tibetan Studies, Minzu University of China.

两金川土司军事力量初探(1771—1776)

张闶

内容摘要：乾隆朝第二次金川战争，是乾隆帝“十全武功”之一，历来受到学者关注。不过，已有研究多从清廷的角度出发，从两金川土司的角度开展的比较少。本文从两金川土司的军事领导能力、军队作战能力及物资储备等三个方面入手，指出两金川具有相当强的军事实力，这是他们能够与清军周旋五年的关键原因。

乾隆朝第二次金川战争，是乾隆帝“十全武功”之一，以其丰富的内涵长期以来受到学界关注，已经积累了众多成果[1]。在相关研究中，清军为何难以攻克两金川又是一大热点[2]。但是，已有研究多从清廷、清军的角度出发，从两金川土司的角度开展的比较少。这是因为，清廷是战争的胜利者，掌握了书写历史的权力，留下了丰富的档案、官书及私人记载。而两金川土司作为失败者，在历史书写中长期失语，直到近来邹立波博士的

1　研究现状主要可参考徐法言：《乾隆朝金川战役研究评述》，《清史研究》，2011（4）：133-142。另外，曾现江：《嘉绒研究综述》，《西藏研究》，2004（2）：115-120；叶小琴：《近六十年来嘉戎十八土司研究综述》，《西藏民族学院学报》，2012（4）：78-84；邹立波：《国外嘉绒研究的回顾与反思》，《思想战线》，2014（4）：32-39 等文章也有一部分内容涉及金川战争。

2　目前有两篇学位论文以此为题，分别为旦正加：《金川战役中清军受挫原因探析》，中央民族大学硕士学位论文，2009：1-49；王惠敏：《清军难以攻克大小金川之原因探析》，中国社会科学院研究生院博士学位论文，2011：1-157。

《明清时期嘉绒藏族土司关系研究》[3] 出版，这种局面才稍有改变。邹立波博士利用了大量藏文文献，深入探讨了嘉绒（རྒྱལ་རོང）土司内部的世系、宗教关系、政治关系等问题，揭示了诸多鲜为人知的两金川土司内部情况。惟其专著，主要侧重对两金川土司宗教方面的研究，对其军事力量涉及则稍显不足。故本文拟从军事史的视角，利用满汉文档案等史料来探讨两金川土司军事力量，以更好地解释这场战争旷日持久的原因。

一、两金川土司的军事领导能力

两金川土司具有相当强的军事领导能力。这主要体现在土司本人具有高度权威，领导层内部分工明确，较为团结，运用战术得当。

土司是最高权威，在“番众”心中具有崇高威望。军事层面，土司自己并不具体负责，而是交由最为信任的大头人指挥，较少干涉；宗教层面，土司十分敬信苯教喇嘛，尤其对从西藏学经回来的喇嘛非常倚重，苯教这条纽带又大大增强了“番众”的内部凝聚力。

小金川（赞拉，藏文 བཙན་ལྷ）土舍为僧格桑（སེང་གེ་སངས），他心狠手辣，为了攫取权力，竟不惜把父亲老土司泽旺（ཚེ་དབང）囚禁于底木达寨，自己住进美诺官寨[4]，获得了事实上的土司地位。

大金川（促浸，藏文 ཆུ་ཆེན）土司索诺木（བསོད་ནམས）继承土司之位时，年仅 19 岁，他虽然年轻，却很注重对权威的维护。他日常装束为头戴帽子，帽檐用黄毛织就，上面镶嵌着珊瑚，身上佩戴数珠和珊瑚。出行时，番人须在道旁蹲下，以示回避[5]。

索诺木一共有兄弟五人。和许多土司“兄弟阋于墙”相比，索诺木兄弟非常团结。索诺木排行第四，大哥名叫楚勒赤木旺丹，又名“莎罗奔”（སློབ་དཔོན），主要从事宗教活动，管理僧众。他威望较高，负责在索诺木与头人之间承应传话。二哥名叫索诺木盆错（བསོད་ནམས་ཕུན་ཚོགས），三哥名叫甲勒瓦沃色尔，五弟名叫鄂阿斯杂斯丹巴什，他们都辅佐大哥莎罗奔。索诺木还有一位姑姑，名叫阿青。阿青系索诺木父亲郎卡（ནམ་མཁའ་རྒྱལ་པོ）之妹，约五十多岁，原嫁到巴底（བྲག་སྟེང）土司，曾经出家。后因郎卡去世、索诺木年幼，金川将其重新请回辅佐管事，金川大小头目对她非常尊重，悉听派遣。

---

3 邹立波：《明清时期嘉绒藏族土司关系研究》，北京：中国社会科学出版社，2017：1-324。

4 美诺为小金川官寨所在地，位于今小金县美兴镇。

5 冯明珠、庄吉发编：《金川档》第 1 册，乾隆三十七年十月初十日，台北：沉香亭企业社，2007：532。

战争后期，阿青常住勒乌围（ལེ་ཝེར）官寨，诸事是阿青同头人们商量停当，再赴噶喇依（ཀ་ལ་ཡི）官寨通知索诺木办理[6]。土司家族以索诺木为核心，各兄弟协助其管理苯教事务，姑姑充当顾问角色，这保障了最高决策的稳定。

军事层面，土司主要倚重大头人。僧格桑最为倚重的是两位大头人七图安堵尔和蒙固阿什咱。这两位头人，尤其是七图安堵尔，几乎参与了战争期间小金川方的全部重要决策，令清军恨之入骨，乾隆帝多次指示，“小金川头人蒙固阿什咱及七图安都尔二人尤为可恶，亦当一并拿获同磔。”[7]七图安堵尔，生于康熙五十九年（1720年）[8]，至乾隆三十六年（1771年）战争爆发时，他已经52岁，有着丰富的军事经验。乾隆三十七年末，清军攻克小金川后，七图安堵尔逃往金川，其侄七图甲噶尔思甲布却投降清军，入温福大营效力。在侦知温福军队后路空虚后，七图安堵尔果断策反其侄，二人里应外合，内外夹攻，导致清军大败，温福阵亡。

同小金川僧格桑依赖七图安堵尔类似，索诺木最为仰仗大头人丹巴沃襍尔。丹巴沃襍尔是金川第一号大头人，曾长期辅佐郎卡，索诺木对他也是言听计从。丹巴沃襍尔计谋多端，性格坚毅，一直同清军周旋到战争结束。在乾隆四十年、四十一年时，金川失败的命运已经注定。这时候，索诺木等已经动摇，是丹巴沃襍尔屡次劝说，才令索诺木放弃了投降的打算，重新坚定抵御的决心。

宗教层面，两金川人十分崇信苯教，土司长期派遣僧人赴藏学经，待他们学成归来后委以重任，使得这些僧人甘愿为其效力[9]。乾隆二十五年金川老土司莎罗奔去世后，郎卡曾把莎罗奔骨殖带至西藏，制作灵塔，安放于后藏杰隆地方之奔布尔喇嘛（即苯教

6 《金川档》第6册，阿木鲁绰沃斯甲供词，2007：4437。勒乌围、噶喇依为金川土司两大官寨。勒乌围在汉文史籍中亦作“勒歪”，在今金川县勒乌乡；噶喇依在汉文史籍中亦作“刮尔崖”，在今金川县安宁镇。两官寨是金川土司根本，周围碉卡林立，层层设防，它们是清军最后攻克的两个据点。

7 冯明珠、庄吉发编：《金川档》第2册，乾隆三十八年七月二十二日，2007：1142-1143。

8 《金川档》第3册，乾隆三十九年正月十七日，2007：1982。

9 两金川土司与西藏的宗教关系，是目前金川战争研究的薄弱环节。以往学界通行的观点认为，金川土司信奉苯教，与藏传佛教有着尖锐对立。如Dan Martin指出，清军对苯教寺院的摧毁及对苯教传统的禁止，是证明苯教与佛教教义不同的绝佳材料，见Dan Martin, “Bonpo Canons and Jesuit Cannons: On Sectarian Factors Involved in the Ch'ien-lung Emperor's Second Goldstream Expedition of 1771—1776 Based Primarily on Some Tibetan Sources”, *The Tibet Journal*, Vol. XV, no.2, 1990: 3-28. 然近年来徐法言博士撰文指出，佛教、苯教的对立远没有想象中严重，既有研究忽略了二者交流、影响和交融的一面（徐法言：《走出“佛苯之争”的迷思——论第二次金川战役前金川地区苯教与藏传佛教格鲁派的关系》,《社会科学研究》,2012（3）：171-175），然其论证仍略显单薄。笔者认为，欲深入探究此问题，除汉藏文献外，还需求助于相关满文档案。本文限于篇幅，只能对相关满文档案简要述及，详细内容将另行撰文。

喇嘛，藏文为 བོན་པོ་ལྷ་མ，满文为 bumbur lama）庙，并派遣 12 名喇嘛赴藏学经[10]。乾隆三十五年郎卡去世后，索诺木又请求将郎卡骨殖送往西藏制作灵塔，并同时提出派遣 12 名喇嘛赴藏熬茶[11]。两金川与西藏有密切的宗教联系，乾隆四十年时驻藏大臣伍弥泰等人共查获在藏的两金川苯教喇嘛 31 人，他们多在曼日寺（藏文 སྨན་རིའི་དགོན，满文 manrijuktehen）、达尔顶寺（藏文 དར་སྡིང་དགོན，满文 darding/darting juktehen）学习，其中多有在藏十数年、二十余年者。从西藏学成归来的喇嘛，索诺木等都委以重任，令其管理苯教寺庙。例如都甲喇嘛雍中泽旺（གཡུང་དྲུང་ཚེ་དབང），10 岁就在舍齐寺出家，在西藏学习过十三四年，后在金川思都甲沟（སྟེགས་ཅོག/སྟེགས་སྐྱོག）庙里当喇嘛。索诺木待他非常好，常令他跟随左右[12]。堪布喇嘛色纳木甲木灿原是革布什咱（དགེ་ཤི་ཙ 或 དགེ་ཤིས་ཙ）人，曾赴金川念经，因郎卡对其不错，便留了下来。莎罗奔、索诺木等兄弟三人都曾拜他为师，学习教法，十分礼敬他。色纳木甲木灿担任雍中喇嘛寺的堪布，管理着 200 余名僧人[13]。这些僧人在战争期间频繁施以“扎答”法术，向上天祈雨雪，诅咒清军，令清军人心惶惶。战争后期，由于兵源不足，僧人还经常冲锋陷阵，许多人战死沙场。

两金川“番众”十分崇信苯教，这些僧人的存在，一方面有利于团结“番众”，给他们精神寄托，可以在条件艰难的条件下坚持作战；另一方面，也有助于增强土司本人的宗教及政治权威，是两金川土司领导能力的一个稳定剂。

两金川土司为同清军作战，除了要最大限度挖掘内部潜力外，还需要充分利用清军降兵、逃兵等为自己服务。这方面最典型的例子是张坤忠。张坤忠，四川省维州协兵丁，其父张恒也曾是维州协兵丁。父子两代长期在维州当兵，熟知番情，且张坤忠“从小会说番子话”，同两金川番人交流没有障碍。乾隆三十六年时，张坤忠跟随提督董天弼、李煦、哈国兴，副都统阿尔素纳和参赞大臣海兰察等在鄂克什（འོག་ཞི 或 འོག་གཞི）作战。乾隆三十七年，清军长期与小金川在美美卡、木兰坝一带僵持，哈国兴、海兰察等便派张坤忠赴小金川，令其退兵。他们对张坤忠许诺：“若办成这事，在将军前保荐给官做。”[14]张坤忠完成了任务，小金川主动退出木兰坝、鄂克什旧寨等地。像张坤忠这样熟悉番情、精通番语，且立下如此奇功的士兵，清军本应予以重用，但温福等却并未引起

10 集福等：《驻藏大臣集福等奏金川派十二名喇嘛赴藏学经折》，乾隆二十七年正月二十二日，第一历史档案馆藏，档号：03-0179-1922-016。

11 莽古赉等：《驻藏大臣莽古赉奏派兵护送金川赴藏熬茶头人返回打箭炉折》，乾隆三十六年十一月初八日，第一历史档案馆藏，档号：03-0184-2432-032。

12 《金川档》第 6 册，都甲喇嘛供词，2007：4427。

13 《金川档》第 6 册，堪布喇嘛色纳木甲木灿供词，2007：4413、4421。

14 《金川档》第 6 册，张坤忠供词，2007：4388。

足够的重视，以至于张坤忠日后投靠金川，走向了清军的对立面。

乾隆三十八年四月，张坤忠暗中偷窃火药，与金川沟通往来。事泄后，逃往金川。索诺木对张坤忠十分尊敬，每日供给他酒一瓶、面三斛、牛肉一块。在长期受清军封锁的战争时期，这样的招待规格无疑非常之高。索诺木还许给他一名女性，以解决其生理需求[15]。他仍许可张坤忠穿内地衣服，不必留发，待他非常宽厚。索诺木“狠听他的话，都称他为张掌堡。”[16]这一信任获得了巨大回报，重创清军的木果木之役，最初就得益于张坤忠的情报。索诺木曾询问张坤忠“将军营盘及各路兵数多少并领兵大人姓名”，张坤忠回答“将军营盘里连头旁上大约有十来万兵，后路赤力角沟、登春、占固登达等处后路上兵数不多。”[17]在获知清军后路防守空虚后，索诺木便同僧格桑定计，勾结后路降番，里应外合，先在占固登达杀害董天弼，再赴木果木劫温福大营。

由此看出，两土司本人都有相当政治手腕，他们善于处理与家族、头人、僧人的关系，使他们甘愿为其效力。军事层面，两土司并不专断，而是主要依靠作战经验丰富的大头人；宗教层面，两土司通过倚重从西藏学经返回的苯教僧人，获得“番众”支持，增强了内部凝聚力。金川土司领导核心团结、稳定，决策一旦做出，便迅速交给各头人、寨首执行，可贯彻至每家每户，非常高效。

早在乾隆十七年，四川松潘镇总兵马良柱就曾指出：“伏查金川地虽不及杂谷（ཀྲུལ་ཁ）之大，番民亦无杂谷之众，但系上下同心，番众用命，防范严密，是以攻克甚难。”[18]二十年过后，金川“上下同心、番众用命”的特点未因土司的更替发生改变，反而愈加发扬光大。应该说，这种高效、迅速的领导能力，是两金川得以屡屡重创清军的一大关键因素。

如果说两金川土司的领导有什么失误，那就是对乾隆帝要彻底平定他们的决心估计不足，对求和总是抱有幻想，因此丧失了很多扩大战果的机会。温福在西路征小金川时，对美美卡、木兰坝等地久攻不下。尽管如此，小金川非常畏惧，主动于乾隆三十七年八月拆除木兰坝一带碉楼，将木兰坝山梁以下连同鄂克什官寨一并交还，并在海兰察、李煦、哈国兴三位高官处磕了头，“求替我转求温将军在万岁爷求恩”，希望获得宽恕[19]。但

15 《金川档》第 6 册，张坤忠供词，2007：4395。

16 《金川档》第 2 册，乾隆三十八年十月初四日，2007：1543。

17 《金川档》第 6 册，张坤忠供词，2007：4399。

18 马良柱：《奏报金川杂谷郭罗克实在情形折》，乾隆十七年十二月十五日，“国立”故宫博物院图书文献处文献科编：《宫中档乾隆朝奏折》第 4 辑，台北：“国立”故宫博物院，1982：601。

19 《金川档》第 1 册，乾隆三十七年十月十六日，2007：569。

哈国兴等继续进军，失信于人。小金川因主动让出木兰坝等战略要地，天险尽失，温福势如破竹，得以迅速攻克小金川。木果木战役中，小金川与金川联军大败清军，击毙将军温福等一批高级将领，歼灭清军三千余人，夺得战略物资无数。木果木战役后，各路清军犹如惊弓之鸟，士气大泻，金川还趁机包围了南路的阿桂军。如果能乘势继续进军，毫无疑问会获得更大的战果。不过，索诺木在获得如此大胜之后，希望同清军媾和，因此放慢了脚步，屡次差人投禀文书，并派大头人丹巴沃襍尔赴阿桂的南路军营，表达了欲将阿桂处官兵让出的意愿。阿桂得以将计就计，全师而退[20]。甚至是战争后期，金川也经常遣人请降。如果两金川抱着“鱼死网破”的决心，很可能会给清军带来更大的打击，战争进程还会因此延长。

清军则完全不同。乾隆帝既是这场战争的发动者，又是实际指挥者。正如他自己所说:“自定鼎以来，综理政务，乾纲独揽，从未有用兵大事，臣下得以专主者”，[21]这就使得前线将领的自主权大打折扣。大量前线情况，温福、阿桂等都需要向乾隆帝奏报。从军机处录副奏折的具奏与朱批时间可以看出，一般六百里加急的奏折从前线发出到乾隆帝朱批，需要 11 天时间，而朱批返回前线，同样需要 11 天，这一往返就 22 天时间。而战机是稍纵即逝的，乾隆帝的指示到前线时，战场情况可能已经发生变化。正如瑞士军事理论家若米尼所说：“一场战争中，一方的统帅可以完全自由地行动，而另一方的统帅却要受制于二百古法里以外的最高军事委员会，其天才和行动都受到约束。在这种情况下交战，前者相较后者一定处于极大的优势地位。”[22]

在战争目标方面，乾隆帝和多位前线将领也有分歧。乾隆帝虽然多次指示要彻底平定两金川，但他对前线情况无具体了解，对进军难度无切身体会，君臣之间也就不免产生分歧。四川总督阿尔泰、继任四川总督德福和参赞大臣额驸色布腾巴尔珠尔，均倾向招抚议和[23]。温福、桂林身为统帅和副统帅，也认为平定小金川后即可撤兵，对继续进兵金川心存畏难[24]。只是这些主张议和的官员要么被罢免，要么阵亡，继任将军阿桂等才不得不硬着头皮把乾隆帝的主张执行下去。

清军前线高级将领之间，也并非精诚团结，歧视与斗争非常常见，比较突出的就有

---

20 《金川档》第 2 册，乾隆三十八年九月初一日，2007：1393。

21 《平定金川方略》卷十二，乾隆十三年八月丁未。

22 （瑞士）若米尼著、盛峰峻译：《战争的艺术》，武汉：武汉大学出版社，2014：27。

23 戴逸、华立：《一场得不偿失的战争——论乾隆朝金川之役》，《历史研究》，1993（3）：38-39

24 《平定两金川方略》卷二十五，乾隆三十七年四月丁亥。

温福与五岱、桂林与宋元俊等的矛盾，这也在相当程度上影响了清军战斗力[25]。只是在阿桂继任将军以后，将领内部矛盾才有所缓和。

双方军事领导能力存在如此差异，是导致战争旷日持久的根本原因。

二、两金川的军队作战能力

两金川的军队有着非常强悍的作战能力。本文主要从军队数量、机动能力及精神力量等三个方面展开具体论述。

（一）军队数量

第二次金川战争结束后，《平定两金川告成太学碑》记载："（两金川）地不逾五百里，人不满三万众。"[26]这说明，两金川的总人口在三万人左右。他们没有职业士兵，所有的士兵均来自所属寨落之番人，为典型的"兵民合一"制度。贾霄锋通过研究藏区土司制度，认为"在危急时土司可以调集所有的成年男子参战，作战人员可以占到部落人口的约五分之一。"[27]如根据这一标准统计，则两金川应约有六千士兵参战。事实上，仅就金川土司而言，调动的参战人员近一万人[28]，远远超过部落人口的五分之一，可达到三分之一的水平。除此之外，两金川还发动了大量妇女，她们从事增修碉卡、准备军械、耕种田地、看守俘虏等各项繁重工作。这说明，两金川土司对"番众"有着极强的动员、组织能力。

两金川"番众"民风彪悍，具有尚武精神，加之平日与周边土司"搆衅"较多，注重军事演练，因此普遍具有较高的个体军事素质。根据《平定两金川军需例案》的记载，战争中清军共有 14.5 万余人参战，双方军队比例约为 1：14，但由于两金川士兵的作战能力高于清军，甚至出现了清军绿营兵需要至少四十名战士才能擒获一名番兵的情况[29]，这就有效弥补了两金川军队绝对数量的不足。

另外，两金川进行的是防御战，且占据有利地形，这两个优势同样在相当程度上抵

25 参见徐法言：《乾隆朝金川战役研究》，四川大学博士学位论文，2013：163-174。

26 曾现江：《乾隆御制〈平定两金川告成太学碑文〉的文本差异及其成因》，《西南民族大学学报》，2014（6）：34-38。该文详细考证了《平定两金川告成太学碑文》文本差异及其成因，并指出"地不逾五百里，人不满三万众"的记载才是准确的。

27 贾霄锋：《藏区土司制度研究》，西宁：青海人民出版社，2010：180。

28 《金川档》第 2 册，乾隆三十八年十月二十七日，2007：1645。

29 《金川档》第 3 册，乾隆三十九年八月二十七日，2007：2555。

消了清军的人数优势。两金川主要依靠碉卡进行防御，一般会在碉楼外围严密防守："碉座外挖有深沟三道，将树枝乱草平铺沟上，盖以薄土。沟沿挖有抢眼，沟外又树木栅以为抵御。"[30] 碉楼内则排扎木植，贴护石墙，使火炮不能穿透。当清军发炮时，番兵躲在碉楼内防御。一旦炮击停止，他们就会迅速出碉对残损部分进行修补。当清军接近，进入番兵鸟枪射程范围内后，番兵会在碉楼枪眼内密集射击。碉卡作为坚固的防御工事，往往只需要数名番兵就可以对清军进行有效阻击，大大解放了番兵的人力。且清军攻碉时需要翻山越岭，体力消耗巨大，而番兵则在碉楼中以逸待劳、居高临下，所以交战时番兵往往会占据优势。

（二）机动能力

军队的机动能力对战斗力的发挥至关重要。茅海建教授在分析鸦片战争时指出，英军通过强大的机动能力，使得有限的兵力可以重复使用，并在局部战场形成多打少的优势局面，即"一名士兵参战两次等于两名。"[31] 第二次金川战争中，两金川同样表现出很强的机动能力，使得清军处处被动。

布防时，由于兵力有限，两金川一般采取对官寨屯驻重兵，战略要地重点布防，一般碉卡灵活布防的策略。小金川的美诺官寨和金川的勒乌围、噶喇依官寨，是两土司的核心所在，也是清军意图直取的最重要战略目标，故而他们在此屯驻重兵。金川的勒乌围官寨统辖 23 寨，共有士兵 700 余名驻防；噶喇依官寨统辖 17 寨，共约 600-700 名驻防。木果木这样的重镇，是清军统帅温福长期进攻的要塞，金川共派遣 500 余名士兵布防。达咱、宜喜等重要碉卡，金川分别派兵 300、500 余人不等[32]。一般的碉卡只有数十人，甚至数人防守，其余则为机动兵力。

金川的情报工作非常出色，能够根据清军兵锋所向，及时调兵增援防守。据曾被小金川俘获又放回的维州协千总韩世贵称，"闻说打仗的时，那一路围的紧，别处的就拥将过来相帮。"[33] 两金川兵力虽然不多，但进行的是防御战，地形、情报工作的巨大优势使得两金川方面得以较早了解清军的攻击目标，并利用内线优势快速地将精锐抽调到紧要地段。两金川就是通过快速轮转弥补总兵力的不足；另一方面，清军兵力虽多，但金川地区地形复杂，兵力难以展开，无法进行主力决战，人数上的优势就难以发挥。同时，

30 《金川档》第 5 册，乾隆四十年七月二十二日，2007：3309。

31 茅海建：《天朝的崩溃——鸦片战争再研究》，北京：生活·读书·新知三联书店，2005：57。

32 《金川档》第 2 册，乾隆三十八年十二月三十日，2007：1911。

33 《乾隆朝上谕档》第 6 册，乾隆三十七年正月初七日，2007：903。

为了保护后路安全，维持后勤物资的正常运转，清军也不得不在此投入大量兵力。简而言之，两金川土司可以将有限的人力资源重复利用，清军四面出击，具体到某一战场人数反而有限。如进攻木果木时，温福的西路主力部队达到 2 万人，但有 1.5 万人驻防于后路各碉卡，能够投入战斗的部队仅 5000 人左右，真正能够对某个要塞发动攻击的部队人数就更少了。

进攻时，两金川番兵最常用的战术就是“夹坝。”“夹坝”为藏语“ངག་པ，”意为“抢劫”。他们少则几十人，多则五六百人，趁清军不备进行偷袭，令清军疲于奔命，防不胜防。番兵通常趁夜色和大雾作为掩护，偷袭清军。乾隆三十八年三月二十二日，阿桂、明亮部攻取当噶尔拉第四大碉卡。因这一碉卡位置险要，阿桂等料到番兵必会前往偷劫。二十三日夜，云雾浓厚，番兵二百余人从山沟林箐内潜爬，直扑巴旺（པ་ཝང）、布拉克底（བྲག་སྟེང）土兵所守的营卡，与土兵发生激战。因清军早有准备，番兵才未能得逞[34]。不过，更多时候清军则没有这样的幸运。有一次，清军玩忽职守，甚至发生两金川兵身穿喇嘛衣服混入清军军营之事[35]。如果两金川抓住了清军的破绽，则会迅速调集上千人的力量对清军进行围歼。乾隆三十七年四月，小金川兵在墨垄沟将薛琮部三千名士兵几乎全歼；乾隆三十八年六月，金川土司利用清军西路木果木军营的破绽，偷袭得手，击毙将军温福等高官，清军一溃千里，毫无反击能力，经过几个月休整之后才重新进军。

（三）精神力量

两金川番兵巨大的精神力量也不容忽视。这种精神力量主要来自对困兽之斗局面的绝望。

必须要指出的是，第二次金川战争的性质不是镇压叛乱，两金川土司没有超出“蛮触之争”的范畴，斗争矛头也没有指向过清廷[36]。当乾隆帝小题大做执意进军后，两金川之所以抵抗，主要出自一种谈判策略。他们认为只有获得了一定胜利后，对清军才更有谈判筹码。在这种思想指导下，两金川多次出现刚刚获得重大胜利后立即撤退并请求投降的状况。例如，乾隆三十七年，小金川曾在西路长期阻击清军，但却于八月主动拆除

---

34 《平定两金川方略》卷五十六，乾隆三十八年闰三月庚午。

35 《金川档》第 2 册，乾隆三十八年七月廿三日，2007：1171。

36 先行研究多认为，两金川土司是叛乱。如戴逸主编：《简明清史》（北京：中国人民大学出版社，2006：555-556）“1747 年，莎罗奔发动叛乱出兵攻掠革布什扎及明正两土司”、“十多年后，又发生了更大规模的叛乱”。李鸿彬、白杰：《评乾隆朝金川之役》（《清史研究》，1998［2］：68），“既不同于民族压迫和歧视激起的少数民族起义，亦不同于阶级压迫、官逼民反而掀起的农民战争，而是反清的地方叛乱。”笔者对此有不同看法，将另行撰文论述。

木兰坝一带碉楼，献出木兰坝、鄂克什旧寨等要隘[37]，向清军求降；乾隆三十八年，木果木之役结束后，金川本可以轻易取得更大战果，但却坐视南路的阿桂全师而退，并具禀西路的海兰察："屡在温将军上求饶了两年，不准，一定要剿灭我金川。若留我金川土司，以后尽力量好，替万岁爷出力。大人们但有吩咐的话，我不敢不遵。"[38]

然而，乾隆帝的目标是彻底平定两金川，多次指示"扫穴擒渠"，不但要求一概拒绝其投降请求，而且一旦有前线将领主张纳降，就会立即遭到申饬[39]。两金川投降无门，全无退路，只能选择对抗到底。古希腊军事理论家韦格蒂乌斯曾言："俗话说困兽犹斗，在毫无生存希望的情况下，恐惧心会驱使人们拿起武器。当一个人知道他将面临死亡时，他是宁肯与别人同归于尽的。"[40]德国军事理论家克劳塞维茨也说："一个陷入绝境的人，当他几乎不可能获得任何援助时，就会把他全部的和最后的希望寄托在精神力量的优势上，因为精神力量的优势可以使每个勇敢的人奋不顾身。于是他就把无比的大胆看做是最高的智慧，在必要时，还会求助于冒险的诡诈。"[41]

这种精神力量使得两金川番兵的战斗力更加强悍。占清军总数 20% 的屯土兵，生活环境、身体素质等皆与两金川相仿，二者战斗力差距本不大，但在战争中表现却相差很大，屯土兵惧怕两金川番兵："金川犷狎性成，附近各土司久已为其挟制，畏之如虎。即如去夏之派调三杂谷土兵，去秋之派调绰斯甲布（ཁྲོ་སྐྱབས）土兵皆属首鼠两端。"[42]之所以出现这种状况，主要就是二者的精神力量不同所致。到战争后期，金川土司明知已无取胜可能，但投降同样意味着死亡，那种绝望心态使得他们在极其困难的条件下，依然表现出强大的战斗力。而屯土兵只是"雇佣军"而已，交战时自以保命为先。事实上，自阿桂接任将军后，经历的罗博瓦山之战、喇穆喇穆之战、逊克尔宗之战等战斗，无一不是经过反复争夺碉卡后才取胜，共有常禄保、科玛、佛伦泰、曹顺、敦柱、达兰泰、萨尔吉岱、扎尔桑、玛尔占、穆哈纳、库尔德、巴西萨、国兴等 13 位清军高级将领阵亡，和战争前期清军高级将领阵亡数也不遑多让。如此艰难的战争过程和密集的清军高级将领阵亡，正是由金川番兵的精神力量导致的。

---

37 《金川档》第 1 册，乾隆三十七年十月十六日，2007：569。

38 《金川档》第 2 册，乾隆三十八年七月二十七日，2007：1201。

39 色布腾巴尔珠尔：《奏为因接贼索诺木求降之文而奉旨训敕事折》，乾隆三十八年八月三日，第一历史档案馆藏，档号：03-0186-2569-024。

40 [古罗马] 韦格蒂乌斯著、袁坚译：《兵法简述》，北京：商务印书馆，2013：142。

41 [德] 克劳塞维茨著、杨南芳等译校：《战争论》上册，西安：陕西人民出版社，2006：289。

42 《平定两金川方略》卷六十，乾隆三十八年五月乙卯。

三、两金川的物资储备

乾隆帝长期困惑的一点是，两金川的物资储备，特别是粮草与火器，究竟从何而来，以致支撑五年之久。火器，主要包括火炮和弹药，弹药主要包括原料硝和磺。乾隆帝原本以为两金川地狭人稀，物产不丰，热兵器和硝磺资源数量不足，武备和清军相差很远，绝不可能和清军长期抗衡。两金川以耕作为主要生产方式，劳动力都调到了战场上，必然会耽误农业收获。他曾在战争之初说：

> “看来贼番惟恃耕作为事，其守碉之贼即系种地之人，必不能废业而专务守拒，亦必不能设碉以护其田功。若金川一时难于猝破，或稍待时日，俟贼农忙之际乘其不备，合力进击，贼番必不能舍业兼顾，或为制胜一策。”[43]

然而，残酷的事实击碎了乾隆帝的美梦。两金川的后勤物资，远比乾隆帝想象的要丰富。乾隆三十八年十二月，清军重新攻克小金川后，李世杰奉命查看小金川各寨军火储存情况，统计出独碉喇嘛寺至僧格宗等处共有“铅块三千六百四十五斛，枪子二十八万二千二百四十颗，计重五千七百二十五斛。劈山砲子四百五十颗，计重一百五十斛。”[44] 乾隆四十年七月，阿桂攻克隆斯得寨，缴获火药一百余篓，枪子在屋内堆积自数寸至二尺余深[45]。八月，据俘获的丹巴沃襍尔之外甥透露，噶喇依尚有四个仓的粮食储备[46]。这说明，在战争后期，两金川依然有一定的物资储备。两金川能做到这一点，主要有三个原因。

首先，两金川以农牧业为主，具备一定的生产力。境内有一些矿产资源可以利用。加之长期与周边土司不睦，常发生冲突，平素就注意多储存物资。

两金川的农作物以大麦、小麦、荞麦、青稞、蚕豆、豌豆为主[47]。小金川一年一熟，而金川则一年两熟，因此金川的粮食储备比小金川更加丰富。对小金川而言，每年的收成基本与消耗相抵，存储不多；对金川而言，则有一些剩余，“每年有两熟，就是一遭

---

43 《金川档》第 1 册，乾隆三十六年十二月初一日，2007：311。

44 彰宝：《附报小金川各寨等处刨获枪子等事之折片》，乾隆三十八年十二月二十八日，《宫中档乾隆朝奏折》第 34 辑，1982：124。

45 《金川档》第 5 册，乾隆四十年八月初三日，2007：3336。

46 《金川档》第 5 册，乾隆四十年八月二十二日，2007：3418。

47 《金川档》第 2 册，乾隆三十八年十二月二十五日，2007：1881-1882。

不好，还有一遭收成。所以这几年来年成都是好的。”[48] 金川的勒乌围和噶喇依两官寨，用石块砌成大规模仓房储粮。勒乌围有 60 多个仓房，噶喇依则有 80 多个，其余各处寨子内也有数量不等的存储[49]。

两金川的畜牧业也有一定规模，主要牲畜品种为牛、羊。乾隆三十八年，金川取得木果木战役的胜利后，曾派人在那里放牧。据脱出兵丁王福供称：“牛只系噶喇依土司、头人官牛，派各寨蛮子放牧。小的寨子里也有牛二头，一个蛮子押了小的去放牧，约共有牛一千余头。因木果木水草不好，将牛倒毙，剩下不足一百头。”[50] 由此推断，金川的牛只数量应该不少，不过由于水草情况、养殖技术等原因，导致畜群数量不稳定。随着战争进入后期，牛羊等资源被巨大消耗，数量锐减。投降清军的番人普勒供称，“(噶喇依牛厂) 只有乳牛二十多条，其余杀的杀，瘟的瘟，都已完了。”[51] 板登朋也曾供称：“这羊场里从前有一百多个羊，被百姓们偷抢去了大半。”[52] 但即使如此，仍有一些储备。乾隆四十年八月，总兵敖成派遣降番桑木洛等前往巴扎木探听虚实，在南山沟下仍然发现金川黑帐房七顶，放牧牛羊各千余头[53]。

除了牛羊外，金川尚有一些马匹供土司和头人使用。马匹在冷兵器时代是重要战略资源，乾隆帝对两金川的马匹情况非常关注。乾隆三十九年，五福见到一名金川头目身骑白马率领 50 名番兵进攻清军，该头目被土兵放枪击毙。这一事情奏报后，虽然只有一匹白马，但乾隆帝仍非常紧张：“是贼中竟有马匹，若官兵进捣贼人巢穴，即可擒缚凶渠，恐逆酋窘迫骑马奔窜，官兵不可无马尾追。”[54] 乾隆四十年时，参赞大臣富德通过审问来投番人得知，萨尔里地方为索诺木马厂，共存骡马 150 余匹。噶喇依以东三四十里有德思东、苏思第两处马厂，各有马 100 余匹。大约金川大头目各有马 10 匹至 20 匹不等，小头目各有马 4-5 匹不等[55]。由此估计金川的马匹数量当不会太少。

48 《金川档》第 1 册，乾隆三十七年十月初十日，2007：525。

49 《金川档》第 1 册，乾隆三十七年十月初十日，2007：525。

50 海兰察等：《参赞大臣海兰察等奏报讯问西路逃出兵周奇王福等人情形折 · 脱出兵丁供单》，乾隆三十八年八月二十四日，中国第一历史档案馆、鄂温克族自治旗民族古籍整理办公室编：《清宫珍藏海兰察满汉文奏折汇编》，沈阳：辽宁民族出版社，2008：194。

51 海兰察等：《参赞大臣海兰察等奏报进逼荣噶尔博第八峰连日攻打巴占硐寨及讯问投出者情形折 · 投出番人供单》，乾隆四十年五月二十五日，《清宫珍藏海兰察满汉文奏折汇编》，2008：329。

52 海兰察等：《参赞大臣海兰察等奏报进逼荣噶尔博第八峰连日攻打巴占硐寨及讯问投出者情形折 · 投出番人供单》，乾隆四十年五月二十五日，《清宫珍藏海兰察满汉文奏折汇编》，2008：330。

53 《金川档》第 5 册，乾隆四十年八月三十日，2007：3468

54 《金川档》第 3 册，乾隆三十九年七月初八日，2007：2365

55 富德：《奏报向来投番子审明索诺木在萨尔里等处放牧情形折》，乾隆四十年七月初八日，第一历史档案馆藏，档号：03-0187-2667-039。

两金川地区硝资源比较丰富，“各处都有”，易于获得，但硫黄资源都不足。小金川素不产硫黄，所用资源多来自木坪、三杂谷土司等处。噶喇依官寨对过的甲儿擦克角地方有硫黄资源[56]，但数量有限。金川在侵占革布什咱时，革布什咱境内默资沟处出产硫黄，金川“遣人刨挖甚多，制配火药，则其存积自未用完。”[57] 小金川颇注重铁器的积累，战前多次派人到内地购买铁锅等项，后因清政府厉行查禁而作罢[58]。

除了“开源”，两金川保持储备的另一秘诀是“节流”，对弹药的珍惜是集中体现。任乃强先生《西康图经》曾言：“番人用枪，不轻发，发必杀人。度敌人距离尚远，中不必死，不发也。……惟其得适当子弹，更难于枪。故番人对枪弹并甚珍惜，非能命中不妄发也。”[59] 任乃强先生记载的是西康地区的风俗，两金川地理上虽不属于西康，然珍惜枪弹的风俗却无二致。两金川番兵“不肯轻放一枪，必度官兵临近，然后施放，”[60] 尽最大限度地节约弹药。

两金川固有的资源储备，保障了在战争前期的物资供应。当然，这还不足以支撑五年时间，他们还有其他来源渠道。

其次，两金川经常通过战斗，特别是偷袭方式获得补给，这是他们得以坚持数年的关键所在。

他们常组织少则数十人、多则两三百人的“夹坝”袭扰清军，趁机夺取补给物资。乾隆三十六年十二月，清军奏报从小金川处夺获九节大炮一位、劈山炮一位，向乾隆帝邀功。但乾隆帝一眼就看出，九节炮、劈山炮等不可能为小金川所拥有，必系提督董天弼前次失败为小金川抢去者[61]。乾隆三十九年四月，清军站夫行至日古落沟一带遇见“夹坝”，所带的三十三斛米全部被劫[62]。乾隆三十九年九月，金川派三十余人在马尔当放“夹坝”，抢去毛牛两条、灰面三背、酥饼两背[63]。

这方面，最具代表性的案例为两金川偷袭温福木果木军营，在木果木大败清军，不仅击毙了温福等人，还夺获了大量粮食、武器。根据档案记载，清军此役共损失米

---

56 《金川档》第1册，乾隆三十七年十月初十日，2007：522。

57 《平定两金川方略》卷六十，乾隆三十八年五月丙子。

58 《金川档》第1册，乾隆三十七年十二月二十八日，2007：941。

59 任乃强：《西康图经》，收入《任乃强藏学文集》上册，北京：中国藏学出版社，2009：274-275。

60 《平定两金川方略》卷二十五，乾隆三十七年四月壬申。

61 《金川档》第1册，乾隆三十六年十二月二十八日，2007：453。

62 富勒浑：《奏报日古落一带贼人抢劫军粮事》，乾隆三十九年四月二十一日，《宫中档乾隆朝奏折》，第35辑，1982：365。

63 《金川档》第4册，乾隆四十年三月十三日，2007：3181。

一万六七千石、银五万余两、火药七万余觔，炮子、铅丸无算[64]。这批物资除一部分在战役中焚毁、遗失，一小部分金川未运走留存木果木外，大部分都收入金川囊中，成为其继续支撑近三年的物质保证。乾隆帝痛心地说："贼在木果木所得之粮，几足供其数年之食，思之实深愤恨。"[65]"军营银米火药遗失如许之多，转供贼人之用，真所谓藉寇兵而齎盗粮，思之实为可恨。"[66]

最后，清军后勤物资管理混乱，两金川趁机偷窃或者贿赂、买通土兵，暗中做交易，获得物资。

为剿灭两金川，乾隆帝不惜代价，从各地调运了大量粮草、火药、马匹等。但是，清军管理粮草、火药等玩忽职守，导致多次失火、被窃，损失惨重。如乾隆三十九年六月初六日，木池站存贮火药的碉房失火，导致51050觔的火药全部焚毁[67]。乾隆三十八年二月，温福大军已经移营至木果木，但火药局尚在后路牛厂粮台没有移动，守备空虚。金川了解到这一情况后，派兵去牛厂偷火药，共偷了49背，每背有50斤，总共2400余斤[68]。驿马的管理也相当混乱，经常有被盗事件发生。如乾隆三十九年三月，据王进泰奏称："由美诺至僧格宗即风闻台站有被失驿马之事，当即问。据汪腾龙禀称，正月二十一日夜间被窃去台马七匹，该站员并未呈报，私行赔补。"[69]

土兵是清军中兵力仅次于绿营的一支力量，他们熟悉地形，战斗力较强，故而清军不得不对他们大加倚重。然而，土兵和两金川番兵语言、文化、风俗一致，容易生息相通，所以清军虽然利用他们，但并不信任，而是处处提防。乾隆帝认为"蕞尔金川所产有限，何以能远远接济，必系随营土练等私自卖给贼众。"[70]他多次下令提防周边土司，对硝磺产地严防死守，杜绝民间一切私售，包括"恭顺如明正（ལྕགས་ལ）[71]、绰斯甲布、三杂谷、布拉克底[72]、巴旺等番人，亦不可使其私自售买，致有偷越。"[73]乾隆三十八年五月，刘秉恬奏称盘获梭磨（སོ་མང）、卓克采（ལྕུག་རྩེ或ཙག་ཙེ）回巢番民三名，搜获大小

64 《金川档》第2册，乾隆三十八年九月二十七日，2007：1491。

65 《金川档》第2册，乾隆三十八年七月二十五日，2007：1190。

66 《金川档》第2册，乾隆三十八年九月二十七日，2007：1491。

67 《金川档》第3册，乾隆三十九年七月初二日，2007：2327。

68 《金川档》第6册，张坤忠供词，2007：4393。

69 富勒浑：《奏覆僧格宗台站驿马被窃并查办情形事》，乾隆三十九年三月二十三日，《宫中档乾隆朝奏折》，第35辑，1982：83-84。

70 《金川档》，乾隆三十八年四月二十四日，中国第一历史档案馆藏，胶片号：00060。

71 又作或"ཙག་ལ"或"ཙང་ལ"。

72 又作"巴底"。

73 《金川档》第4册，乾隆四十年三月二十七日，2007：3241。

铅丸四百颗，铅饼两块[74]，怀疑准备倒卖给金川，引起乾隆帝震怒。

需要指出的是，尽管两金川千方百计进行物资储备，尽可能长时间地支撑战争，毕竟面临清军强大压力和重重封锁，随着战争的进行，获得补给的难度愈发增加，在战争后期终于达到了匮乏的程度。因此，在乾隆三十九年、四十年这两年中，有不少番人逃出，投降清军。通过其口供可以得知，金川土司因物资储备的缺乏，已经严重影响了内部团结。

克思甲供："我们促浸人家里送到卡子上来的，只有苦荞圆根，再找不出什么粮食了，老人娃娃饿死的也有。"[75]申札尔吉供："现在吃的是草根，不久就要饿死，还有什么力气给土司当差守卡！小的想吃的没有，事情办不上来，因此逃出来的。"[76]像克思甲、申札尔吉这样因缺粮而投降清军的番人，比比皆是。缺粮的情况不仅影响到下层，还影响到了头人，不少头人也没有多少余粮。沙纳供："我们头人阿让因患了病，现在勒乌围寨子上养病，连他们的口粮也都是不发的。"[77]阿太供："从前头人们到官寨里来，土司都给他饽饽、酒肉，如今土司粮食短少，头人们来也没有饽饽给他了。"[78]头人生存的艰难，瓦解了决策层的团结，使内部纷争激烈，甚至出现多个头人率领全寨番人集体叛逃的情况："俄洛木寨头人革什甲木参带领所属番人二十户，又喇嘛科尔头人雍中带领所属番人二十户，又日尔底寨头人丹比西拉布带领所属番人二十一户，共男妇二百二四十名口前来。"[79]面对这种窘境，索诺木虽然采取了一些措施限制，但逃走的人越来越多，索诺木束手无策，只能对手下人说："如今你们实在没得吃，有要投出去的也罢了。但出去切不可说这里头慌乱的话。万一天朝饶了你们，少不得也还要回来，我自然还给你们恩典。若是把慌乱情形说了，这是要天诛地灭的。"[80]

---

74 《金川档》，乾隆三十八年五月十五日，中国第一历史档案馆藏，胶片号：00097。

75 海兰察等：《参赞大臣海兰察等奏报连攻空萨尔勒吉尔博一带碉寨并讯问投出人员等情折·投出促浸等番人供单》，乾隆四十年正月十一日，《清宫珍藏海兰察满汉文奏折汇编》，2008：282

76 海兰察等：《参赞大臣海兰察等奏报攻克木思工噶克丫口现筹合力进兵及讯问投出者情形折·投出番人供单》，乾隆四十年四月二十二日，《清宫珍藏海兰察满汉文奏折汇编》，2008：292

77 海兰察等：《参赞大臣海兰察等奏报筹办乘机进攻桑噶斯玛特碉寨并讯问投出人员等情折·投出　拉番人番妇等供单》，乾隆四十年正月初四日，《清宫珍藏海兰察满汉文奏折汇编》，2008：235

78 海兰察等：《参赞大臣海兰察等奏报攻克木思工噶克丫口现筹合力进兵及讯问投出者情形折·投出番人供单》，乾隆四十年四月二十二日，《清宫珍藏海兰察满汉文奏折汇编》，2008：292-293

79 《金川档》第5册，乾隆四十年七月二十二日，2007：3313

80 海兰察等：《参赞大臣海兰察等奏报接拿木栅直趋河沿截断噶朗噶等处及讯问投出者情形折·投出番人等供单》，乾隆四十年五月初四日，《清宫珍藏海兰察满汉文奏折汇编》，2008：298

结论

本文主要从军事史的视角，探讨清军对立面两金川土司的军事力量。通过对满汉文相关档案的梳理，可以得出以下结论：

（一）双方领导决策机制的不同，对各自战斗力的发挥，有着重要影响。

土司仅凭借其身份，就天然拥有足够权威，更何况僧格桑、索诺木均非等闲之辈，他们都拥有高超的手腕。他们通过知人善任、礼贤下士，处理好了与家族、头人、喇嘛的关系，使得上下同心用命。在战争决策时，土司并不专断，而是委任大头人处理，然后迅速通过小头人、寨首执行，层级相当简化、高效。

清军前线最高指挥官却不拥有最终决策权，他们只能执行远在京师的乾隆帝的旨意。而乾隆帝毕竟没有身临前线，许多指示并不切合战场实际。在命令下达后，清军还有副将军、参赞大臣、领队大臣等许多层级及数万军队，机构臃肿，指挥不灵，其决策的效率自然无法和两金川土司相提并论。

（二）军队素质、机动性及在此基础上形成的战斗力，发挥的作用比军队数量更重要。

两金川没有职业士兵，番人是在平日与周边土司争斗的过程中，形成了犷悍的性格和高超的单兵作战能力。由于他们是防御作战，地形及情报均占优势，通过迅速的移动，在局部战场弥补了总人数的不足，多次给予清军重创。

反观清军，战争期间参战人数十数倍于两金川。但清军有大量后勤物资、台站、碉卡需要分兵防御，不得不分散进攻兵力，在防守一些碉卡和台站时，兵力很可能对两金川番兵并无绝对优势。且战斗以山地地形为主，极大限制了马匹的使用，只能利用步兵徒步作战，转移速度自然比不上番兵。除健锐营、火器营等少数特种部队外，清军其他兵种均不擅长攻碉，视攻碉为畏途，战斗力和精神力远逊于番兵。屯土兵虽熟悉地形、善于攻碉，但因只是周边土司派来的雇佣军，其精神力量自然无法同保卫家园的两金川番兵相提并论。

（三）物资储备与后勤补给是理解这场战争的关键因素。

第二次金川战争，不同于平定准噶尔部、回部等战争，双方没有进行过主力决战，也没有明显的战略转折点，清军的胜利，不是凭借高超的战略战术，而是在巨大的财力、兵力基础上，逐步挤压两金川的生存空间而获得的。换而言之，物资储备与后勤补给是双方的胜负手。

在战争前期，两金川凭借先前储备的粮食与火药及在木果木战役中获得的巨大物资，同清军周旋三年时间。这些物资储备不仅是两金川番人生存的根本条件，也是土司权威得以树立的物质基础。在战争后期，随着生存空间的逐渐缩小，土司获得补给愈发困难，引发了内部生存危机。番人为能够活命，大量逃出。而曾经听命于土司的大小头人，也纷纷离心离德投降清军。因此，物资的匮乏使土司的权威日渐失去，瓦解了原有的领导体制。而乾隆帝为剿灭两金川，不惜一切代价，各类后勤物资源源不断供给，清军后勤无虞，自可全力进攻[81]。可以说，第二次金川战争从根本上是一场比拼物资补给的战争，补给源源不断的清军成为了最后的胜利者。

目前，有关乾隆帝“十全武功”的研究成果虽已经比较丰硕，然而，从军事史视角出发的研究仍显不足，对战争本身的各要素分析尚不深入。事实上，无论战争内涵多丰富、牵涉面多广泛，它的性质首先仍然是战争，军事史研究视角不应缺席。如果对战争本身各要素研究不足，其他相关研究很可能就会是空中楼阁。只有建立在对战争各要素准确分析的基础上，方能为进一步研究打下基础，本文或可视为对此的一种努力。

◆ 张阔　中国人民大学国学院西域历史语言研究所博士研究生

81 有关清军物资的供给，史料主要可参考郑栖山：《平定两金川军需例案》，北京：全国图书馆文献缩微复制中心，1991：4-186；研究著作主要可参考 Ulrich Theobald, *War Finance and Logistics in Late Imperial China—A Study of the Second Jinchuan Campaign (1771-1776)*, Leiden & Boston: Brill, 2013: 151-226.

还俗活佛的传记书写：以康区东谷寺第八世东科夏仲活佛为中心 *

谢光典

内容摘要：19 世纪中期，瞻对（ལྕགས་མདུད）工布朗结（མགོན་པོ་རྣམ་རྒྱལ）势力的兴起，改变了西藏与康区的政教格局，更影响了康区人的生活轨迹。本文以康区甘孜东谷寺（སྟོང་འཁོར）第八世夏仲活佛阿旺多觉云丹绕杰（ངག་དབང་མདོ་རྒྱུད་ཡོན་ཏན་རབ་རྒྱས། 1853—1895 年）的人生为线索，以《历辈东谷人物传》（སྟོང་འཁོར་ཟླ་བ་རྒྱལ་མཚན་སྐུ་ཕྲེང་རིམ་བྱོན་གྱི་རྣམ་ཐར）中有关第八世东科夏仲活佛的记载为主要文本依据，综合考察在清末动荡的时局下，康区一位普通活佛的人生历程，剖析了作为东谷寺僧人，同时也是八世东科夏仲活佛传记的作者，如何以充满矛盾与隐喻的话语，书写自己的寺主活佛舍戒还俗、娶妻生子的行为，并指出藏传佛教人物传记文本遮蔽性的一面。

一、引言

东谷寺（东科尔寺 / 洞阔尔寺 / 栋科尔寺），也称吉祥妙高寺（བཀྲ་ཤིས་ལྷུན་པོ），全称东谷大密不变金刚洲（སྟོང་འཁོར་གསང་ཆེན་མི་འགྱུར་རྡོ་རྗེ་གླིང），位于今四川省甘孜藏族自治州

* 本文为国家社科基金青年项目《乾隆皇帝御制藏、满、蒙、汉四体合璧〈首楞严经〉第九、十卷对勘与研究》（15CZJ022）成果之一。

甘孜县东北部四通达乡（ཟི་ཐང་མདའ）达曲河（འདར་ཆུ）东岸与奶龙河（གནས་ནང་ཆུ）西岸的交汇点上，距甘孜县县城60公里，海拔三千多米。1474年，由第一世东科尔活佛达瓦坚赞（ཟླ་བ་རྒྱལ་མཚན）修建，属于藏传佛教格鲁派寺庙。东科尔活佛世系曾是康区影响较大的活佛系统，第一世活佛达瓦坚赞曾协助第三世达赖喇嘛索南嘉措传教于俺答汗部。第三世活佛嘉瓦嘉措（རྒྱལ་བ་རྒྱ་མཚོ）圆寂后，以颇瓦法转世，之后由后者即第四世活佛多觉嘉措（མདོ་རྒྱུད་རྒྱ་མཚོ）倡建了位于今青海湟源县的东科尔寺。第五世活佛阿旺索南嘉措（ངག་དབང་བསོད་ནམས་རྒྱ་མཚོ）圆寂后，在转世灵童的问题上，康区和青海的东科尔寺发生分歧，分别寻访各自寺庙的灵童，从此东科尔活佛世系一分为二，青海的一般被称为东科尔活佛，康区的则俗称为东科夏仲（སྟོང་འཁོར་ཞབས་དྲུང）活佛[1]，其中青海的第六世东科尔活佛阿旺嘉木样旦增嘉措（ངག་དབང་འཇམ་དབྱངས་བསྟན་འཛིན་རྒྱ་མཚོ། 1753—1798年）在乾隆年间成为驻京呼图克图，影响逐渐超过了康区的东科夏仲活佛，但东科夏仲活佛世系仍在康区保持着强劲的影响力。

本文所依据的文本主要是《历辈东谷人物传》（སྟོང་འཁོར་ཟླ་བ་རྒྱལ་མཚན་སྐུ་ཕྲེང་རིམ་བྱོན་གྱི་རྣམ་ཐར），原为木刻本。根据出版前言介绍，此著是20世纪八九十年代中国藏学中心与甘孜州合作编纂《甘孜州藏传佛教寺院志》，在走访调查东谷寺时发现的，原书一直由东谷寺僧人多吉策仁（རྡོ་རྗེ་ཚེ་རིང）保存，鉴于康区寺院资料的稀缺性，2005年由中国藏学出版社付梓出版。此著虽经现代出版机构的整理校对，但错字、别字仍然很多。内容包括第一世至第九世东科夏仲活佛系列传记，属于传记合编本，但编者不明，不过可以确定他是第八世与第九世东科夏仲传记的作者，他的身份应该是东谷寺的僧人。虽然编者自称写于1930年，但根据书中所载九世东科夏仲的事迹推算，最后完成时间可能到了1942年。此著作为活佛世系史，对研究清末近代以来的康区宗教、社会、经济等各方面都具有很大价值，但学界研究得还远远不够，目前可资参考的只有蒲文成先生的研究成果[2]。

本文关注的第八世东科夏仲活佛阿旺多觉云丹绕杰（ངག་དབང་མདོ་རྒྱུད་ཡོན་ཏན་རབ་རྒྱས། 1853—1895年），不论是在讲、辩、著等佛学修为，还是政治事功方面，在所有的东科世系中并不突出，他至今被人们津津乐道的是，他身为活佛，却做出了舍戒还俗、娶妻生子的举动。藏文文献中有关藏传佛教高僧活佛的传记虽然浩如烟海，但这些传记的主

1　这场纠纷牵涉到了六世班禅与三世章嘉，甚至传到了乾隆皇帝的耳中。关于此事的缘由经过，笔者拟日后撰文专论。

2　蒲文成：《东科尔活佛系统与藏传佛教格鲁派北渐蒙古地区》，《青海民族大学学报》，2011（1）：58-64。

人公绝大多数是佛法忠实的践行者与弘扬者，是世人的模范、成功的典型，造传者的目的是要让读者见此传记而得解脱（རྣམ་ཐར）。不可否认的是，在雪域高原成为佛陀教化地之后，历史上肯定存在有众多退戒还俗的僧人，但这些僧人还俗之后不会刻意把自己的经历整理成文字，流传于后世，供人浏览。历史上藏传佛教的宗教领袖，除了像六世达赖喇嘛仓央嘉措等极少数人之外，一般又很少发生退戒还俗的情况，即使有也会秉着为尊者讳的原则，隐去或改写这段尴尬的事迹。故本文拟通过对第八世东科夏仲活佛的研究，一是认为他还俗的举动，固然有其个人的选择，但也与19世纪中期以来康区乃至整个西藏动荡的时局有关，更重要的是考察作为东谷寺僧人的本传记的作者，是如何以充满矛盾与隐喻的话语，认识与书写自己的寺主活佛舍戒还俗的举动。

二、八世东科夏仲活佛的生平

水鼠年（1852年）第七世东谷活佛洛桑朵觉益希丹贝坚赞（བློ་བཟང་མདོ་རྒྱུད་ཡེ་ཤེས་བསྟན་པའི་རྒྱལ་མཚན། 1806—1852年）圆寂后，他的亲随侍从索本嘉措丹巴（གསོལ་དཔོན་རྒྱ་མཚོ་བསྟན་པ）等人即向第七世班禅丹贝尼玛（བསྟན་པའི་ཉི་མ། 1782—1853年）求问七世东科的转世灵童，班禅虽言“东科夏仲的转生世系会像海浪一样，毫无差错地相继出现”，但同时也告诫嘉措丹巴一行，在找到灵童后，一定要让灵童“严守学僧的所有誓言（དམ་ཚིག）。”[3] 1853年冬，伴随着种种祥瑞吉兆，第八世东科夏仲活佛出生在东谷寺北面阿波色拉寺（ཨ་པོ་སེ་ར）[4] 附近的牧民家。父亲“不作匪盗等诸恶行，品行高尚”；母亲“虽有点爱财，但对乞丐乐善好施。”[5] 作为八世夏仲之父的供奉喇嘛，阿波色拉寺的朱古即格（སྤྲུལ་སྐུ་འཇིགས་བྲལ）首先宣布了八世夏仲的神迹。1854年，东谷寺开始筹办认定灵童事宜，寻访队伍除了有东谷寺的索本、涅瓦（གཉེར་བ）、格贵（དགེ་སྐོས），还有阿坝、泰宁（མགར་ཐར）以及众多牧区的部落首领，当然朱古即格也在场。在八世东科夏仲向众人显示了各种神奇迹象后，寻访队伍一致认为此孩童确实为第七世的转世灵童。为了谨慎起

3 《历辈东谷人物传》，北京：中国藏学出版社，2005：314-315。

4 此寺即今色达县境内的色拉寺（སེ་ར་དགོན），全称瓦须色拉寺大乘法轮洲（བ་ཤུལ་སེ་ར་ཐེག་ཆེན་ཆོས་འཁོར་གླིང），位于色达县和甘孜县交界处的泥隆沟（ཉི་ལུང），始建于1736年，原来只是作为修行处，到1868年阿颇索根朱古（ཨ་པོས་བསོད་རྒན་སྤྲུལ་སྐུ），把寺院迁移到今天的泥隆沟。参见中国民族语文翻译局编译，李万瑛、达哇才让、加羊达杰主编：《青川甘滇四省藏区寺院山川名汉藏对照》，北京：民族出版社，2014：565；中国藏学研究中心历史宗教研究所、中国藏语系高级佛学院、甘孜宗教局、甘孜编译局编著：《甘孜藏区寺庙志》（藏），内部资料，1991：353-354。

5 《历辈东谷人物传》，2005：317。

见，1856 年东谷寺又派遣了二十多人的队伍去往拉萨，向当时西藏摄政第三世热振活佛阿旺益西楚臣坚赞（ངག་དབང་ཡེ་ཤེས་ཚུལ་ཁྲིམས་རྒྱལ་མཚན། 1816—1863 年）求问，在举行金瓶掣签七世班禅的转世灵童的同一天，终于得到了确认，但热振也像七世班禅一样告诫东谷寺僧众："虽然第八世心已觉悟，但还会显示一般孩童之像，此时老师与侍从们从早期开始就不能让第八世放任自由，应该献上自己的学识，把圣人当成大愚人那样来教。"[6] 在支付给阿波色拉寺和八世夏仲之父赎身钱（བླ་ཡོན）金银 13 秤及其他物品之后，八世夏仲在东谷寺坐床，当时在甘孜的汉地商人也参与献礼。1858 年八世夏仲开始学习藏文字母，1859 萨嘎达瓦节时受居士戒，不久又受沙弥戒，并从热振活佛处得名阿旺多觉云丹绕杰（ངག་དབང་མདོ་རྒྱུད་ཡོན་ཏན་རབ་རྒྱས）。

19 世纪 50 年代后，瞻对（ལྕགས་མདུད）工布朗结（མགོན་པོ་རྣམ་རྒྱལ། 1799—1863 年）[7] 势力逐渐兴起，康区社会动荡不安，天灾不断，战乱频仍，劫掠猖獗，东谷寺也不安宁。有一叫朵多仓（རྡོ་ཏོ་ཚང）的部落就与东谷寺是世仇。八世夏仲有次路过朵多仓所在的獐子沟口（གླ་ལུང་ཁ）时，"天下大雪，电闪雷鸣，连骑的马都发病了。"[8] 还有次，朵多仓偷了东谷寺三十四马，但东谷寺又把被偷的马暗地里取回了，而朵多仓不知道，以为被其他人偷了，故而与其他人产生争斗，蒙受了巨大损失。八世夏仲住在寺院外的帐篷时，还出现了头戴瞻对式帽子、腰插刀剑的窃贼。1860 年工布朗结势力壮大，陆续把霍尔五部收于治下。"东谷寺上 [出现] 恶人"，正当喇嘛、头人们（བླ་དཔོན）及侍从一百人多人前来迎请八世夏仲、前往果洛避难时，"突然瞻对的一个大将来到，把喇嘛、土司及众头人迎请到瞻对。"[9] 但瞻对白玛敦都（པད་མ་བདུད་འདུལ། 1816—1872 年）的传记明确记载："[工布朗结] 曾把德格（སྡེ་དགེ）、霍尔五土司、石渠（ཟ་ཆུ་ཁ་བ）等百来号人当做人质（དུ་གཏེལ）关押在一起。"[10] 所以传记里用的"迎请"，其实只是"人质"的一种隐晦笔法[11]。虽然《定瞻厅志略》言："[工布朗结] 其性最恨喇嘛，见必杀之，焚庙宇不计其数"。他的几个儿子"尤不容喇嘛，见即无论远近多少，必追而杀尽乃已，"[12] 但其实，工

6 《历辈东谷人物传》，2005：332。

7 也称 ཉག་རོང་མགོན་པོ་རྣམ་རྒྱལ，或 ཉག་སྐྱིད་བུ་ལོང་མ。

8 《历辈东谷人物传》，2005：327。

9 《历辈东谷人物传》，2005：332。

10 益西多吉（ཡེ་ཤེས་རྡོ་རྗེ）：《白玛敦都传及道歌》（ཉག་བླ་པད་མ་བདུད་འདུལ་གྱི་རྣམ་ཐར་དང་མགུར་འབུམ），成都：四川民族出版社，1998：116。

11 这在后来的《新龙工布朗结兴亡史》上也有记载。"工布朗结将俘获的……甘孜督科（即东谷寺）的下宗（即夏仲）活佛等，集中关押在他的官寨楼上"。参见喜绕俄热：《新龙工布朗结兴亡史》，《甘孜藏族自治州文史资料选集》，1985（3）：32。

12 （清）张继：《定瞻厅志略 · 叛逆篇》，中央民族学院图书馆编：《中国民族史地资料丛刊六》，内部参考。

布朗结虽然会把一些他认为对他有害的宗教人物关押起来作为人质，同时也会积极供养那些支持或至少不公开反对他的活佛们[13]。所以不久后八世夏仲就恢复了人身自由，1863年他还在东谷土司之女策旺策仁（ཚེ་དབང་ཚེ་རིང）的支持下，向霍尔牧区（འབྲོག་སྡེ་ཧོར་ཁག）募集资金，扩建了东谷寺集会殿（འདུ་ཁང）。据说工布朗结任命掌管东谷的宗本策仁（རྫོང་དཔོན་ཚེ་རིང）[14]对八世东科夏仲很友善，心里想的只是东科夏仲和东谷寺有没有得到很好的照顾。八世夏仲也对他很满意，给他摩顶祝福，并赐吉祥结，并言彼此“心意一致。”[15]

1865年西藏噶厦地方政府的军队（དགའ་ལྡན་ཕོ་བྲང་བའི་དམག）击败工布朗结，随之瞻对被清朝中央政府划归西藏管辖。甘丹颇章任命彭饶巴（ཕོ་རོག་པ）[16]为第一任司令。为了补偿军费，西藏地方驻军在瞻对强取豪夺。传记记载，彭饶巴以守护霍尔地区（ཧོར་ཁག་ལྔ）为借口，向藏军控制的地区及势力影响的地区大肆征税，东谷地区也不例外，但东谷土司头人们认为自己是东谷寺的寺庙属民（ལྷ་སྡེ），向来不承担霍尔五部的税负，所以拒不缴纳。彭饶巴准备发兵攻打东谷寺，不过在康区活佛、土司们的调解下，事情和平解决，东谷只出了一小部分税银（དངུལ་ཁྲལ）。1869年八世夏仲前往拉萨，入三大寺之一色拉寺学习，但“正如热振所说，世人福德浅薄。不久色拉寺出现衅端，再待下去不太安全，”[17]所以1870年八世东科夏仲即返回东谷寺。1871年八世夏仲以炉霍的革兀仓洛桑丹巴雅给（ཀེའུ་ཚང་མཆོག་སྤྲུལ་བློ་བཟང་བསྟན་པ་ཡར་རྒྱས）为亲教师，强巴伦珠（བྱམས་པ་ལྷུན་གྲུབ）为轨范师，受比丘戒，正式成为出家人。从1870年到1890年这二十年间，传记对第八世的记述模糊不清，概括起来他所做之事有视察东谷属寺、增发僧众衣粮、抵挡瘟疫、学法、修建玛尼筒、塑像等。有意思的是传记除了记载八世夏仲受周边土司邀请、来往各土司辖区外，还称“道孚（རྟའུ）虽没迎请，为了众生的利益，也来到灵雀寺。”我们知道，藏传佛教高僧活佛在前往某地弘法时，按照惯例，总是先由这个地区的负责人表达出名义上或实际上的邀请意愿之后，该高僧活佛才会莅临当地，并收取一定的布

---

13 玉珠措姆：《瞻对工布朗结在康区的兴起探析》，《中国藏学》，2014（2）：37-39。

14 此人可能是工布朗结攻占甘孜后派驻在绒坝岔的头人，人称阿尼侍从泽仁（ཨ་ཁྲི་ཉེར་ཆེན་ཚེ་རིང）。参见《新龙工布朗结兴亡史》，1985（3）：20。

15 《历辈东谷人物传》，2005：332。

16 即策仁巴丹（ཚེ་རིང་དཔལ་ལྡན）。

17 《历辈东谷人物传》，2005：336。三世热振活佛摄政后，长期与哲蚌寺不合，1862年热振因革退哲蚌寺堪布一事而同哲蚌寺发生严重冲突，引发哲蚌寺僧众联络甘丹寺攻打摄政府，三世热振携印信逃亡北京，随后身亡。夏扎·旺曲杰布（བཤད་སྒྲ་དབང་ཕྱུག་རྒྱལ་པོ། 1797—1864）及成为第悉。这在场争斗中，因色拉寺站在热振一边，遭打击报复。夏扎一派失败后，色拉寺僧人又回头攻打甘丹寺报复。参见毕达克著，沈卫荣、宋黎明译：《西藏的贵族与政府》，北京：中国藏学出版社，1990：146。

施。虽然不知道灵雀寺为何不迎请八世夏仲，但可以猜测灵雀寺并不欢迎他的到来。

到了 1890 年第八世夏仲突然以“特别的教戒诳言即将圆寂（གདམས་ངག་ཁྱད་པར་ཅན་གྱི་ཟོལ་ནས་ཞིང་གཞན་དུ་གཤེགས་པ）”：

> 鲜白坏缘之珍宝，悭吝之地苦停留，成就无贪性之时已到来；
> 难喜怨误之亲友，情面之地苦停留，去往无执塘之时已到来；
> 无尽之业耕耘者，苦难之地久停留，置于无业性之时已到来；
> 难得易坏之幻身，生死之地苦停留，执持无生地之时已到来；
> 易混乡梓之情者，贪嗔之地苦停留，去往珈蓝地之时已到来；
> 大小地面之学友，增损之地苦停留，成为无主仆之时已到来；
> 难断大害之酒肉，贪念之地苦停留，吞饮苦行水之时已到来；
> 难学利小之辞藻，增损之地苦停留，见识无言义之时已到来；
> 珍贵难寻之皮袄，八风之地苦停留，迁入乐暖身之时已到来；
> 损害众生之无明，我执之地苦停留，忆念自觉智之时已到来。
>
> 总之无利他之事即魔之业，无益之说法使头脑迷惑，亲见不当见而易动怒，浊世有情不惜恩，是时候舍弃今生，去往空行之地了[18]。

以上八世夏仲所说教戒，按照藏传佛教人物传记的行为暗示，一般都是高僧活佛对自己即将圆寂而做的预言，但事实上第八世并不是要圆寂，所以传记作者才说这是“诳言”。谜底终于在一年后解开，八世夏仲“以密意之力（དགོངས་པའི་དབང），奉还戒律（བསྡོམས་པ་ཕུལ་བ），成为白衣（དཀར་ཆས），”[19]并在房外（ཕྱི་ཁྱིམ）画上赤美衮登（དྲི་མེད་ཀུན་ལྡན）、贡确邦（དཀོན་མཆོག་འབང）的故事以及吉祥米聚塔，在卧室则绘有达降薪（རྟ་བཅང་ཤིང）与强贝朵（བྱམས་པའི་སྟོབས）的故事以及普陀布达拉。王子赤美衮登是藏地广为流传的一则故事，传说他生为王子，乐善好施，先是把王位施舍给敌人，继而把妻妾、儿子，甚至自己的眼珠施舍给别人。最后感动三宝，眼睛重见光明，妻妾、儿子、王位也相继回归。王子贡确邦，说的是老国王为了延续王室血脉，令他的儿子贡确邦娶妻，但贡确邦坚决反对，最后他历经千辛万苦来到乌仗那，娶了智慧空行母桑哇益希（གསང་བ་ཡེ་ཤེས）。传说中的国王强贝朵，心地非常仁爱，教导百姓力行十善，瘟疫恶鬼无法加害

18 《历辈东谷人物传》，2005：345。
19 《历辈东谷人物传》，2005：346。

这个国度，森林里的五个吸血夜叉，因为吸不到人的血气，请求强贝朵搭救，强贝朵割断自己身上的五条血脉，喂饱了夜叉。这里赤美衮登和强贝朵代表着第八世虽然还俗了，但这种还俗是一种施舍自身肉体于浊世的做法，贡确邦则意味着第八世的妻子并不是世俗意义上的妻子，而是某种宗教意义上的“明妃”；至于“米聚塔”和“布达拉”暗示着八世东科夏仲的僧人身份，揭示的是第八世依然保存着向佛之心。这里传记作者想要表达的是八世夏仲既僧又俗的身份。

八世东科夏仲退戒为俗后，对于他应不应该继续留在寺院，传记作者引用第八世还俗事件的见证者，东谷寺一位名叫拉色彭措朵格（ལྷ་སྲས་ཕུན་ཚོགས་སྟོབས་རྒྱལ）的人的话：“众多僧俗尊卑人等极力请求八世夏仲，不要脱下袈裟，仍然住在寺庙。八世夏仲言：‘我已经对教法产生损害，现在不应再不伦不类（ར་མ་ལུག）了……几年之内我除了作为流民（སྤྲང་འཁྱར）外，别无他法……轮回的苦乐如梦幻一般，过不了多久，就会好的。’”甘孜寺的孔萨香根活佛也来东谷寺，亲自奉劝八世夏仲：“我们康区寺院正处于困难[之时]，仁波切您还是在寺院，增盛讲学修三事，休闲度日吧。”但八世夏仲没有听从劝告，并预言自己还俗之后，活不过三年。1893年八世夏仲只带了一名随从，离开了东谷寺，来到“贫苦人家和仍对他敬重的俗人家，”“得到了这些人妥善的关照，诸事如意，”但传记随后又添了一笔：“只有一两家俗人来照顾他饮食起居。”八世夏仲虽然离开了东谷寺，但他对东谷寺还保持有一定的影响力。1894年东谷寺举办药师佛法会时，领诵师仍向他求问事业偈句，他还建议寺院应该为东谷土司做一场经忏法事。两年后的1895年5月初5日，八世夏仲在摩顶祝福对他“仍然敬信”的人后，誓愿“我以后不会像现在这样，下一世还会利益宗喀巴的教法，”之后披上袈裟圆寂，圆寂时传记作者曾亲耳听到“教法增盛，所有祸害全部断绝”的声音[20]。

三、前世今生：八世夏仲活佛的还俗之因

传统传记的结构顺序一般都是按照传主的时间轨迹来安排，属于一种“倒放电影”的叙事方法。由于结局已经知道，写作者较容易发现一些当时当事人未能注意到的事件的重要性。在藏传佛教的高僧活佛传记书写中，这种重要性就以各种各样不知真假的所谓的“授记”（ལུང་བསྟན）体现出来，七世班禅、三世热振活佛对东谷寺僧众的告诫与八世夏仲的“诳言教戒”就属于此类。佛教重视因果，认为任何事的发生，离不开因缘聚

20 《历辈东谷人物传》，2005：347-349。

会，所以八世夏仲传记的作者也给出了八世东科夏仲还俗的各种原因。最直接的原因是工布朗结曾经把八世夏仲“与男男女女关在一起，待了五六天，因为秽气和魔（གྲིབ་དང་བདུད）产生的违碍，丧失了以前的神力（མངོན་མཁྱེན），……有了业障，变成轮换者（རིས་འཛོག་ཅན）。”[21] 但八世夏仲遭关押时，才八九岁，而且最多三年后就已恢复自由，这不得不让人怀疑，所谓的“秽气”到底能污染一个幼童到什么程度。当然作为虔诚的佛教徒，传记作者和读者肯定不会只满足于这个解释，而必须把根源追溯到八世夏仲的前世与前前世。这样他拉来了扎尕多吉羌（ཟླ་དཀར་རྡོ་རྗེ་འཆང），此人即前揭文提到的白玛敦都，他是 19 世纪康地声望卓著的成就者、掘藏师与利美运动（རིས་མེད）的践行者[22]。传记作者声称白玛敦都所造《忆念前世本生》第二十一品有八世夏仲还俗的前世之因：

> 莲花城（གྲོང་ཁྱེར་པད་མ་ཅན）一位名叫法象（ཆོས་ཀྱི་གླང་པོ）的国王，有三个儿子。扎尕多吉羌最小，名为王子业能（ལས་ནུས），没有执掌国政。夏仲仁波切在俱生城（གྲོང་ཁྱེར་སྐྱིད་ལྡན）放牧，称为婆罗门业能（བྲམ་ཟེ་ལས་ནུས）。[因]前世相连，师徒二人成为同心和睦的朋友，遂[在一起]放牧。有一次，来了一位幻化瑜伽士，[他]向师徒二人讲说了脉风明点等身要与心要，并传授了夺舍法（གྲོང་འཇུག）。二人看见所有人死之后的尸体，都能毫无困难地迁入心识，对夺舍法很为熟稔。此时莲花城国王法象的大儿子与二儿子都过世了，而业能王子已长成，国王说道：“你两位兄长去世后，若没有其他人能执掌国政，那你就和婆罗门的女儿俱光母（འོད་ལྡན་མ）二人一起执掌国政吧”。业能王子回答：“我对王政等世间法一点情趣也没有，[我]不会持政”。国王说道：“孩儿业能，[你]和婆罗门之女二人解除羁绊后，婆罗门业能再来[娶她]，又有什么关系”。[又向他]细细讲述了历史事迹，[但王子]业能迅疾说道：“你走吧，我是不会执政的”。婆罗门业能想到：他若来，我就夺取他的身体，然后和婆罗

---

21 《历辈东谷人物传》，2005：332。

22 白玛敦都出生于工布朗结的家乡瞻对，童年家道中落，先是父亲离世，孤儿寡母被人赶出，接着二弟、幼弟相继夭折，他也染上水痘，又遭驱逐，被迫乞讨度日。20 岁左右，因时局动乱，被迫逃亡他乡，之后追随众多名师，1846 年拜见楚布寺大成就士曲英让卓（ཆོས་དབྱིངས་རང་གྲོལ），在瞻对郎朗卓嘎（ལྷང་ལྷང་ བྲག་དཀར）闭关 9 年，期间随着他的声望的壮大，大量弟子前来依止。1860 年他与第十四世噶玛巴忒却多吉（ཐེག་མཆོག་རྡོ་རྗེ། 1798—1868）、蒋贡贡珠（འཇམ་མགོན་ཀོང་སྤྲུལ། 1813—1899）、第十世司徒活佛白玛贡桑确格（པད་མ་ཀུན་བཟང་ཆོས་རྒྱལ། 1854—1885）一起受邀，主持了工布朗结之子的丧葬法事。工布朗结败亡后，第十二世达赖喇嘛成列嘉措（འཕྲིན་ལས་རྒྱ་མཚོ། 1857—1875）还曾亲自写信给他。参见益西多吉：《白玛敦都传及道歌》，成都：四川民族出版社，1998：12-125。

门之女一起掌权。[23]随后王子业能来了，婆罗门业能把寺院里死掉的大象的尸体搬到另一边，并说："我来守护你的身体"。王子业能遂把心识迁入大象的尸体，[随后大象]搬起婆罗门业能的身体，[把他]施舍给野兽，[婆罗门业能则]迁入王子业能的身体，这样[婆罗门业能]遂和婆罗门之女一起执掌国政，莲花城的国王也很高兴。我的朋友，婆罗门业能就是夏仲你，你因此时欺骗的过失才有了今生之前的鲁莽行为。正如你前世多觉嘉措以夺舍法[转生]，此时夺舍的习气苏醒了。[24]

虽然白玛敦都的传记中没有明确提到八世夏仲，但当八世夏仲被关押时，白玛敦都曾"拿出自己的财物送给被关押的人，并且还赎回了一些囚犯，接到自己的处所疗养，"这些受过白玛敦都恩惠的人中，可能就有八世夏仲。甘丹颇章占据瞻对期间，东谷寺与彭饶巴因为赋税发生冲突，白玛敦都曾担任过调解人的角色[25]，所以可以肯定两人应该都知道彼此的存在。可惜我们翻遍白玛敦都的传记以及他留下的所有笔墨，都没能找到《忆念前世本生》。如果此著确实存在，那可能是遗失了，也可能是原只有耳传（ཉན་བརྒྱུད）并没有形诸文字。所谓本生（jātaka）原指佛陀还未成佛的前生故事，此类故事关注的是佛教功德、因果，目的是劝导群氓的向佛之心。《忆念前世本生》如果存在的话，内容可能是白玛敦都向徒众宣讲自己前世功过的故事汇编。传记作者借白玛敦都之口向世人宣告，八世夏仲的还俗事件，根源在他前世为婆罗门时，以颇瓦法迁入王子业能的身体，狸猫换太子，娶了婆罗门之女，最终成为国王的欺世之举。正因为有了前世之因，才有了今世之果。此外，白玛敦都还指出，具体到东谷（东科尔）活佛世系中，三世东科尔嘉瓦嘉措（རྒྱལ་བ་རྒྱ་མཚོ）圆寂后，没有按照惯例投胎成灵童，而是直接以颇瓦法迁识到另外一个成人身上这种非常手段，转世成四世东科尔多觉嘉措。虽然嘉瓦嘉措占据了被迁识人的身体，但原来那个人的"习气"到底还是会沾染纯洁的东科尔活佛世系并与之相随，就如定时炸弹，只是恰好到八世东科夏仲时被引爆了。

传记作者虽然没有明确指出或者说"正确"指出八世夏仲还俗的原因，但可以推论，除了个人选择之外，这应与19世纪末康区与西藏的政治局势有很大关系。八世东科夏仲甫一出生，就处于工布朗结势力兴起之时，工布朗结的攻城伐地，势必带来康区局势

23 此处传记作者有一注解："这正如帝释天聚集众菩萨的圆满法一样，[是]为了友伴，而完全不是因为烦恼染污，凡夫俗子不可自加揣测。"

24 《历辈东谷人物传》，2005：352。

25 《白玛敦都传及道歌》，1998：334。

的不稳定，之后他更遭关押。工布朗结覆亡后，瞻对被甘丹颇章占据，康区的土司辖地又遭到西藏地方军队的欺压。在西藏腹地拉萨，此时又值热振摄政逃亡北京后十三世达赖喇嘛亲政前那一段动荡期，所以八世夏仲前往色拉寺学法的计划也没能实现。通观整个传记，关于八世夏仲闻法的记录，比例非常之少，有关他的修法觉受，更是了无踪迹。格鲁派讲究的“讲辩著”三功之中，八世夏仲的成绩也并不可观，留下的著作大都属于仪轨汇编或续补性质[26]。动荡的时局使八世夏仲早年不能安居寺院，潜心求学修法，导致他的宗教修为不够，这可能才为他以后的还俗行为埋下了伏笔。

有趣的是白玛敦都自身也曾经历过八世夏仲类似的苦恼。白玛敦都 22 岁那年在“在冲堆（ཁྲོམ་སྟོད）转玛尼，出现贪念欺骗力，经常心神不宁，世间八风力真大，[我] 用饰品装扮自身，放逸恣纵，心中时常挂念爱欲，虽然如此，翻来思去，断定这不是什么好事。[我] 从年幼之时到现在，戒律清净如同水晶球，虽然出现过很多幻景，但都没被欺骗。此事定是魔鬼的幻变，是诱惑 [我] 行欺骗的前兆。”[27] 在这紧急关头，白玛敦都通过禅定观修，终于消解了心中的爱欲。之后他现身说法，谆谆劝导徒众舍离贪爱，守护誓俱，他认为“除了成熟解脱的密咒士外，女子与伴侣没有丁点好处，”因为“女人会妨害戒律，”“年轻貌美的少女”尤其是“修法之人的大毒害，”“喜欢亲近女子者，是在依止夜叉罗刹女，是不善的根本和争斗的源头，是苦恼之因、痛苦之源，让人畏惧、心神不宁，让人感受冷热饥渴，变得愚笨疲乏，是依止于三恶趣道，”所以“二百五十三条 [比丘] 戒，舍离女人为根本，”而那些“希求妻儿与子女”的人，就如“住在低下之家中，永不得无上菩提。”他感慨如今“浊世大都黄身者，号称僧侣如凡夫，[拥抱] 女人一起眠，”康区的寺院变成了“良田美女与宝库，酒肉商品聚集地，仅存寺名法不弘。”[28] 他更以道情的方式，表达了女子对修道之人的害处：

在家女人是兔子，暇满宝狮能被骗。
在家女人是江河，幻身沙堡能被毁。
在家女人是母牛，功德莲林能被摧。

---

26 八世夏仲“汇编了第二世达赖喇嘛（根敦嘉措，དགེ་འདུན་རྒྱ་མཚོ། 1476—1542）所著的天女手册（ལྷ་མོའི་བེའུ་བུམ）和其他人所造的天女法论，还有一些怙主成就法及供奉仪轨等，续补了有关东科尔寺的堪布传承史，给一些唐卡写了背文（རྒྱབ་ཡིག），以及众多道情歌集和双运偈句（གཟུང་འཇུག་སྙིལ་ཚིག）。”很可惜，所有这些今天皆难觅踪迹。参见《历辈东谷人物传》，2005：348。

27《白玛敦都传及道歌》，1998：144。

28《白玛敦都传及道歌》，1998：153；157；187。

在家女人是油灯，心之蝴蝶常被骗。
在家女人是铁链，爱恋能被烦恼锁。
在家女人是火堆，戒律药树能被焚。
在家女人是沼泽，心之大象能被陷。
还俗之后返家中，护誓命丧亦无补。

同时他也以道情道出戒律对于出家人的意义：

戒律毁坏如漏桶，上师加持终不得。
戒律毁坏如浊水，决心上浮终下沉。
戒律毁坏如断弓，中道识身发不出。
戒律毁坏如落日，中道之内幽暗聚。
戒毁就如水熄灯，死后身上乐暖消。
戒毁似如意树枯，功德不增觉心竭。
戒毁就如蛇毒碰，众不同情反讥讽。
戒毁就如那酒糟，慈悲加持效力消。
戒毁就如霜打花，拉鲁非人毁成尘。
毁戒失却三律仪，烦乱而使魔得逞。
毁戒而被二障覆，止寂胜观终不悟。
戒毁不得清净身，不净苦身定当入。

戒律清净水晶桶，上师加持甘露聚。
戒律清净罩中灯，中道智慧太阳升。
戒律清净如意宝，成就不劳而自成。
戒律清净如良弓，心之所指箭中靶。
戒律清净如渡船，六度功德全圆满。
戒律清净如莲花，天神仙女花朵散。
戒律清净莲花池，天女空行如蜂绕[29]。

---

29 《白玛敦都传及道歌》，1998：158-159

可以看出，白玛敦都与八世夏仲可以说是完全相反的两个例子。前者身世凄凉，后者则有灵童光芒；前者所取得成绩完全依靠个人的人格魅力，后者则有整个寺院的支持；前者没受过戒却一生护戒，后者受过戒最后却还俗；前者弟子众多声望卓著，后者最后信众寥寥声誉受损。二人虽同处于乱世之中，却因各种原因，做出了不同的人生选择，给后人留下了不同的想象。包括东谷寺在内，整个康区都对白玛敦都敬服不已，白玛敦都传记曾言："当师尊[30]看见三怙主（རིགས་གསུམ་མགོན་པོ）大神山[31]时，做了会供等仪轨，此后此地的寺院及村庄 [对师尊] 生出无上敬重，广做弃恶扬善的事业。"[32]当然传记作者本不是要把白玛敦都与八世夏仲作一对比、分出高下，只是鉴于白玛敦都在康区的威望，想借他的证言"合理化"八世夏仲的退戒还俗的行为，让读者信服。

虽然因为资料所限，尚不清楚在八世夏仲的时代，康区的普通僧人如果还俗，是否会受到惩罚，但可以知道在近代，这些还俗僧人必会付出一定代价。离东谷寺不远的甘孜寺"不准喇嘛还俗。……如果还俗，不只要罚款，还要备受侮辱，如戴高帽子游行示众，扎巴还俗罚款 36 元大洋，喇嘛 40 元大洋。"[33]甘孜寺的属寺孔马寺"不准喇嘛还俗，如果喇嘛一定要求还俗，不但要挨打受骂，还要出一大笔钱，如该寺喇嘛向巴太因与一女科巴相恋，在还俗时，寺庙罚他出藏洋 410 元。"[34]寺主活佛舍戒还俗，虽然可能不像普通僧人那样遭受惩罚或被公开羞辱，但不管怎么说，对于寺院及其僧众来说都不是一件光彩的事。八世夏仲传记的作者在完成写作之前，东谷寺在第九世夏仲活佛洛桑图丹靖美簇成嘉措（བློ་བཟང་ཐུབ་བསྟན་འཇིགས་མེད་ཚུལ་ཁྲིམས་རྒྱ་མཚོ）的带领下，从严治寺，基本上消除了八世夏仲还俗事件对东谷寺造成的不利影响，到了民国时代，它已经被各路旅人视为戒律精严的寺庙了[35]。在这种情况下，如何书写前寺主活佛的还俗行为，并让这种行为变得能够让人理解，心里能够接受，这就给传记作者留下了难题，作者除了诉诸八世夏仲前世所造之因外，也留下了自己的评论，首先他引述了三部经典的论断：

30 指白玛敦都。

31 指东谷寺旁的奶龙（གནས་ནང）神山。据说奶龙山三座不同形状的山峰被分别指称为观世音、文殊、金刚手的化身。

32 《白玛敦都传及道歌》，1998：116。

33 中国科学院民族研究所四川少数民族社会历史调查组：《甘孜藏族自治州理塘寺、大金寺、甘孜寺、八邦寺调查材料》，1963：50。

34 中国科学院民族研究所四川少数民族社会历史调查组：《甘孜藏族自治州德格更庆、甘孜麻书社会调查材料》，1963：57。

35 如前往拉萨求法，路经东谷寺的邢肃芝言"东谷（古）喇嘛寺……戒律精严"。任乃强云"（东谷）民风仍甚谨厚，僧侣戒律亦甚严整"。参见邢肃芝（洛桑珍珠）口述，杨念群、张健飞笔述：《雪域求法记》，上海：三联书店，2008：97；任乃强：《西康札记》，《任乃强藏学文集》，北京：中国藏学出版社，2009：138。

《父子合集经》(ཡབ་དང་སྲས་མཇལ་བའི་མདོ།)云：

有时以魔相，而利诸有情。
世人不能悟，而行妇女相。
也堕畜生道，非贪而显贪。
无畏而示畏，不愚而现愚。
以恶疯癫行，等各幻化像，
调伏众有情。

《现观庄严论》云：

虽诸佛化现，无缘不受益。

《加行善说水晶鬘》(སྦྱོར་ལེགས་དཀར)[言]：

如佛陀被认成骗子，无始尊者(ཐོག་མེད་རྗེ་བཙུན)被当作母狗，那若巴见到蒂洛巴杀鱼，琮卜巴(ཚེམ་བུ་པ)把金刚亥母看成麻风病妇。[36]

对于《父子合集经》的意涵，作者认为“讲说贪著与懦弱、嗔心与愚痴、魔行与犯戒等如是此等非理行，要依众生是在贤劫时还是恶世时”。意思是说，八世夏仲之所以退戒还俗，是因他处于一个末劫时代。在这种恶时，为了调伏众生，就得随从众生做出一些看似不合理的行为，但其实这些只是末世的权宜之计。至于《现观庄严论》与《加行善说水晶鬘》，就如作者所阐释的：“就算佛陀亲传教法，福德浅薄的世人也看不到，但胜业的世人，就算佛陀不显现，也不会有疑虑，”“因众生无缘，遂领纳不了佛陀的善行，就如在显现两轮月亮的根识(དབང་ཤེས)中才会现出两月亮，[这]不是月亮之过，而是人眼之误，”所以“不能以我等凡夫俗子心中所现平常之像而执[一样的]平常像，”然后作者单方面宣布“夏仲众转生世系不管呈现什么面相，实际上心续都一样。所谓不作业就不触业，有所作为，则必有后果。考虑这种情况，就能相信[夏仲众转生]心续是相同的。”作者指出，八世夏仲虽然做出还俗之举，但这并不会损害整个夏仲转生世

36 《历辈东谷人物传》，2005：352。

系，但同时他也告诫东谷寺僧众“看到好坏良劣[之行]后，尽量不积非福报之业，相信所有，努力清净修习，特别是要按殊胜化身（མཆོག་སྤྲུལ་རིན་པོ་ཆེ）[37] 所说的教敕去办理，这是最紧要的。”[38]

四、余论

藏传佛教人物传记常带有浓厚的宗教色彩，造传的目的是想让读者闻思高僧大德的行状，从而对上师和佛法产生敬信达到解脱[39]。凡是造传者认为与解脱之道无关的事迹一般都忽略不载，有损解脱的则要么隐去，要么以另一种方式表达，类似于“为尊者讳”之意[40]。八世夏仲传记的佚名作者当然也不例外，如八世夏仲被工布朗结关押之事、在灵雀寺不受待见之事、还俗后被人冷遇之事等等，这些都被作者有意识地遮蔽起来。有时这种遮蔽，还会造成行文的自相矛盾。作者虽然提供了八世夏仲还俗的前世甚至前前世之因，但对现世之因，则讳莫如深，要不是传记中隐晦地提及赤美衮登与贡确邦，读者甚至都不知八世夏仲退戒还俗的直接原因。那位让八世夏仲做出还俗决定的神秘女性，来自哪里，姓谁名谁，性格体貌，这些记载在传记中一点踪迹也察觉不到。至于传记作者向读者提供的八世夏仲还俗之因，以及他对此事的评论看法，所有这些对后人的记忆与口传有没有产生影响，如果有，这种影响又有多大，过程中又产生了怎么的变异等等，可能就只能依靠今后田野调查所得口述资料加以验证了。

◆ **谢光典　陕西师范大学中国西部边疆研究院助理研究员**

37　指第九世东谷夏仲。

38　《历辈东谷人物传》，2005：351-352。

39　沈卫荣、侯浩然：《文本与历史》，北京：中国藏学出版社，2016：57。

40　这只是基于大部分藏文高僧传记而言。

施拉君特怀特兄弟的喜马拉雅之行：德国第一次西藏考察及其影响 *

赵光锐

内容摘要：1854 年至 1857 年德国的施拉君特怀特三兄弟进行了德国历史上第一次西藏考察，是最早进入西藏的德国人。他们按照洪堡提出的"长期综合研究"的理念开展考察，取得了丰硕成果，在德国人长达一个世纪（1854—1951 年）的西藏科学考察史上占有非常重要的地位，对德国藏学的产生和发展影响深远。施拉君特怀特兄弟有关喜马拉雅、西藏、新疆等地理、胡泊、冰川、人类学等的研究在当时的欧洲是极具开拓性和专业性的，即使在当代依然有很强的学术价值。

1854 年至 1857 年在著名地理学家洪堡（Alexander von Humboldt）支持下，来自慕尼黑的施拉君特怀特（Schlagintweit）三兄弟在喜马拉雅地区进行了长达三年考察。他们秘密越过边界进入中国西藏境内，做了一系列科学测量和人类学物品收集活动，是最早进入西藏的德国人[1]。凭借获取的丰富资料，他们对我国西藏地区的地理、湖泊、冰川、社会和文化等进行了深入后续性研究，成果很多。这次考察在德国人长达一个世纪

* 2014 年国家社科基金青年项目（14CGJ024）的阶段成果。

1 本文的"德国"和"德国人"主要涉及统一之前的普鲁士和巴伐利亚两个德意志邦国。

(1854—1951 年）的有关我国西藏的科学考察史上占有非常重要的地位，对德国藏学的产生和发展影响深远。德国学界对此次考察进行了一系列深入研究[2]，国内则几乎未见相关介绍或探讨。本文利用相关德文文献初步梳理研究了此次考察的缘起、经过和主要影响，最后分析施拉君特怀特兄弟的西藏认知。

一、考察活动的起因和主要经过

德国人在 19 世纪以前获得的西藏信息极为有限，主要来自欧洲其他国家的传教士、探险者、旅行家和英印殖民地官员，他们的西藏作品很快被译成德语。由于没有海外殖民地和政治利益考量，18 和 19 世纪的德国东方研究与英国、法国有所不同，基本上是借用英、法等得自殖民地的材料进行纯文本性的研究。拿破仑战争后日益萌生的民族主义感情也促使很多德国知识分子关心日耳曼民族如何形成、迁徙的问题，其印度学和中亚研究具有很强的追问人类文明和日耳曼起源的“寻根”意识。有一部分人推测认为日耳曼人的先民与中亚地区可能存在联系[3]，普鲁士的统治者也支持这种研究。欧洲藏学的创立者、匈牙利的乔玛（Körösi Csoma Sandor) 去西藏的目的就是为寻找匈牙利人的祖先，传说匈牙利人来自与西藏相邻的地区。洪堡大学的胡博（Toni Huber）教授认为，乔玛到中亚寻找祖先并非出于偶然，而是他在哥廷根大学接受了哲学和东方学教育的结果，很可能受到了当时德国东方学家和历史哲学的影响[4]。

19 世纪初，德国的一些东方学家和科学家试图走出书斋摆脱纯文本研究的局面，开始对包括中国西藏在内的中亚地区进行实地的科学考察。一些德国人受到俄国或英国的支持，因为英、俄正在向中亚地区扩张或试图与相关国家建立经济和外交接触，迫切需

2 最重要的是历史学家缪勒主编的《通往世界屋脊之路》一书，对本次考察的各方面做了系统深入地介绍和研究，参见 Claudius C. Müller, Hg., *Der Weg zum Dach der Welt*, Innsbruck: Pinguin, 1982；维尔内尔则对施拉君特怀特兄弟遗留保存于巴伐利亚图书馆的丰富手稿和资料进行了研究，参见 W. Werner, *Das Kaiserreich Ostindien und die angrrenzenden Gebirgsländer. Nach den Reisen der Brüder Schlagintweit und anderer neuerer Forscher dargestellt*, Jena: Hermann Costenoble, 1884；基克主要对他们在南迦帕巴特峰和喀喇昆仑山的地理学测量进行了研究，参见 Wilhelm Kick, *Schlagintweits Vermessungsarbeiten am Nanga Parbat 1856*, München: Verlag der Bayerischen Akademie der Wissenschafen, 1967; Wilhelm Kick, *Adolph Schlagintweits Karakorum-Forschungsreise 1856*, München: Deutscher Alpenverein, 1993.

3 在历史上，德国人所理解的“中亚”是广义的中亚，泛指亚洲内陆的广大地区，中国的蒙古、新疆和西藏等地区都属于中亚的范围。

4 参见 Toni Huber and Tiena Niermann, “Tibetan Studies in Berlin University: An Insitutional History”, in P. Maurer und P. Schwieger, Hg., *Tibetstudien. Festschrift für Dieter Schuh zum 65. Geburtstag*, Bonn: Biersche Verlagsanstalt, 2007: 96-97.

要相关的地理、政治和文化信息，德国考察者的活动对他们很有帮助。洪堡很早就计划进行西藏考察，一直未能实现。1808 年还在美洲考察的洪堡就给拿破仑写信说："我计划到印度河源头和中亚考察，在返回欧洲之前我就已经有了这一想法。"[5] 俄国政府邀请他随俄国考察队到中亚考察，计划经喀什和叶尔羌到西藏，拿破仑入侵俄国使该计划夭折。1814 年洪堡随普鲁士国王威廉三世访问伦敦，向英国政府提出在东印度公司帮助下进行西藏考察，因英国人没有兴趣而作罢[6]。1829 年，60 岁的洪堡在俄国皇帝支持下穿越西伯利亚前往中亚，到达了阿尔泰山、里海以及中俄接界的新疆边界地区。1843 年洪堡以法语出版了三卷本的《中亚》，书的扉页上写着："献给尊贵的俄国皇帝"。[7]

洪堡进入西藏的愿望始终未能达成，但在晚年大力筹划了德国历史上第一次西藏考察，拉开了德国近百年西藏考察和探险的序幕。1849 年，英国东印度公司在印度半岛开始大规模地磁学测量，范围从斯里兰卡到拉达克地区。负责地磁学测量的主要科学家艾略特（Charles Elliot）在 1852 年因病去世，东印度公司的计划随之停顿。一直关注此事的洪堡看到了机会，立即向普鲁士国王提议，让德国年轻的地理学家参与东印度公司在印度的地磁学测量。普鲁士国王同意洪堡的计划，普鲁士驻伦敦大使向英国皇家学会正式提出了洪堡的建议。东印度公司为了完成艾略特的测量工作，愿意与德国人合作并提供资助。最终普鲁士国王答应每年资助 200 英镑，东印度公司资助 400 英镑。英国皇家学会和皇家地理协会也为德国人的考察提供了帮助并派人参加。

施拉君特怀特三兄弟出生于慕尼黑，赫尔曼（Hermann）年龄最长，阿道夫（Adolf）次之，罗伯特（Robert）最小。他们因对阿尔卑斯山东麓的物理、地理和生物学综合考察崭露头角，引起洪堡注意。1849 年赫尔曼和阿道夫去柏林，已经 80 岁的洪堡接见了他们并将他们引荐给普鲁士国王威廉四世。1850 年洪堡又把他们推荐给巴伐利亚国王，他在信中说："我唯一的职业是学者并把希望寄予新一代。……这两个年轻、博学的自然科学家在柏林很受尊敬，很久以来已经没有出现这样的年轻学者了。"[8] 洪堡赞成他们对亚洲高原地区进行一次纯粹的德国（普鲁士）科学考察的计划，当看到有可能在英国支持下进行这样的考察时就推荐了他们。

他们于 1854 年 9 月到达印度并获得了英国殖民当局的支持尤其是外交上的帮助。

---

5 Wilhelm Kick, "Alexander von Humboldt und die Brüder Schlagintweit", in Claudius C. Müller, Hg., *Der Weg zum Dach der Welt*, 1982: 75.

6 Wilhelm Kick, 1967: 20-21.

7 参见 Alexander von Humboldt, *Central-Asien*, Berlin: Verlag von Carl J. Klemann, 1844: 1.

8 Bayer. Hauptstaatarchiv München, Abt. III: Geheimes Hausarchiv, Nachlaß Zwehl 84/1/22.

他们承认，“如果没有这些帮助，我们根本无法到达那些国家和地区，实际上我们到达的地区远远超出了本来设想的范围。”[9]他们对喜马拉雅地区的考察是综合性的，完全体现了洪堡的风格和理念，即选择一个较小的地理区域，进行长时间、详细、综合性的观察和测量并对景观进行速写，绘成油画。考察包括了地磁学、冰川学、山志学、气候学、动植物学、人类学等各方面。他们主要沿喜马拉雅南麓进行考察，到达了布丹、锡金、克什米尔、拉达克、巴尔蒂和印度河源头地区。他们研究了喜马拉雅西部的高山通道和冰川，共测量了六十三座大型冰川。他们翻越了喀喇昆仑山，还攀登到乔戈里峰 6785 米处，这是当时西方人登山高度的新纪录。他们也到达了东喜马拉雅的布拉马普特拉河、尼泊尔和印度之间的地区。总体来说，三兄弟既有共同合作也有分头考察，由于个人的兴趣不同，考察的侧重点也有所差异。

1855 年 6 月，阿道夫和罗伯特从靠近阿里西部波林的地区进入了西藏，比德国摩拉维亚传教士海德（August Wilhelm Heyde）和帕格尔（Eduard Pagell）早一个月进入西藏[10]，成了最早进入西藏的德国人。他们化装成牧羊人在夜间秘密向西藏内部渗透，一开始躲过了中国边境军队的巡逻，但三天后被发现。当地的喇嘛寸步不离地跟着他们，说已经接到命令要一直看守着他们。后来他们被要求去不远的达巴，向当地的中国最高官员报告。7 月 23 日中国官员来到他们的营地，告诉他们可以到沙克山口并送给他们一些礼物，阿道夫也以很高的价格买了一些中国物品，如笔墨、武器、珠宝饰品和衣物等[11]。他们记述说：

> 我们唯一有机会越过西藏边境是在化装的情况下。不管怎样小心，我们还是很快被中国官员（chinesische Beamten）发现了，并被要求返回。为了防止我们进入他们的领土——这一措施有效防止了欧洲人的渗透——他们派了一个中国士兵（chinesischer Soldat）把我们带回去。但是我们成功摆脱了他的监视，

9 Adolphe Herman and Robert Schlagintweit, *Results of a Scientific Mission to India and High Asia*, Vol.1, Leipzig: Brockhaus, London: Trübner, 1860: 6.

10 海德和帕格尔于 1855 年 7 月从阿里西部班公湖南侧的楚树进入西藏，很快被当地藏人发现并被要求离开，8 月经阿克塞到邦札克，向东进入藏境，前进了较远的距离后被发现和驱逐，9 月又从邦札克西南侧进入藏境，但也以失败告终，参见 Gerade Heyde, *50 Jahre unter Tibetern: Lebensbild des Wilhelm und der Maria Heyde*, Herrnhut: Verlag der Missionsbuchhandlung, 1921: 13-21.

11 G. Ritter, "Neuste Nachrichten über die Fortschritte der Gebrüder Schalgintweit auf ihrer Reise im Himalaya und in Tibet bis zum oberen Indus", in *Zeitschrift für Allgemeiner Erdkunde*, Berlin: Verlag von Dietrich Reimer, 1856: 318-321.

在一个漆黑的夜晚穿过了沙克山口。虽然中国士兵很快又寻踪赶来，但是无论如何我们成功了。我们花了些钱，中国士兵允许我们到萨特勒日。后来在玛尼家族首领的帮助下，我们到达了噶大克。[12]

他们在西藏阿里境内大约停留了一个月，感觉到当地的西藏人对他们都很友好，喇嘛们也很愿意回答他们提出的问题，还卖给他们一些藏文经书。之后他们到达了印度河谷考察，攀登了乔戈里峰，当时他们认为这是青藏高原的最高峰并详细测量了其冰川。

1856 年 6 月阿道夫写信给洪堡，详细介绍了在拉合尔考察的情况。他说喜马拉雅西部的山谷不如东部的陡峭和狭窄；拉合尔地区的气候很好，山区的风光也比他们迄今到过的任何地区壮美；当地居民是西藏人，大部分从事商业[13]。阿道夫最早精确测量了 K1（马夏布鲁姆峰）的高度，他从西侧测量的高度是 7811 米，与后来的官方数据（7821 米）相差不多。阿道夫还是第一个从西慕士塔格（Mustak）山口进入新疆的欧洲人。他在 1856 年 12 月写给普鲁士国王威廉四世的信中说："慕士塔格山口和喀喇昆仑山口是西藏西部和拉达克通往中国新疆的唯一两条通道。喀喇昆仑山口是比较常用的一条商路。这两个山口完全不同，慕士塔格是一个很高的冰川山口，马匹根本无法通过。"[14] 阿道夫也对慕士塔格冰川进行了详细考察和测量。

施拉君特怀特兄弟还进行了大规模的人种学测量和人类学物品收集工作。他们不仅热衷于制作面部模型，还为当地人拍照。向导吉布喇嘛（Chibu Lama）是他们的中间人，赫尔曼认为吉布喇嘛是西藏人的典型，专门制作了他的面部模型并为他拍照。吉布喇嘛很高兴地接受人类学测量，许多雷布查人（Lepchas）和菩提亚人（Bhutias）不愿意配合，他就耐心友好地劝说。最终他们对两百多名当地居民进行了人类学测量，用石膏复制了大量人体模型，包括 275 个脸部模型，38 个手部和脚部模型，收集了 400 具人体骨骼和大量头骨。

1857 年赫尔曼和罗伯特结束考察回国，阿道夫则继续留在拉达克地区。他计划翻越帕米尔高原进入中国新疆，之后到西伯利亚。1857 年 7 月阿道夫通过阿克赛钦北部山口翻越了喀喇昆仑山和昆仑山，8 月初进入新疆，8 月中旬到达喀什。但是当地爆发了战争，他被当地人抓获并很快被斩首。阿道夫的死因众说纷纭，有的报告说穆斯林人把他

12 Adolphe Herman and Robert Schlagintweit, *Results of a Scientific Mission to India and High Asia*, Vol.1, p.18.

13 Adolf Schlagintweit, "Aus einem Briefe Adolf Schlagintweit's an Alexander v. Humboldt", in *Zeitschrift für allgemeine Erdkunde*, 1856: 238.

14 Wilhelm Kick, 1993: 45.

当做英国间谍,又有说他被当成中国间谍[15]。阿道夫也成了第一个为西藏考察而丧生的德国人。德国有名的西藏探险者菲尔希讷（Wilhelm Filchner）曾于1900年6月到过喀什。在喀什他发现了俄国人为阿道夫建造的纪念碑，在白色石灰岩底座上树立着一个铁制十字架。镀金的纪念牌上写着："旅行者阿道夫·施拉君特怀特于1857年8月26日在喀什不幸遇难，为地理科学而献身。"落款为"俄罗斯领事尼古拉·彼得罗夫斯基，俄罗斯皇家地理协会,1887年。"[16]这个纪念碑的建立也得到巴伐利亚驻彼得堡领事和中国政府的支持。1889年中俄官员还曾一同去祭奠。纪念碑后来被大水冲毁，在今天的喀什早已无迹可寻。

二、考察取得的主要成果和影响

此次考察的收获极为丰富，收集的资料和物品数量也非常惊人。他们收集了2000个岩石标本和化石；1400份土壤和沉积物；还有各种动植物标本、动物骨骼和皮毛，包括650种树木切片和种子，750个动物标本；他们收集和购买了当地大量的人类学物品，如服饰衣物和日常器具；绘制了749幅风景略图以及大量的地理草图。这些物品都由东印度公司负责运到柏林首先让洪堡过目，大部分后来都运到了英国，一部分则成为施拉君特怀特兄弟的私人收藏。1859年他们将其中的58件人类学物品和采集的80类种子样品赠送给了巴伐利亚国王。他们收集了大量的西藏文本，共101卷，还有200部藏人和印度人的手稿，为欧洲的藏学研究提供了第一手资料[17]。例如，1856年1月赫尔曼到阿萨姆（Assam）地区考察，在纳里贡（Narigun）的一个小寺院获得了一本关于藏传佛教历史的藏文书。他们的弟弟埃米尔（Emil Schlagintweit）将此书译成德文，书名《莲花生上师传》[18]，分两卷于1899和1903年出版，对于欧洲人了解藏传佛教创立和发展的历史起了重要作用。

15 关于阿道夫死因的各种报告和调查，参见"Report of Mani and Nain Singh, Almaora, January, 1859"; "Letter from Mr. Vardonguine, Russia Consul at Chuguchak. Chuguchak, December 31st, 1858"; "Letter of Colonel Edwards to R.Temple, EsQ., Secretary to the Chief Commissioner of the Panjab. Peschaur, December, 1858. – Political Department", in Adolphe Herman and Robert Schlagintweit, *Results of a Scientific Mission to India and High Asia*, Vol.1; "Additional Reports on the Last Journeys and Death of our Brother Adolphe", in Adolphe Herman and Robert Schlagintweit, *Results of a Scientific Mission to India and High Asia*, Vol.2.

16 Erhard Rühle, *Im Herzen des Schweigens: Aus Wilhelm Filchners Leben*, München: Markus-Verlag, 1962: 41.

17 Hans Körner, "Die Brüder Schlagintweit", in Claudius C. Müller, Hg., *Der Weg zum Dach der Welt*, 1982: 67.

18 Emil Schlagintweit, *Die Lebensbeschreibung von Padma Sambhava dem Begründer des Lamaismus 747 n. Chr.*, München: Verlag der k. Akademie in Comission des G. Franz'schen Verlags, 1899, 1903.

考察期间他们为东印度公司撰写了十份正式报告，考察结束后还向英印国务秘书巴特（Charles Wood Bart）提交了一份详细的综合性报告[19]。他们定期向普鲁士国王和洪堡报告并将考察报告刊于《普鲁士科学院月报》之上，同时也刊登在柏林的《普通地理学杂志》（*Zeitschrift für Allgemeine Erdkunde*）和普鲁士的报纸上。他们对整个喜马拉地区的自然地理进行了深入的综合性研究。1861 年至 1866 年赫尔曼和罗伯特出版了英文四卷本的《印度和亚洲高原地区科学考察的结果》（*Results of a Scientific Mission to India and High Asia*），德文版为《在印度和亚洲高原地区的旅行》（*Reisen in Indien und Hochasien*）。这些著作分专题总结研究了考察获得的各种资料，涉及地磁学、地理学、地图学、冰川学、气候学、动植物学和人类学等广泛内容。他们的著作不仅有极为丰富的第一手观测资料还配有大量插图和地图，对当时欧洲的印度和西藏研究影响很大。

赫尔曼专门出版了研究亚洲高原气候特征与植物地理分布关系的著作[20]。他们详细观测了喜马拉雅地区的高山通道和隘口尤其关注西藏西部、新疆地区那些在商业和军事上有重要意义的线路并绘制了大量地理草图，其中的许多路线和通道以前根本不为西方人所知。他们对每条路线的走向、自然地理特征、通道的性质和沿途的供给等情况都有详细的描述。对喜马拉雅地区的通道和山口的研究,他们也有专著出版[21]。赫尔曼还专门研究了西藏西部和新疆地区的咸水湖[22]。他们对喜马拉雅南麓、喀喇昆仑山、昆仑山地区的冰川有详细考察和测量，其测量数据和结果依然保存完好。这些数据是研究青藏高原地区冰川史的重要资料，国内外学者尚未能加以利用。他们对阿尔卑斯山 19 世纪中期的冰川状况也有丰富的测量记录、速写和油画。1850 年左右阿尔卑斯山的冰川规模达到了最大状态。这为当代学者进行欧洲和亚洲的冰川比较研究提供了独一无二的历史资料。

洪堡最后岁月关注的中心是亚洲高原，在去世前六周还写信给施拉君特怀特兄弟，探讨亚洲高原不同山脉上的雪线走向。洪堡曾特别建议他们考察亚洲高原的山脉。《中

19 "Address to Sir Charles Wood Bart, Secretary of State of for India, Part I. General Introductory Report", in Adolphe Herman and Robert Schlagintweit, *Results of a Scientific Mission to India and High Asia*, Vol.1, 1860: 5-10.

20 Hermann von Schlagintweit-Sakünlünski, *Klimatischer Charakter der pflanzengeographischen Regionen Hochasiens: mit vergleichenden Daten über die angrenzenden Gebiete*, München, 1876.

21 Hermann von Schlagintweit-Sakünlünski, *Die Pässe über die Kammlinien des Karakorúm und des Künlün in Bálti, in Ladák und im östlichen Turkistán: nach unseren Beobachtungen von 1856 und 1857 und den neueren Expeditionen*, München: Verlag der K. Akademie, 1875.

22 Hermann von Schlagintweit-Sakünlünski, "Untersuchungen über die Salyseen im westlichen Tibet und in Turkistan", in *Abhandlungen der Mathematisch-Physikalischen Classe der Königlich Bayerischen Akademie der Wissenschaften*, Bd.11, München: Verlag der K. Akademie, 1871.

亚》一书就依据中文资料研究了亚洲高原的主要山脉，由于未曾实地考察，对于昆仑山脉和喜马拉雅山脉的走向和相互关系的描述不太准确，施拉君特怀特兄弟的考察大大推进了这一研究。1856 年赫尔曼和罗伯特从列城出发于 8 月 9 日翻越喀喇昆仑山口进入中国新疆，是最早考察喀喇昆仑山口的欧洲人[23]。在此之前欧洲地理学者一直不清楚喜马拉雅山、昆仑山和喀喇昆仑山这三条主山脉之间的具体关系。斯文·赫定在《南部西藏》中认为：

> 施拉君特怀特兄弟的巨大贡献是证明了昆仑山和喀喇昆仑山是两条完全不同的山脉，喀喇昆仑山口并不位于昆仑山脉。……他们发现喀喇昆仑不仅是一个巨大山系也可以看做是青藏高原在东经 73° 到 95° 范围内的脊柱。[24]

罗伯特在 1865 年写道：

> 通过考察我们了解到喜马拉雅以及它的所有雪峰、山口、山谷和支脉都仅仅是整个亚洲高原的一部分。亚洲高原有三条主要的山脉构成：喜马拉雅、喀喇昆仑和昆仑。喜马拉雅的印度部分已经渐为人知。对昆仑山脉与其它两条山脉的关系，洪堡和克拉普罗特（Klaproth）通过大量中文地理文献进行了推测，但是我们三兄弟是最早攀登昆仑山和喀喇昆仑山这两条巨大山系的人，最早对它们进行了实地考察并将之确定为亚洲高原的主山脉。[25]

埃米尔也在三位兄长的影响下成为著名的藏学家，他和摩拉维亚传教士耶什克（Heinrich August Jäschke）被公认为是德国藏学的创立者。在三位兄长考察喜马拉雅期间，埃米尔作为中间人负责他们与德国国内的联络工作。他精通藏语，老师是俄国彼得堡科学院的德国学者希弗讷（Anton Schifner），在彼得堡研究俄国人收集的各种西藏历史和语言学资料。赫尔曼和罗伯特死后，大部分手稿和收集的物品都留给了埃米尔，他于 1888 年和 1904 年以出卖或捐赠的形式转交给巴伐利亚国家图书馆（Bayersiche

23 Wilhelm Kichk, 1993: 13.

24 Sven Hedin, *Southern Tibet: History of Exploration in the Karakorun Mountains*, Stockholm: Lithographic Institute of the General Staff of the Swedish Army, 1922: 218.

25 Robert Schlagintweit, "Pysikalisch-geographische Schilderung von Hoch-Asien", in *Petermanns Geographische Mitteilungen*, 1865: 361-77.

Staatsbibliothek)。凭借出色的藏语功底和丰富的第一手资料，埃米尔写出了《藏传佛教》和《西藏诸王》等很有影响的作品[26]。

三、施拉君特怀特兄弟的西藏认知

19世纪中期以前的德国思想家论及西藏时所依据的材料主要有三种。一是1745—1747年由英国的艾斯特力（Astley）出版社编纂出版的游记总集《新航行和旅行全集》[27]；二是1762年罗马教廷出版的拉丁语《西藏字母汇编》[28]；三是德国人自己翻译编纂的《水上和陆地旅行历史或所有旅行游记全集》[29]，此书的第6、7卷收集了当时几乎所有的西藏和鞑靼地区的游记，包括13世纪的卡皮尼（Carpini）、鲁斯布鲁克（Ruysbroek）和马可波罗的游记，也包括17和18世纪的旅行者和传教士如格吕贝尔、德西迪利（Ippolito Desideri）等的作品。虽然有这些材料可供利用，但德国思想家们对西藏地理、宗教和社会的具体情况了解依然很少，像赫尔德（Johann Gottfried Herder）、康德（Immanuel Kant）、黑格尔（Wilhelm Friedrich Hegel）和叔本华（Arthur Schopenhauer）等论及西藏尤其是藏传佛教时都存在不少错误。施拉君特怀特兄弟的考察和后续的学术性研究是德国人最早获取的有关西藏的第一手材料，大大增强了德国人西藏知识的准确性和丰富性。例如，哲学家叔本华在1811的笔记中提到：

> （在西藏）有大量的金银，这也是为什么金银在那里极为便宜的原因。西藏灌溉条件很好。这里的山据说要比阿尔卑斯山高很多，这让人怀疑。[30]

---

26 Emil Schlagintweit, *Buddhism in Tibet*, Leipzig and London, 1863; Emil Schlagintweit, *Die Könige von Tibet*, München: Verl. d. Akademie, 1866.

27 Thomas Astley, *A new General Collection of Voyages and Travels: Consisting of the Most Esteemed Relations, Which have been bitherto Publisched in any Language, Comrehending Every Thing Remarkable in its Kind, in Europe, Asia, Africa, and America, with respect to the Seveal Empires, Kinddoms, and Provinces*, London: Thomas Astley, 1745-1747.

28 Augustinus Antonius Giorgi, *Alphabetum Tibetanum missonum apostolicarum commodo editum*, Rome: Sacar Congregatio de Propaganda Fide, 1762.

29 Johann Joachim Schwabe, *Allgemeine Historie der Reisen zu Wasser oder zu Lande; oder Sammlung aller Reisebeschreibugen*, 21 Bd., Leipzig: Arkstee und Merkus, 1747-1774.

30 Urs App, "Notizen Schopenhauers zu Ost-, Nord- und Südostasien vom Sommersemester 1811", in *Schopenhauer-jahrbuch*, Vol.84, 2006: 21.

当时像叔本华一样不相信青藏高原“比阿尔卑斯山要高很多”的德国人大有人在，施拉君特怀特兄弟的实地考察和测量很快纠正了这类看法。康德和黑格尔的著作中都探讨的一个问题是，“Buthda”、“Gotama”、“Fo”、“Shaka”和“Bonzes”是否都指佛教的创始人“Buddha”。他们对藏传佛教（Lamaism）和佛教（religion of Fo）之间的具体关系也不清楚[31]。通过带回的藏语书《莲花生上师传》的翻译，这些基本问题可以得到澄清。同时，早期西方世界关于西藏的形象构成今日西方人心目中西藏形象的历史底版，并反复不断地被现实冲洗出新的照片[32]。他们对西藏的观察、评论和印象也是德国人首次在实际接触基础上形成的有关西藏形象的最早“底版”，对德国人认识和想象西藏起了重要作用。

施拉君特怀特兄弟热衷于对喜马拉雅地区的居民进行人类学尤其是侧重于人种学的研究，他们认为：

> 人类学研究的结果，不仅从哲学和文化史上间接地、而且通过解剖学的研究从根本上证明印度和亚洲高原是最重要的地区。[33]

虽然有这种“学术结论”，但是在现实中他们对当地居民却表现出两种相反的态度。一种是蔑视，因为当地人没有能力理解欧洲的科学文化成就；另一种是对某些人物，如他们的向导或信息提供者的赞赏，因为他们作为中间人已经准备将欧洲文化介绍给当地人。这两种态度体现了当时欧洲人对待东方诸民族时总体上共有的“时代观念”。赫尔曼这样描述向导吉布喇嘛：

> 许多年来他是锡金王室拉甲家族在大吉岭的政治代表。他的家族属于很小的一个藏人支系，很早就已定居在离锡金首都不远的地方。胡克（Hooker）和坎贝尔（Campbell）旅行时，他也是很友好的中间人。他完全了解欧洲人的强大，他也知道一旦欧洲旅行者被谋杀将会有极其严重的后果，这是他提醒锡金王室的首要问题。去年他在大吉岭熟悉了欧洲的风俗习惯，这使他对欧洲人的

31 Urs App, “The Tibet of the Philosophers: Kant, Hegel, and Schopenhauer”, in Monica Esposito, ed., *Images of Tibet in the 19th and 20th Centuries*, Paris: École Française d'Extrême-Orient, Vol.1, 2008: 28.

32 参见黄兴涛、杨念群：《“西方的中国形象”译丛总序》，[英]约·罗伯茨编著、蒋重跃、刘林海译：《十九世纪西方人眼中的中国》，北京：中华书局，2006：4。

33 *Reisen in Indien und Hochasien*, Bd.2, Jena: Costenoble, 1869-1880: 63.

尊敬大大提升。在大吉岭期间他非常愿意跟我谈论所有宗教和人类学方面的问题，也向我解释山的名字和地形的细节。后者我通过随后的考察很快就能做出判断，而其它的信息我通过以后的比较研究也能加以印证。……谈论某些物理现象时他非常天真。我给他解释了温度计的用途和结构，他对于零度的理解表现出所有西藏人解释事物时的总体特征。他认为零度应该是既不冷也不热的状态，相当于温度计里出现了佛教的涅槃（Nirvana）。”[34]

赫尔曼以欧洲人的优越感来看待和评论西藏人，落后的西藏人无法理解欧洲的先进文化和科技，但是只要愿意与欧洲文明接近并表现出敬畏，就会得到赞赏。他们希望西藏人提供信息，却怀疑这些信息的可靠性，只有经过他们自己“科学的研究”和“理性的判断”后，这些信息才有价值。欧洲人在知识的生产方面，必须要处于绝对支配地位，西藏人只能作为某些信息的提供者。

德国登山协会历史档案馆（Das Historische Alpenarchiv）保存着罗伯特和赫尔曼写于 1857 年 6 月 1 日的一份手稿，题目是《亚洲高原地区依附于中国的国家》。手稿详细列出了亚洲高原北部、中部和南部的“国家”，认为这些“国家”都依附于中国。他们自东向西列出了喜马拉雅山脉与西藏北部分水岭（喀喇昆仑山）之间的“国家”，包括西藏、阿里、鲁多克（Rudok）、拉达克 (Ladak) 和巴尔蒂（Balti）。他们还注明，阿里的管理者来自拉萨，驻扎在噶尔雅沙（Gartosi），阿里是印度河与恒河的发源地，鲁多克同样处在拉萨官员的管理之下。他们认为：

拉萨处在宗教领袖达赖喇嘛的统治之下，这完全是僧侣统治制度的一种永久设置。同时，在拉萨驻有来自北京的一位拥有军事和政治全权的总督（Residenter）。其中阿里、鲁多克、拉达克三个地方经常被称作中国鞑靼地区（Chinesische Tartarei）。拉萨往东是山脉，是真正的中国地区（das eigentliche China）。[35]

他们还分析了西藏北部分水岭以北的“国家”，认为：

34 Herrman Schlagintweit, 1869-1880: 187.

35 “Staaten in Hochasien, von China abhängig”, Manuskript von Robert und Hermann Schlagintweit (Kissingen, 15. July 1857), Das Historische Alpenarchiv, DAV NAS 12 SG/26/1.

主要有三部分：无人居住的戈壁、突厥斯坦（Turkestan）与浩罕国（Kokand），其中突厥斯坦又分为两个大省，东突厥斯坦和西突厥斯坦，前者的首府在和田，后者的首府是叶尔羌（Yarkand）。西突厥斯坦由北京派出的中国军官直接管辖。浩罕国有自己独立的统治者，每年向中国进行小规模的朝贡（Tribut）。[36]

他们不能确定西突厥斯坦的首府是否真是叶尔羌，因此在叶尔羌后加了个括号，括号中写了撒马尔罕（Samarkand）并打了个问号。可见，他们依然不太清楚亚洲高原各个部分之间的准确关系。1884年德国出版的《东印度王国》一书，根据施拉君特怀特兄弟的考察，认为达赖喇嘛是佛教徒的精神领袖，也是东部西藏（östlich von Tibet）的统治者，同时也处在中国的“宗主权”之下（Oberherrschaft）[37]。此时，德国学者把青藏高原西部地区，包括帕米尔、克什米尔（Kaschmir）、拉达克等统称为西部西藏（western von Tibet），把大致相当于今天中国西藏自治区的范围称为东部西藏。

施拉君特怀特兄弟重视西藏资料的收集和运用，考察过程中细心记录和收集了大量藏语地理和人类学名词，向当地藏人尤其是喇嘛仔细询问这些词语的详细含义，加以编辑后刊登在英国《皇家亚洲协会杂志》上[38]。但是与洪堡相比他们对中文资料的利用显然要欠缺很多，这也是导致他们对亚洲高原、中国新疆等地区的基本政治格局和各种政治力量之间关系模糊不清的重要原因。洪堡很重视利用中国资料，《中亚》一书就大量利用了中国地图和资料，他曾指出：

“中国人收集了大量关于亚洲高原、阴山、青海湖、伊犁河及塔里木等地区的地理资料。他们获取这些资料有三重优势：对西部的战争和对佛教朝圣者的和平收服；对于宗教的兴趣，他们要向当地大量施舍，从而也与这些山区紧密联系在一起；很早就已利用指南针辨别方向。”“通过对中华帝国和一些鞑靼

---

36 “Staaten in Hochasien, von China abhängig”, Manuskript von Robert und Hermann Schlagintweit (Kissingen, 15. July 1857), Das Historische Alpenarchiv, DAV NAS 12 SG/26/1.

37 W. Werner, *Das Kaiserreich Ostindien und die angrenzenden Gebirgsländer : nach den Reisen der Brüder Schlagintweit und anderer neuerer Forscher*, Jena: Costenoble, 1884: 32.

38 Adolphe Hermann and Robert Schlagintweit colleted, Hermann Schlagintweit edited, “Glossary of Tibetan Geographical Terms”, in *The Journal of the Royal Asiatic Society of Great Britain and Ireland*, Vol. 20, 1863: 67-98.

民族资料的利用，我们在地理知识上将会取得巨大进步。”[39]

但是这种利用中国资料来研究中亚和西藏，或利用汉文、藏文资料进行比较性研究的方法在后来的德国藏学研究者那里就越来越少了。

小结

施拉君特怀特兄弟的喜马拉雅考察表面上是为东印度公司进行地磁学测量，实际上则是完全按照“综合研究”的理念独立开展的科学研究活动。由洪堡提出的“综合研究”理念在19世纪初的欧洲地理学界是相当先进的，也成为后来德国西藏考察和研究的方法传统和鲜明特点。施拉君特怀特兄弟有关喜马拉雅、西藏、新疆等地理、湖泊、冰川、人类学等的研究，就其开拓性、专业性和学术价值而言是当时其他欧洲国家的研究者无法比拟的，即使是在当代依然有极强的学术价值。他们在考察的三年间几乎每天都写有手稿和日记，这些日记、手稿、草图、测量记录、照片和手绘图的绝大部分都保存于慕尼黑的巴伐利亚国家图书馆，共达四十三卷，也有一部分保存于慕尼黑的登山协会档案馆，都是非常珍贵的历史资料，现在出版和公布的只是很少的一部分。

◆ 赵光锐　南京大学政府管理学院副教授、南京大学亚太发展研究中心研究员

39 Alexander von Humboldt, 1844: 13-15.

《续部总集》的编纂及其曼荼罗

张雅静

内容摘要：《续部总集》，即藏文 རྒྱུད་སྡེ་ཀུན་བཏུས 的汉译，这是一部三十二卷的藏文文献集成，由19世纪萨迦派高僧蒋扬·洛特旺波等人编纂而成。这部文献的诞生以利美运动为背景，包含了当时存世的多个流派的曼荼罗成就法、灌顶仪轨、怛特罗解说等内容，依据这部文献还绘制了139幅曼荼罗作品，也就是今天为学术界熟知的“俄尔寺曼荼罗集”，是目前已知的西藏曼荼罗集当中，数量和种类最为丰富的集大成式作品。本文拟对这部文献的编纂背景和内容进行简要介绍，以期对曼荼罗的研究有所助益。

《续部总集》，即藏文 རྒྱུད་སྡེ་ཀུན་བཏུས 的汉译，这是一部三十二卷的藏文文献集成，由19世纪萨迦派高僧蒋扬·洛特旺波（འཇམ་དབྱངས་བློ་གཏེར་དབང་པོ། 1847—1914年）等人编纂而成。这部文献包含了曼荼罗成就法、灌顶仪轨、怛特罗解说等内容，依据这部文献还绘制了139幅曼荼罗作品，也就是今天为学术界熟知的“俄尔寺曼荼罗集”，这是目前已知的西藏曼荼罗集当中，数量和种类最为丰富的集大成式作品。

近年来，关注西藏密教曼荼罗的学者逐渐增多，《续部总集》作为一套珍贵的曼荼罗图像和文献集成，也备受关注并频繁被引用，而这部曼荼罗集的编纂背景和相关内容却极少为人提起，本文拟对这部曼荼罗的编纂和内容进行简要介绍，以期对曼荼罗研究有所助益。

一、《续部总集》的编纂背景与利美运动

《续部总集》为萨迦派高僧主持编纂。萨迦派是藏传佛教中的重要派别，其祖先为昆氏，据说出身贵族，一直到昆·贡却杰波（དཀོན་མཆོག་རྒྱལ་པོ། 1034—1102 年）都传承了古密教（宁玛派）教法，贡却杰波从卓弥译师那里学到新密法，并于 1073 年创建了萨迦寺。贡却杰波的长子贡嘎宁波（ཀུན་དགའ་སྙིང་པོ། 1092—1158 年）是萨迦派的奠基者，他精通道果法和显密教理，即后人所称“萨迦五祖”之首。他在萨迦寺的四十多年中，讲授萨迦派教法，培育了大批弟子。贡嘎宁波的次子索南孜摩（བསོད་ནམས་རྩེ་མོ། 1142—1182 年）为萨迦五祖的第二祖，第三子扎巴坚赞（གྲགས་པ་རྒྱལ་མཚན། 1147—1216 年）为第三祖，一生严守戒律，研习密宗要义。扎巴坚赞的弟子贡噶坚赞（ཀུན་དགའ་རྒྱལ་མཚན། 1182—1251 年）为萨迦派第四祖，他修习了萨迦派的显密教法，精通大小五明，是享誉整个藏区的大学者，也被称为萨迦班智达。1246 年，萨迦班智达应蒙古阔端王子之邀请到达凉州，后在凉州传法，并圆寂于此地。贡噶坚赞的侄子八思巴（འཕགས་པ། 1235-1280 年）自幼即得到萨迦派教法传承，10 岁与贡噶坚赞共赴凉州，26 岁被封为国师，开创了萨迦派的全盛期，是为萨迦第五祖。萨迦派的全盛期从 13 世纪中叶开始持续了将近一个世纪。14 世纪中叶，萨迦派传承逐渐开始分为显密两派。继承萨迦派密教传承的三个支派，是俄尔派（ངོར）、贡嘎派（གོང་དཀར）和擦尔派（ཚར）。俄尔派由贡噶桑波（ཀུན་དགའ་བཟང་པོ། 1382—1456 年）创立，他曾做过萨迦寺堪布，并于 1429 年创建俄尔寺。贡噶桑波培育了大批弟子，传承萨迦派教义，注重怛特罗经典的收集，并对曼荼罗有着自己的研究。在此基础上，19 世纪中叶，萨迦派俄尔寺座主强巴·贡噶丹白坚赞（བྱམས་པ་ཀུན་དགའ་བསྟན་པའི་རྒྱལ་མཚན། 1829—1870 年）收集了当时存世的怛特罗仪轨、成就法、曼荼罗理论等文献，但圆寂前终未汇集成书。其弟子洛特旺波继承先师遗志，最终在钦哲旺波和贡珠·云丹嘉措（ཀོང་སྤྲུལ་ཡོན་ཏན་རྒྱ་མཚོ། 1813—1899 年）的协助下，于 1892 年完成了《续部总集》的编修。

《续部总集》编纂于 19 世纪，虽由萨迦派主持，但内容超越了宗教派别，将当时各教派的曼荼罗文献汇集一处，对于资料的搜集和保存意义非凡。这部文献的诞生并非偶然，而是西藏利美运动的成果之一。“利美”是藏文 རིས་མེད 的音译，意思是无派别，利美运动也译作宗派融合运动、无宗派运动、不分宗派运动等等。所谓无宗派，并非是要放弃自己所属的教派，其目的在于摒弃政治立场与宗教偏见，探求佛教的本来面目，也是当时各派力量联合对应格鲁派的举措，这一点从后文《续部总集》的构成当中也能窥见一二。发生于 19 世纪的利美运动绝非偶然，其根源在于长期以来西藏

宗派之间的争斗。

佛教传入西藏伊始，派系之间的斗争从未停止，最初是吐蕃时期佛教与西藏本土宗教本教之间的竞争。吐蕃王朝崩溃后，从 11 世纪开始，佛教在西藏复苏，仁钦桑波翻译了大量佛教经典，开创了一个新时代的同时，对于修习旧密教的宁玛派的非难也随之开始。12 至 13 世纪，萨迦派第四祖萨迦班智达所著《三律仪论说》(སྡོམ་གསུམ་རབ་དབྱེ) 中，主张从印度传来的佛教乃唯一正统，并对“大圆满”与“大手印”等旧密教法进行了批判。13 世纪，随着萨迦派在元代宫廷地位的确立，萨迦派在西藏也取得了至高无上的权利，萨班的这一观点随之成为主流，并对之后的西藏佛教大师如布顿与宗喀巴也产生了一定影响。17 世纪，格鲁派的五世达赖喇嘛阿旺罗桑嘉措（ངག་དབང་བློ་བཟང་རྒྱ་མཚོ། 1617—1682 年）得到蒙古首领固始汗与清政府的支持，成为西藏最大最强有力的宗派，随着格鲁派的扩张，觉囊派被作为异端遭到排挤，噶玛噶举派寺院也受到摧残。觉囊派高僧多罗那他建立的“达丹彭措林”被改宗格鲁派，兴盛一时的觉囊派在卫藏地区几乎消失殆尽，只在四川、青海及其附近地区有少量留存。噶玛噶举寺院噶钦杂林坚（སྒར་ཆེན་འཛམ་གླིང་རྒྱན）被摧毁，大批僧人被害。宗派之间的利益争斗，与格鲁派的长期强势发展和权力扩张相伴，在 19 世纪的藏区，本教等传统宗教与文化面临着生存危机，佛教教派当中，格鲁派一枝独秀，与宁玛派、噶举派、萨迦派等教派之间也互相存在偏见，各宗派长期故步自封，自誉毁他之风盛行。在这种境况之中，利美运动的发生并非偶然，这是各个教派联合对抗格鲁派霸权地位的一场运动。宗喀巴创立格鲁派之时，是为了扭转当时萨迦、噶举、宁玛等派别的喇嘛不守戒律之风气，倡导宗教改革，提倡僧人严守戒律，然而格鲁派对俗人和其他教派的排斥，逐渐僵化的学院制度加之政治上的得势，使其发展逐渐走向另一个极端，其他教派的生存空间受到严重挤压，终形成反对格鲁派的浪潮。虽然也有一些格鲁派僧人参与利美运动，但这场运动总的来说是对格鲁派的反叛，也拯救了许多当时面临失传的珍贵佛教传承。

在宗教对立的状况当中，利美运动从藏东的康区开始萌芽了，其中心地区是德格。这里是四川、青海与西藏本土的交界处，具有独特的自然环境与多民族、多文化的传统，加之德格地方政权对各宗派采取了平等的态度，形成了宽容的文化氛围，本教与西藏本土文化传统在此保存相对较好。西藏本土一度衰微的本教在这里寺院林立，被格鲁派排斥的觉囊派也在德格周边得到持续发展。在对周围各种文化不断的吸收和融合之中，德格周边形成和保存了本教、佛教、医药、舞蹈、音乐、戏剧、绘画等优秀传统，并且拥有历史悠久、人才辈出的各派寺院群落。1729 年，德格第 42 世土司丹巴泽仁（བསྟན་པ་ཚེ་རིང་། 1689—1750 年）着手创建德格印经院，其子继承父亲遗志，并收集了大量版木，内容包含宗教、历史、科技、医学、历算、语言文字等各个领域。后经历代土司不遗余力地扩建与收集，德格印经院成为名副其实的知识宝库。

在这种宽松的文化氛围当中，各教派共存互补，立志于弘扬佛教和发展民族文化的僧人与知识分子，发起了利美运动。这是一场非主流佛教教派联合抵制格鲁派的运动，也是西藏精英阶层的文化觉醒。其代表人物如萨迦派的蒋扬钦哲旺波（འཇམ་དབྱངས་མཁྱེན་རྗེ་དབང་པོ། 1820—1892年）、噶玛噶举派的贡珠 · 云丹嘉措等人，都曾经遍学各个教派的教法。如钦哲旺波，曾依止萨迦、格鲁、噶举、宁玛派等上师共一百五十多位，遍学显密经典。他不仅是萨迦派上师，同时也被宁玛派确认为吉美林巴（འཇིགས་མེད་གླིང་པ 1730—1798年）之佛身转世，受持宁玛派密法和传承。除了修学各大教派的教法，钦哲旺波还“受学了香巴噶举的教法、希解、觉域、波多派等无有偏私、纯洁可信、来源可靠的灌顶、引导、续部解释等，以及作为以上这些教法的依靠——佛的《大藏经 · 佛语部》和《论说部》之中所有存在传承流的经论，皆作了追寻听闻。”[1] 利美运动的思想风潮，造就了西藏大批学者，如噶举派的曲久林巴（མཆོག་གྱུར་གླིང་པ། 1829—1870年），宁玛派的久米庞南杰嘉措（འཇུ་མི་ཕམ་རྣམ་རྒྱལ་རྒྱ་མཚོ། 1846—1912年）、格鲁派的阿旺丹却嘉措（ངག་དབང་དམ་ཆོས་རྒྱ་མཚོ། 19世纪）、本教的夏查扎西坚赞（ཤར་རྫ་བཀྲ་ཤིས་རྒྱལ་མཚན། 1859—1935年）、萨迦派的蒋扬洛特旺波等等。洛特旺波作为《续部总集》的编纂者，跟从久米庞南杰嘉措和蒋扬钦哲旺波等人学法，深受利美思想的影响。利美运动的上师们提倡回归圣典原著，研习经论和著书，使人理解其义而非照搬教条，注重典籍的收集整理。这虽是一场宗教运动，其影响与波及的范围却远不止于此。利美运动的大师们在宗教、文学、绘画、戏曲和医学等领域均取得了丰硕成果，通过这场运动，各种珍贵和濒临散失的文献资料被收集编纂，成为许多百科全书般的汇编得以保存至今。如汇集了西藏伏藏经典和历代伏藏师法语的《大宝伏藏》（གཏེར་མཛོད），汇集各教派本尊成就法之《成就法总集》（སྒྲུབ་ཐབས་ཀུན་བཏུས），以及本文所要介绍的《续部总集》，集合了新密派所有密续之灌顶、传承、解释以及曼荼罗观想等内容。利美运动成果丰硕，其中最重要的成果当属《五大藏》（མཛོད་ཆེན་ལྔ）的编纂，即《大宝伏藏》、《窍诀教导藏》（གདམས་ངག་མཛོད）、《噶举密咒藏》（བཀའ་བརྒྱུད་སྔགས་མཛོད）、《知识总汇》（ཤེས་བྱ་མཛོད）与《不共秘密

1　贡珠 · 云丹嘉措：《蒋扬钦哲旺波传》，北京：宗教文化出版社，2009：76-77。

藏》（རྒྱུད་སྡེ་ཀུན་བཏུས་）[2]。

二、《续部总集》的编纂过程

格鲁派的蒙古僧人拉尊·顿珠坚赞（ལྷ་བཙུན་དོན་གྲུབ་རྒྱལ་མཚན། 18/19 世纪）汇集了 85 种曼荼罗修习及灌顶方法，这引起了 19 世纪俄尔寺座主贡嘎丹白坚赞的(བྱམས་པ་ཀུན་དགའ་བསྟན་པའི་རྒྱལ་མཚན། 1829—1870 年）的注意，他决定增补各派传承，重新收集编纂曼荼罗理论文献。他在顿珠坚赞的基础上增加了 32 种灌顶，并依据俄尔寺开祖贡噶桑波在《灌顶印宝之美鬘》（དབང་རྒྱ་ནོར་བུའི་ཕྲེང་མཛེས）[3] 当中的叙述，按照怛特罗的四部分类法（事、行、瑜伽、无上瑜伽）收集曼荼罗。之后，他为这部丛书制作了目录，交给了弟子蒋扬·洛特旺波。蒋扬·洛特旺波被称为“金刚手之化身”，是《续部总集》的主要编纂者，他与其师钦哲旺波、贡珠·云丹嘉措一起，着手从事编集工作。

《续部总集》当中除了包含各种曼荼罗的灌顶仪轨和修行仪轨，还依据其中收录的曼荼罗文献，绘制了 139 幅曼荼罗。《续部总集》的目录由藏东查雅（བྲག་གཡབ）僧院的阿旺·当曲嘉措（ངག་དབང་དམ་ཆོས་རྒྱ་མཚོ）撰写，其中提到了施主与四位编集者的名字，但并未提到版木的雕刻者与曼荼罗的描绘者。从 1870 年至 1892 年，《续部总集》文献与曼荼罗制作于藏东的宗萨扎西拉孜寺（རྫོང་གསར་བཀྲ་ཤིས་ལྷ་རྩེ）。文献的版木与曼荼罗后被运到俄尔寺，直至 1958 年一直保存于此。此后，俄尔寺住持索南嘉措（བསོད་ནམས་རྒྱ་མཚོ）将这 139 幅曼荼罗带到国外，现存美国。1983 年由日本讲谈社原尺寸彩印出版[4]。其后东亚文化研究中心（The Centre for East Asian Cultural Studies）出版了这套曼荼罗的黑白简装本[5]，由于书名为 *The Ngor Maṇḍalas of Tibet*，因此这套曼荼罗也习惯被称为“俄尔寺曼荼罗集”，另由日本和尼泊尔共同出版了这套曼荼罗图像的彩色简装版[6]。《续部总

2 关于利美运动，虽专著甚少，但也有学者在论文或著作中涉及，如贡珠·云丹嘉措：《蒋扬钦哲旺波传》，北京：宗教文化出版社，2009：228-238。Geoffrey Samuel: *Civilized Shamans: Buddhism in Tibetan Societies*, Washington and London: Smithsonian Institution Press, 1993: 525-543. 沈卫荣：《近代西藏宗派融合派大师密彭尊者传略》，《民族学报》，台北：国立政治大学民族学系，2005（24）：11-45。班班多杰：《试论藏传佛教的“宗派无偏向”与宗教对话》，《西北民族大学学报》，2010（6）：64-66。

3 *Rgyud sde kun btus*, 30 vols., New Delhi: N. Lungtok & N. Gyaltsan, 1971-1972: 471.

4 Bsod nams rgya mtsho,《西藏曼荼羅集成》，东京：讲谈社，1983 年。

5 Bsod nams rgya mtsho & M. Tachikawa, *The Ngor Mandalas of Tibet: Plates & Listings of the Mandala Deities*, Bibliotheca Codicum Asiaticorum 2 & 4, Tokyo: The Centre for East Asian Cultural Studies, 1989, 1991.

6 Lokesh Chandra, Musashi Tachikawa & Sumie Watnabe: *A Ngor Maṇḍala Collection*, Nagoya: Mandala Institute, Kathmandu: Vajra Publications, 2006. 这套曼荼罗为 132 幅，后来补充的第 133-139 幅没有被收入。

集》文献部分的第 1-30 卷于 1971—1972 年在德里再版，后来补充的第 31 与 32 卷于 1979 年再版[7]。

三、《续部总集》文献与曼荼罗的构成

《续部总集》文献共有 32 卷，内容涉及西藏几乎所有的佛教宗派，占据篇幅最多的当属萨迦派。第 1 卷至第 22 卷为四部怛特罗当中曼荼罗的成就法与灌顶仪轨，第 23 卷至 29 卷主要为无上瑜伽怛特罗的解说，第 30 卷相当于全书的目录和提要，说明了各种教法的源流，最后两卷为后来附加。

139 幅曼荼罗当中，第 1-116 幅是其中的主要部分，其中第 1 幅位居整个序列之首，也是吉祥如意的象征。第 117-130 幅被称为教诫（གདམས་ངག）曼荼罗，为佛教各宗派特有的曼荼罗修行。第 131 和 132 幅为吉祥曼荼罗，是为了消除编集之中可能出现的错误所带来的违逆与误解，给曼荼罗集画上吉祥圆满的句号。第 133-139 幅为后来补充，在《续部总集》文献中没有被提及，其中第 133、134 与 136 幅属宁玛派曼荼罗，第 137-139 幅为格鲁派曼荼罗。

《续部总集》当中的曼荼罗，很多都是诸派共通的，如阿底峡和毗卢巴等印度高僧或大成就者所传，为西藏诸多教派共同修持。明确为格鲁派的曼荼罗只有第 59 幅，其相应文献收录在第 10 卷。事实上，秘密集会与胜乐也是格鲁派的重要教法，与金刚怖畏（大威德）一起合称格鲁派三大本尊，而格鲁派的秘密集会与胜乐曼荼罗，出现在最后的补充部分，相应的曼荼罗文献并没有收录在《续部总集》当中。由此可见，格鲁派曼荼罗开始并未被《续部总集》所重视，只是后来才被补充进去，这与利美运动的背景有关，也包含着对抗格鲁派霸权地位的意图。

四、《续部总集》曼荼罗目录

按照《续部总集》中的分类法，139 幅曼荼罗按照所属怛特罗，被归入事部、行部、瑜伽部和无上瑜伽部四个部分，另有各个教派特有的教诫曼荼罗、吉祥曼荼罗，以及后

---

7 *Rgyud sde kun btus*, vol.31 & 32, New Delhi: Ngawang Topgay, 1979.

来的补充，共七部分组成。为方便查阅，本文将曼荼罗依照表格形式列出[8]。

1. 事部曼荼罗

	名称	主尊	备注
1	初善 3 尊曼荼罗	文殊	
2	释迦牟尼 5 尊曼荼罗	三三昧耶庄严	依据《三三昧耶庄严怛特罗》
3	药师佛 51 尊曼荼罗	药师	
4	光明清净 6 尊曼荼罗	释迦牟尼	
5	五守护佛母 56 尊曼荼罗	随求佛母	
6	广大明 14 尊曼荼罗	曜母、太阳	
7	白伞盖佛母 17 尊曼荼罗	顶髻白伞盖	
8	白伞盖佛母 27 尊曼荼罗	顶髻白伞盖	
9	无垢顶髻 6 尊曼荼罗	能仁王、无垢顶髻光	
10	无量寿 9 尊曼荼罗	大日无量寿	杰塔利（Jetāri）所传
11	鼓音 17 尊曼荼罗	无量寿	
12	不空羂索 16 尊曼荼罗	观音	
13	千手千眼观音 37 尊曼荼罗	十一面观音	龙树所传
14	阿閦 9 尊曼荼罗	阿閦金刚	
15	变化身阿閦 9 尊曼荼罗	阿閦金刚	阿底峡所传
16	白色摧碎 19 尊曼荼罗	摧碎金刚	沙瓦利（Śavari）所传
17	黑色忿怒摧碎 97 尊曼荼罗	摧碎金刚	努尔（Snur）所传
18	青色摧碎 15 尊曼荼罗	摧碎金刚	沙瓦利（Śavari）所传
19	金刚手独尊曼荼罗	金刚手	善趣藏（Sugatigarbha）所传

8 表中曼荼罗的名称、主尊，以及传承、所属教派等内容，依据了 1971—1979 年出版的《续部总集》32 卷各卷的目录以及俄尔寺曼荼罗集中的内容。见 *Rgyud sde kun btus*, Vols. 1-30, New Delhi: N. Lungtok & N. Gyaltsan, 1971—1972. Vols. 31&32, New Delhi: Ngawang Topgay, 1979. Bsod nams rgya mtsho & Tachikawa, M., *The Ngor Mandalas of Tibet: Listings of the Mandala Deities*, Bibliotheca Codicum Asiaticorum 4, Tokyo: The Centre for East Asian Cultural Studies, 1991.

2. 行部曼荼罗

	名称	主尊	备注
20	成等正觉大日如来 122 尊曼荼罗	大日如来	
21	五字文殊 5 尊曼荼罗	文殊	

3. 瑜伽部曼荼罗

	名称	主尊	备注
22	金刚界 1037 尊曼荼罗	大日如来	
23	降三世 1037 尊曼荼罗	大日如来	
24	金刚冠族略说 1271 尊曼荼罗	大日如来	
25	最胜本初族略说 319 尊曼荼罗	金刚萨埵	
26	最胜本初金刚萨埵 77 尊曼荼罗	金刚萨埵	
27	普明大日如来 37 尊曼荼罗	普明大日如来	《恶趣清净怛特罗》中所说
28	释迦牟尼身曼荼罗	释迦狮子佛	《恶趣清净怛特罗》中所说
29	金刚手意曼荼罗	金刚手	《恶趣清净怛特罗》中所说
30	无量寿口曼荼罗	无量寿	《恶趣清净怛特罗》中所说
31	转轮功德曼荼罗	金刚萨	《恶趣清净怛特罗》中所说
32	烈焰业曼荼罗	忿怒烈焰	《恶趣清净怛特罗》中所说
33	（四天王围绕的）金刚手曼荼罗	金刚手	《恶趣清净怛特罗》中所说
34	（十方天围绕的）金刚手曼荼罗	金刚手	《恶趣清净怛特罗》中所说
35	（行星与恒星围绕的）降三世曼荼罗	降三世	《恶趣清净怛特罗》中所说
36	（八大龙围绕的）金刚手曼荼罗	金刚手	《恶趣清净怛特罗》中所说
37	（九怖畏围绕的）降三世曼荼罗	降三世、大怖畏与其明妃乌玛	《恶趣清净怛特罗》中所说
38	（八大天围绕的）降三世曼荼罗	降三世	《恶趣清净怛特罗》中所说
39	九顶髻释迦牟尼 37 尊曼荼罗	释迦狮子佛	
40	法界语自在文殊 219 尊曼荼罗	文殊	
41A	具密族文殊略说 57 尊曼荼罗	大日如来	

4. 无上瑜伽部曼荼罗

	名称	主尊	备注
41B	具密族文殊略说 57 尊曼荼罗	文殊	
42	秘密集会阿閦金刚 32 尊曼荼罗	金刚持与触金刚女	龙树所传，俄尔派
43	秘密集会阿閦金刚 32 尊曼荼罗	金刚持与触金刚女	龙树所传，玛尔巴传承
44	秘密集会文殊金刚 19 尊曼荼罗	文殊金刚	佛智足（Jñānapāda）所传，俄尔派
45	秘密集会观音 19 尊曼荼罗	观音	阿底峡所传
46	大轮金刚手 18 尊曼荼罗	大轮金刚手与摩摩积	
47	摧碎 75 尊曼荼罗	摧碎金刚与明妃	毗卢巴（Virūpa）所传
48	不动 9 尊曼荼罗	黑不动与摩摩积	
49	暴怒金刚手 5 尊曼荼罗	金刚手与明妃	热穹巴所传
50	红阎摩利 5 尊曼荼罗	红阎摩利与明妃	毗卢巴所传
51	红阎摩利 13 尊曼荼罗	红阎摩利与明妃	室利达罗（Śrīdhara）所传
52	文殊黑阎摩利 13 尊曼荼罗	黑阎摩利与明妃	热译师（ར་ལོ་ཙ་བ）所传
53	六面文殊阎摩利 21 尊曼荼罗	嗔恚阎摩利与明妃	热译师所传
54A	（8 起尸鬼与 32 持具围绕的）金刚怖畏曼荼罗	金刚怖畏	热译师所传，俄尔派
54B	（8 起尸鬼与 32 持具围绕的）金刚怖畏曼荼罗	金刚怖畏	梅译师（མལ་ལོ་ཙ་བ）所传
55	金刚怖畏 13 尊曼荼罗	金刚怖畏与明妃	热译师所传，擦尔派
56	金刚怖畏 17 尊曼荼罗	金刚怖畏	教译师（སྐྱོ་ལོ་ཙ་བ་འོད་ཟེར་འབྱུང་གནས）所传
57	金刚怖畏 49 尊曼荼罗	金刚怖畏	香教珠谢惹喇嘛（ཞང་སྐྱོག་གྱུ་ཤེས་རབ་བླ་མ）所传
58	（32 持具围绕的）金刚怖畏独尊曼荼罗	金刚怖畏	布顿所传
59	金刚怖畏独尊曼荼罗	金刚怖畏与自身变化身的明妃	宗喀巴所传，格鲁派
60	佛陀等行略说六族 135 尊曼荼罗	嘿噜嘎与自在母	
61	佛陀等行金刚萨埵族略说多尊曼荼罗	金刚萨埵与普贤女	
62	胜乐 62 尊曼荼罗	胜乐与金刚瑜伽母	鲁易巴所传，俄尔派

	名称	主尊	备注
63	胜乐 62 尊曼荼罗	胜乐与金刚瑜伽母	黑行者（Kṛṣṇacārin）所传，俄尔派
64	胜乐 5 尊曼荼罗	胜乐与金刚瑜伽母	铃尊者（Ghaṇṭāpāda）所传
65	胜乐 13 尊曼荼罗	胜乐与金刚瑜伽母	慈尊者（Maitrīpāda）所传
66	胜乐 5 尊曼荼罗	胜乐与金刚瑜伽母	噶玛噶举派
67	金刚亥母 5 尊曼荼罗	金刚亥母	噶玛噶举派
68	金刚瑜伽母 37 尊曼荼罗	金刚瑜伽母	热译师所传
69	金刚瑜伽那若空行母曼荼罗	金刚瑜伽母	
70	胜乐 62 尊曼荼罗	嘿噜嘎与金刚亥母	依据金刚手《初品释》[9]
71	捨离迷乱胜乐 62 尊曼荼罗	胜乐与金刚亥母	无畏生护（Abhayākaragupta）所传
72	律仪生起胜乐 13 尊曼荼罗	胜乐与金刚亥母	依据《律仪生起怛特罗》
73	金刚荼加胜乐 62 尊曼荼罗	胜乐与金刚亥母	依据《金刚荼加怛特罗》
74	头陀行功德胜乐 13 尊曼荼罗	金刚空行胜乐与金刚亥母	拉瓦巴（Kambalapāda）所传
75	六转轮胜乐 71 尊曼荼罗	金刚萨埵与法界自在女	
76	文殊金刚胜乐 25 尊曼荼罗	文殊金刚与金刚亥母	
77	驴面胜乐 37 尊曼荼罗	胜乐与金刚亥母	
78	十万臂暴恶胜乐 62 尊曼荼罗	胜乐与金刚亥母	
79	忿怒金刚萨埵胜乐 51 尊曼荼罗	金刚持胜乐与金刚亥母	
80	空行大海十二轮胜乐曼荼罗	世尊金刚空行与金刚亥母	
81	金刚亥母 17 尊曼荼罗	金刚亥母与金刚嘿噜嘎	吉美扎巴（འཇིགས་མེད་གྲགས་པ）所传
82	大亥面母 37 尊曼荼罗	金刚亥母	
83	金刚亥母 21 尊曼荼罗	金刚亥母	香提笈多（Śāntigupta）所传
84	真实半月 9 尊曼荼罗	吉祥嘿噜嘎与忿怒沙瓦利	萨迦昆氏一系传承
85	佛陀嘎布拉 25 尊曼荼罗	嘿噜嘎与多乐瑜伽自在女	噶举派俄却古多杰（རྔོག་ཆོས་སྐུ་རྡོ་རྗེ）所传
86	大幻母 5 尊曼荼罗	佛陀嘎巴拉与佛陀空行母	俄却古多杰所传

9　即金刚手菩萨按照时轮的解释而著的《胜乐金刚本续》第一品的注释。

	名称	主尊	备注
87	瑜伽虚空 77 尊曼荼罗	瑜伽虚空与智慧空行母	俄却古多杰所传
88	智慧自在 13 尊曼荼罗	智慧空行母	俄却古多杰所传
89	大悲 9 尊曼荼罗	佛海观音与金刚亥母	噶玛噶举派
90	大悲 5 尊曼荼罗	观自在与智慧空行母	米扎瑜伽师（Mitrayogin）所传
91	无量寿 33 尊曼荼罗	无量寿与白衣佛母	竹巴嘉莫（གྲུབ་པའི་རྒྱལ་མོ）所传
92	作明佛母 5 尊曼荼罗	作明佛母	
93	胜乐观音莲花网 45 尊曼荼罗	莲花网观音与白衣佛母	莲花金刚（Padmavajra）所传
94	三昧耶度母 25 尊曼荼罗	三昧耶度母	
95	金刚橛 19 尊曼荼罗	金刚童子与轮圆聚	依据《金刚橛怛特罗上部》
96	金刚橛 19 尊曼荼罗	金刚童子与轮圆聚	依据《金刚橛怛特罗下部》
97	身语意圆满时轮 634 尊曼荼罗	时轮与诸母	
98	大律仪时轮 73 尊曼荼罗	时轮与诸母	
99	喜金刚 9 尊曼荼罗	喜金刚与金刚无我母	俄尔派
100	喜金刚 9 尊曼荼罗	喜金刚与金刚无我母	莲金刚（Saroruhavajra）所传
101	一面二臂身喜金刚 9 尊曼荼罗	身喜金刚与金刚无我母	黑行者所传
102	一面四臂语喜金刚 9 尊曼荼罗	语喜金刚与金刚无我母	黑行者所传
103	三面六臂意喜金刚 9 尊曼荼罗	意喜金刚与连环索母	黑行者所传
104	精粹喜金刚 9 尊曼荼罗	精粹喜金刚与金刚无我母	黑行者所传
105	喜金刚 9 尊曼荼罗	喜金刚与金刚无我母	东比嘿噜嘎（Ḍombi Heruka）所传
106	金刚无我母 15 尊曼荼罗	金刚无我母	
107	喜金刚 9 尊曼荼罗	喜金刚与金刚无我母	玛尔巴所传,俄却古多杰（རྔོག་ཆོས་སྐུ་རྡོ་རྗེ）传承
108	金刚无我母 15 尊曼荼罗	金刚无我母	玛尔巴所传，俄却古多杰传承
109	空行五族喜金刚略说 49 尊曼荼罗	意空行喜金刚与摩摩积	俄尔派
110	网族略说 49 尊曼荼罗	阿閦喜金刚与摩摩积	俄却古多杰传承

	名称	主尊	备注
111	金刚界 37 尊曼荼罗	阿閦	依据《正相合怛特罗》，俄尔派
112	金刚萨埵 37 尊曼荼罗	金刚萨埵与金刚亥母	依据《正相合怛特罗》，俄却古多杰传承
113	持钺刀金刚大黑天 5 尊曼荼罗	意大黑天	
114	金刚大黑天 8 尊曼荼罗	大黑天	
115	金刚大黑天 12 尊曼荼罗	大黑天	
116	金刚大黑天 17 尊曼荼罗	大黑天	

5. 教诫曼荼罗

	名称	主尊	备注
117	佛陀 13 尊曼荼罗	金刚无我母	帕 · 当巴桑杰（ཕ་དམ་པ་སངས་རྒྱས）所传，希解派
118	胜乐 13 尊曼荼罗	胜乐与金刚亥母	帕 · 当巴桑杰所传，希解派
119	忿怒佛母 5 尊曼荼罗	象征金刚瑜伽母的 VAM	帕 · 当巴桑杰所传，希解派
120	五部怛特罗略说曼荼罗	喜金刚与金刚无我母	琼波南觉（ཁྱུང་པོ་རྣལ་འབྱོར）所传，香巴噶举派
121	胜乐 5 尊曼荼罗	胜乐与金刚瑜伽母	尼古玛（ནི་གུ་མ）所传，香巴噶举派
122	幻身大自在女曼荼罗	金刚杵	香巴噶举派
123	胜乐父教曼荼罗	胜乐与金刚亥母	热穹巴（རས་ཆུང་པ）所传
124	胜乐母教曼荼罗	金刚瑜伽母	热穹巴所传
125	胜乐 10 尊曼荼罗	胜乐与金刚瑜伽母	达波拉杰（དྭགས་པོ་ལྷ་རྗེ）所传
126	胜乐 5 尊曼荼罗	胜乐与金刚亥母	恩宗（ངམ་རྫོང）耳传
127	16 滴曼荼罗	佛海曼荼罗	噶当派
128	智慧大黑天曼荼罗	怙主大黑天	冈仓派（ཀམ་ཚང་）
129	智慧大黑天 30 尊曼荼罗	大黑天与旃底卡（tsan di ka）	依据《吉祥金刚大黑忿怒尊秘密成就出现本续》
130	行住如意宝多尊曼荼罗	观音	松赞干布所传

6. 吉祥曼荼罗

	名称	主尊	备注
131	顶髻尊胜 9 尊曼荼罗	顶髻尊胜佛母	
132	佛母要义 9 尊曼荼罗	白度母与莲花舞自在	

7. 补充部分

	名称	主尊	备注
133	忿怒绝密马头 9 尊曼荼罗	马头与莲花舞自在	
134	红忿怒尊师曼荼罗	忿怒形莲花生	娘派（ཉང་）
135	大悲 5 尊曼荼罗	观音	拉克尸弥（Lakṣmī）所传
136	马头曼荼罗	马头与明妃	宇妥·云丹衮布（གཡུ་ཐོག་ཡོན་ཏན་མགོན་པོ）所传
137	秘密集会阿閦 32 尊曼荼罗	金刚持与触金刚女	格鲁派
138	胜乐 62 尊曼荼罗	胜乐与金刚瑜伽母	格鲁派
139	忿怒文殊 13 尊曼荼罗	金刚杵	格鲁派

五、结语

以上简单介绍了《续部总集》的编纂及其中的大致内容。曼荼罗绝不仅仅是单纯的图像，其制作和用途，均与密教仪轨以及教义紧密相关。绘制出的曼荼罗，只是文献中所述的一小部分，要理解其含义，显然不能只停留在表面。从这种意义来说，《续部总集》显得尤为珍贵，不仅与曼荼罗图像相应的文献被完整地保存和整理，而且许多传承来自于古老的教法，由于这部文献的编纂才得以留存至今。对这部文献的研究和关注，将有助于我们对曼荼罗的理解，并推动曼荼罗研究的进展。

◆ 张雅静　故宫博物院宫廷部副研究员

英文档案所见“西藏友好代表团”史实新考
——兼论二战结束前后英印政府的对藏策略*

李沛容

内容摘要：阻挠“西藏友好代表团”出席国民大会的挫败，是二战结束前后英印政府在西藏问题上政治影响力逐渐式微的信号。尽管战后英属印度政府极力怂恿和鼓动“西藏独立”，但是“西藏友好代表团”事件说明英印政府内部在对藏策略上分歧重重，已日渐失去左右西藏问题的实力。整个事件背后则是二战结束前后国际格局发生巨大变动，以及中、英、印及其与西藏地方噶厦政府之间关系微妙变化的缩影。

二战结束前夕，西藏地方政府（以下简称噶厦）决定以“西藏友好代表团”（Tibetan Goodwill Mission）名义，派遣代表赴内地参加即将召开的国民大会。棘手的西藏问题在二战结束前后出现重大转机。这一事件遂成为近代汉藏政治关系史上不容忽视的重要议题。围绕“西藏友好代表团”的性质，英印政府[1]表现出不同的态度和策略。但明确“西藏友好代表团”成员即为出席国民大会的代表后，英印政府态度始终强硬，多番磋商、干涉和阻挠，视之为威胁其南亚战略布局的严峻事件。但是二战结束前后英印政府内部在对藏策略上存在较大分歧，解决“西藏友好代表团”事件的态度各有不同，又几经变

* 本文为国家社科基金重点项目“中国边疆学原理研究”（17AZD018）阶段性研究成果。

1 文中“英印政府”指1947年8月印度独立前的英国政府与英属印度政府。

化。噶厦与英印政府之间也矛盾渐生，有意抵制和挫败英印政府阻挠“西藏友好代表团”参加国民大会的企图。二战结束前后国内外政治格局发生重大转变之际，“西藏友好代表团”事件集中展现出英印政府对藏策略，以及中、英、印及其与西藏地方噶厦政府之间各方关系的新变化。

目前，学界对这一问题已有一定关注。但相关研究主要利用中方档案，侧重中方立场，围绕国民政府与英印政府就“西藏友好代表团”事件的博弈展开[2]。因此，现有成果对“西藏友好代表团”性质、英印政府的态度，以及噶厦与英印政府间的分歧等具体问题的成因分析仍显不足。本文拟综合利用英国外交部、印度事务部和台湾“国史馆”所存未出版解密档案，对这一问题作细致梳理，重新分析评述有关史实，修正学界对“西藏友好代表团”事件的相关误识。

一、名义之争：“西藏友好代表团”的组建及其时代背景

自 1943 年以来，开罗会议和德黑兰会议相继召开，初步规划和奠定了战后太平洋地区的国际政治格局，以及中国、美国、苏联和英国的四大强国地位[3]。在国际地位提升及战略反攻背景下，中国在国内及亚洲事务上获得越来越多的发言权和主动权，展现出日趋强硬的姿态。这些变化直接影响到国民政府解决西藏问题的态度及噶厦的政治立场。二战结束前夕，国民政府着手调整对藏政策的同时，外交上坚称“西藏为中国的一部分”，“西藏问题为内政事务”[4]，并不断通过舆论宣传向国际社会宣告中国中央政府的行政力量正逐步深入西藏地方[5]。另一方面，噶厦通过函贺蒋介石就任国民政府主席等渠道，有意向国民政府传达改善关系的和缓态度[6]。西藏问题随着二战结束前后国际形势的变动开始出现转变。

2　部分学者将 Tibetan Goodwill Mission（“西藏友好代表团”）意译为“慰问同盟国代表团”。相关研究参见周毓华：《“慰问同盟国代表团”活动考述》，《西藏民族学院学报》，2002（4）：44；周毓华：《1946 年西藏代表出席国民代表大会始末》，《中国民族报》，2010 年 3 月 19 日，第 7 版；张皓：《1946 年西藏地方代表出席制宪国大问题之探析》，《史学集刊》，2013（4）：64-70；张双智：《国民政府与噶厦围绕“西藏高度自治”的较量——以 1946 年国民大会为中心》，《青海民族研究》，2014（3）：108-119；车志慧：《1946 年制宪国大与国民政府对西藏的政策》，《甘肃社会科学》，2014（5）：147-152。

3　刘晓原：《边疆中国：二十世纪周边暨民族关系史述》，香港：香港中文大学出版社，2016：64。

4　中国藏学研究中心：《外交部为英国干涉中国军队调动事呈文及蒋介石的批示》，《元以来西藏地方与中央政府关系档案史料汇编》（第七册），北京：中国藏学出版社，1994：2850-2851。

5　英国外交部档案 FO-371-41586，致 Zenodotia，伦敦，1944 年 4 月 3 日，第 2914-X/44 号电。

6　英国外交部档案 FO-371-41586，谢里夫 (Sherriff) 致古德，1944 年 3 月 21 日，第 297 号电。

为应对上述局势与维持西藏的缓冲区地位，1944 年英印政府协商后决定派遣英国驻锡金政治长官古德（Gould）去西藏，意图从对藏政策、边界问题等层面拉拢噶厦[7]。然而，古德的出行并未取得实质性进展。结束为期四个月的拉萨之行前，古德受英印政府指示，向噶厦转达以英国政府决策为主的对藏政策：拒绝噶厦出席战后和平会议、军事援助等要求，仅承诺将在国际会议上“支持西藏在承认中国宗主权的前提下获得‘自治’”[8]。为缓和与噶厦间的纷争，古德表示英印政府愿意在边界争议上做出一定让步，将适当调整麦克马洪线内达旺以南色拉地区的边界线。但是噶厦“不要试图在色拉以南地区行驶管辖权，且印度政府不会撤销这一区域内已设立的哨卡”[9]。英印政府对西藏地位和边界争议的有限支持和让步，令噶厦极为失望。而且，古德的努力很快因英印政府继续推进对麦克马洪线区域的控制而化为泡影。1945 年 4 月，为抗议英印政府强行占领喀拉塘、瓦弄等地，噶厦公开斥责英印政府的行为无异于“大鱼吃小鱼”的卑劣行径[10]。因边界争端，久已存在的印藏矛盾更趋激化。到 1946 年，英印政府为修复关系“加强友谊”，不得不派遣继任英国驻锡金政治长官霍普金森（Hopkinson）去拉萨[11]。由此可见，在二战结束前后，英印政府因对藏政策、边界纠纷等问题已与噶厦分歧重重，冲突不断。

随着 1944 年下半年盟军在亚洲战场向日军发动全面反攻，国民政府高层人士已经准备迎接即将到来的胜利。恢复蒙、藏治权理所应当地被提上国民政府的议事日程。一方面，国民政府积极研议战后对藏政策，讨论应当赋予西藏地方的政治地位；另一方面，以英印政府与噶厦之间嫌隙丛生为契机，国民政府于 1943 年 10 月以信奉佛教的沈宗濂代替孔庆宗，出任蒙藏委员会驻藏办事处处长，期望改善和密切同噶厦的政治关系[12]。1944 年 8 月到藏后，沈宗濂主要采取两项重要举措：一是经常以佛教徒身份向寺庙布施，加强同拉萨三大寺僧侣间的关系[13]；二是认真贯彻蒋介石“不干涉西藏地方事务”的准则，要求拉萨的汉人官员与百姓接受西藏地方法规约束。为推进与噶厦间的亲睦关系，

7 英国外交部档案，FO-371-41586，谢里夫致古德，1944 年 3 月 21 日，第 297 号电。

8 英国外交部档案，FO-371-46121，F451/1/10 Ext140/45，汉藏关系，1945 年 1 月 17 日；英国外交部档案，FO-371-46121，F697/1/10 Ext5165/44，外交部新德里致古德拉萨，1945 年 1 月 30 日。

9 英国外交部档案，FO-371-46121，F451/1/10 Ext140/45，汉藏关系，1945 年 1 月 17 日。

10 英国外交部档案，FO-371-46122，F3529/1/10Ext2622/45，麦克马洪边界，1945 年 5 月 9 日。

11 英国外交部档案，FO-371-53613，F2011/71/10，Ext605/46，印度事务部致外交部远东司克逊，1946 年 1 月 5 日。

12 《藏务（三）》，入藏登录号：001000005048A，台北“国史馆”藏。

13 英国外交部档案，FO-371-46123，F6027/1/10Ext4111/45，英国访问西藏代表团致驻锡金政治长官，1945 年 7 月 19 日。

国民政府还授意沈宗濂表态，中央愿意向噶厦无偿提供军备[14]。在上述努力下，沈宗濂逐渐获得西藏地方政要的信任。国民政府与噶厦间的关系渐有起色。诚如沈宗濂向古德宣称的那样，"中、英及其与西藏噶厦的关系没有任何时候比现在更好"[15]。

在此形势下，为规避英印政府阻碍国民政府与噶厦之间就西藏地位问题进行直接对话，沈宗濂曾向噶厦申明国民政府即将在战后召开重要会议，强调噶厦派员出席会议的必要性和重要性，试图以此向世人昭示西藏地方与中央的关系[16]。早在1945年4月，沈宗濂便告知西藏地方"外交局"局长索康札萨，国民政府为处理战后决议和总统选举问题，计划于同年5月和11月分别在重庆举行两次重要会议（指立宪国民大会、行宪国民大会——引者注）[17]。鉴于噶厦委派的驻京代表大多不具备商议和决策重要事务的权力，国民政府希望噶厦选派"地位声望崇高，能以传达摄政及噶厦旨意之人"，共商要务[18]。6月和8月间，沈宗濂又多次向索康札萨申明派遣代表事宜[19]。噶厦虽未拒绝派员出席国民大会，却以时间仓促为由，建议以驻京代表充任，敷衍塞责[20]。1945年8月24日，蒋介石在"国防最高委员会与中央常务委员会临时联席会议"上首次正式宣布将赋予"西藏高度自治"地位[21]。噶厦获悉后，为试探二战结束后国民政府对藏政策的底线，决意积极回应"国大代表"一事[22]。

噶厦深知英印政府会以《西姆拉条约》为由干涉派员出席国民大会，遂于1945年8月26日，向英国代表霍普金森透露，为庆祝世界反法西斯战争胜利，计划派遣代表团赴美国、印度和中原内地，藉此表达对同盟国胜利的祝福[23]。在英印政府作出回应之前，噶厦已决定派遣10名代表出席国民大会。为防止英印政府阻扰，噶厦多次秘密召集会

14 英国外交部档案，FO-371-46123，F4425/1/10Ext345145，英国访问西藏代表团致驻锡金政治长官，1945年6月10日。

15 英国外交部档案，FO-371-46123，F12289/1/10Ext6667/45，拉萨致外交部新德里，1945年11月28日。

16《藏务（三）》，"沈宗濂函"，入藏登录号：001000005048A，台北"国史馆"藏。

17 英国外交部档案，FO-371-46122Ext2379/45，英国访问西藏代表团致驻锡金政治官员，1945年4月2日。

18 中国藏学研究中心：《沈宗濂为速报国民大会代表名单事致噶厦函》（1945年8月23日），《元以来西藏地方自治与中央政府关系档案史料汇编》（第7册），1994：2985。《国民大会代表问题处理》，全宗号：200000000A，台湾"国史馆"藏。

19 英国外交部档案，FO-371-46123，F4425/1/10Ext345145，英国访问西藏代表团致驻锡金政治长官，1945年6月10日；《国民大会代表问题处理》，全宗号：200000000A，台湾"国史馆"藏。

20《藏务（三）》，"沈宗濂函"，入藏登录号：001000005048A，台北"国史馆"藏。

21《西藏政情（二）》，"蒙藏委员会特西藏沈专员宗濂"，入藏登录号：001000005033A，台北"国史馆"藏。

22《西藏政情（二）》，"西藏近况"，入藏登录号：001000005033A，台北"国史馆"藏。

23 英国外交部档案，FO-371-46123，F8595/1/10Ext5240/45，英国访问西藏代表团致驻锡金政治长官，1945年8月26日。

议，协商“应向中央商请各项问题”[24]。11 月 2 日，噶厦正式电复蒋介石称，“日本投降，自达赖、摄政达扎佛、噶厦、三大寺以及全藏僧俗官民欢欣鼓舞、莫可言喻”，决定派遣古嘉扎萨图丹桑批、孔萨凯满等 8 人，连同驻京西藏代表等共 10 人出席国民大会[25]。这一消息不胫而走。如噶厦事先预料，霍普金森除向索康札萨质问此事外，还以噶厦派员出席国民大会，“无异于承认西藏为中国之一部分”，“西藏现行政治体制自不容存在”，“现任官吏及贵族亦在淘汰之列”等后果威胁、恐吓噶厦[26]。为缓和紧张气氛，索康札萨一面证实和承认消息的可靠性，一面安抚霍普金森，声称此事未成定局，不久还将召开民众大会共商此事[27]。考虑到英印政府的反弹和抵制，噶厦为了既不破坏与英印政府的现有关系，又能使“西藏国大代表”顺利赴会[28]，最终决定以“西藏友好代表团”之名掩盖“西藏国大代表”之实，派遣扎萨级官员 2 名及随从官员 3 名，赴内地和印度进行为期两月的友好访问[29]。英印政府对噶厦纯粹以庆祝二战胜利派遣代表团的决议非常满意，甚至将这一事件理解为“西藏急切希望宣告自治地位的标志”[30]，不仅将以贵宾礼遇西藏代表团，还将在稍后的访印过程中为西藏地方制造“自治”舆论[31]。但英印政府仍心存芥蒂，一方面，担心噶厦是否会另外选派高级别代表团出席国民大会，另一方面，考虑到“国民大会”会期临近，如果西藏代表团先赴重庆，是否会受到中央政府干扰，强行要求代表团出席会议。为此，英印政府坚决要求“西藏友好代表团”先到印度，再赴重庆[32]。

---

24 中国藏学研究中心：《沈宗濂为西藏已派定国大代表及询开会日期支拨旅费等致蒙藏委员会》（1945 年 10 月 26 日）、《国民政府政务局为沈宗濂请示西藏国大代表可否敦促起程事致蒙藏委员会》（1945 年 10 月 31 日），《元以来西藏地方自治与中央政府关系档案史料汇编》（第 7 册），1994：2989；《国民大会代表问题处理》，全宗号：200000000A，台湾“国史馆”藏。

25 《国民大会代表问题处理》，全宗号：200000000A，台湾“国史馆”藏。

26 中国藏学研究中心：《军委会军令部为英人阻扰西藏选派代表出席国民大会事致蒙藏委员会代电》（1945 年 11 月 16 日），《元以来西藏地方自治与中央政府关系档案史料汇编》（第 7 册），1994：2992。

27 英国外交部档案，FO-371-46123，F10416/1/10 Ext6062/45，英国访问西藏代表团致驻锡金政治长官，1945 年 11 月 7 日。

28 中国藏学研究中心：《国民政府为转抄噶厦不准三大寺堪布参加国民大会情报事致蒙藏委员会代电》（1945 年 11 月 16 日），《元以来西藏地方自治与中央政府关系档案史料汇编》（第 7 册），《元以来西藏地方自治与中央政府关系档案史料汇编》（第 7 册），1994：2995。

29 英国外交部档案，FO-371-46123，F10200/1/10 Ext5849/45，印度政府外事处致印度事务大臣并转发重庆，1945 年 11 月 8 日。

30 英国外交部档案，FO-371-46123，F10200/1/10 Ext5849/45，印度政府外事处致印度事务大臣并转发重庆，1945 年 11 月 8 日。

31 英国外交部档案，FO-371-46123，F9963/1/10 Ext5930/45，印度政府外事处致印度事务大臣并转发重庆，1945 年 11 月 9 日。

32 英国外交部档案，FO-371-46123，F9963/1/10，印度事务部，1945 年 11 月 16 日；FO-371-46123，F10200/1/10 Ext5849/45，印度事务大臣致印度政府外事处并转发重庆，1945 年 11 月 22 日。

迫于英印政府咄咄逼人的强硬态度，噶厦再三考虑后，不得不以“慰问二战胜利”为名派遣“西藏友好代表团”，以消除英印政府的疑惧[33]。代表团计划于1946年1月25日启程赴印，3月底4月初赴沪，在距国民大会召开前半月抵达南京[34]。相关档案表明，在“西藏友好代表团”启程前后，英印政府仍不断要求噶厦保证代表团纯属友好性质，不会出席国民大会[35]。有学者认为西藏地方派遣代表团赴重庆是受英印政府唆使，是有失偏颇的[36]。二战结束前后，中、英、印及其与西藏地方噶厦政府关系的调整，沈宗濂的多方努力均是促成噶厦派遣“西藏友好代表团”的原因。更为重要的是蒋介石提出“西藏高度自治”后，噶厦急切希望摸清国民政府的对藏政策。英文档案所见“西藏友好代表团”之名，不过是噶厦与英印政府一系列交涉博弈后的无奈之举。出席国民大会、探寻国民政府的对藏政策才是代表团此行的目的。

二、“西藏高度自治”：英印政府对“西藏友好代表团”的态度和策略

对于噶厦组织发起的“西藏友好代表团”，英印政府是将之同国民政府“西藏高度自治”的政治论调紧密联系，来加以审视和对待的。自二战出现转折以来，英印政府为应对中国政府在南亚政治影响力的增强，及其对英属印度、缅甸等殖民地独立运动的支持，转而在西藏问题上大做文章，以策动“西藏自治”牵制中国对南亚的辐射力和影响力[37]。针对英印政府“西藏自治”的政治言论，自1942年以来，国民政府开始积极筹议“西藏高度自治”政策[38]。1945年8月，为防范英印政府藉口外蒙独立，要求国民政府赋予西藏独立地位，国民政府先发制人地将“西藏高度自治”政策公之于众[39]。“西藏高度自治”的提出标志着国民政府对藏政策的重大调整以及对西藏地位的新定位，即维护国

---

33 中国藏学研究中心：《国民政府为转抄噶厦不准三大寺堪布参加国民大会情报事致蒙藏委员会代电》（1945年11月16日），《元以来西藏地方自治与中央政府关系档案史料汇编》（第7册），1994：2995。

34 中国藏学研究中心：《驻藏办事处报送西藏出席国民大会代表名单致蒙藏委员会呈》（1946年1月21日），《元以来西藏地方自治与中央政府关系档案史料汇编》（第7册），1994：3000。

35 英国外交部档案，FO-371-53613，F3166/71/10 Ext1251/46，霍普金森致新德里外事处，1945年1月29日。

36 张皓：《1946年西藏地方代表出席制宪国大问题之探析》，《史学集刊》，2013（4）：65。

37 林孝庭：《二战时期中英关系再探讨：以南亚问题为中心》，《近代史研究》，2005（4）：32-56。

38 《藏务（二）》，入藏登录号：001000005047A，台北“国史馆”藏；蒋介石公开提出赋予“西藏高度自治”地位后，同月，国民政府正式拟定《西藏地方高度自治方案草案》，在维护国家领土主权完整的前提下允许西藏高度自治，参见王正华编辑：《蒋中正总统档案事略稿本（62）》，1945年8月至9月，台北：台湾“国史馆”，2011：323-324。

39 英国外交部档案，FO-371-46123，F9196/1/10 Ext3763/45，对藏政策，1945年11月12日。

家主权、领土完整的同时，尊重西藏地方政治、文化的特殊性。

国民政府提出的“西藏高度自治”与英印政府主张的“西藏自治”到底有何异同是英印政府此时亟待厘清的问题。蒋介石有关“西藏高度自治”讲话发表仅两日，英国驻华大使薛穆（Horace Seymour）便将讲话稿全文翻译，并转发各相关部门，足见英国政府对这一问题的重视程度。各部门随后又针对讲话稿中提到的“自治”（Autonomy）、“自我治理”（Self-government）等概念与“独立”（Independence）之间的关系提出疑问，希望通过对中文语义的分析来理解蒋介石讲话的真实用意[40]。在英国政府研究蒋介石“西藏高度自治”讲话稿的同时，国民政府主动通过沈宗濂向古德传达“西藏高度自治”的决议内容，并称此后中英间在西藏问题上将不存在任何分歧，以此试探英印政府对该政策的反应。在回复中方函电时，英国外交部与印度事务部就西藏是否享有“自治地位”问题出现意见分歧。但双方皆认可国民政府的政策调整，希望回函中的措词尽量避免造成国民政府误解英方拒绝就西藏问题与中方磋商[41]。

针对“西藏高度自治”政策的出台，英国外交部与印度事务部的意见尚属和缓，彼此均认为应当坚持 1943 年《艾登备忘录》中有关西藏地位的决议，即“在中国尊重西藏自治的前提下，英国政府承认中国对西藏的宗主权”[42]。而英属印度政府则因西藏地方与印度利益攸关，展现出一贯的激进态度。在 1945 年 5 月间，英属印度政府围绕“印度国土安全”，“中、苏势力向南亚渗透”等问题，重新审视二战结束后的西藏地位，在综合作战部、参谋本部和空军总部等职能部门的意见后，英属印度政府的最终结论是：首先，从外交层面支持西藏“自治”；其次，继续向噶厦提供军备，维持其作为印度北部缓冲区的地位[43]。在获悉蒋介石“西藏高度自治”讲话内容后，英属印度政府的回应异常激烈，提出西藏除享有自治地位外，还应拥有外交权。英国政府应通过外交渠道将西藏问题提交联合国或其他国际机构处理，全力支持“西藏独立”[44]。英属印度政府从支持西藏“自治”转向策动西藏“独立”（Independence），逐步挑战了英国政府对藏政策的

---

40 英国外交部档案，FO-371-46123，F9196/1/10 Ext3763/45，对藏政策，1945 年 11 月 12 日。

41 英国外交部档案，FO-371-46123，F9171/1/10，英国对藏政策，1945 年 11 月 29 日。

42 1943 年 7 月 7 日英国内阁的对藏决议，并于 8 月 5 日形成备忘录，由英国外交大臣艾登转发宋子文。其主要内容为：在中国承认西藏自治的前提下，承认中国对西藏的宗主权。国内对此问题的研究详见张永攀：《〈艾登备忘录〉与二战末期英国的对藏政策》，《中国边疆史地研究》，2003（3）：73-84。

43 印度政府从军事防御角度，综合考量“西藏作为缓冲区的战略价值”、“来自苏俄和中国的威胁”、“基于印度防御的地位”、“英国对西藏的支持”等问题，重新权衡西藏对于印度国土安全的重要价值和攸关利益。参见，英国外交部档案，FO-371-46123，F9196/1/10 Ext5151/45，印度政府作战部致外事处，1945 年 5 月 18 日。

44 英国外交部档案，FO-371-46123，F9196/1/10 Ext5151/45，印度政府外事处秘书致印度事务部，1945 年 9 月 19 日；英国外交部档案，FO-371-46123，F10676/1/10，西藏代表团出席战后和平会议，1945 年 11 月 13 日。

底线。英属印度政府之所以策动“西藏独立”、制造西藏问题，除对印度国防利益的考量外，最为重要的是试图借口支持“西藏独立”，缓和其与噶厦在麦克马洪线区域内的争端，为印度边界线向西藏地方的持续推进创造条件[45]。

二战结束前后，“西藏问题”仍是英国政府应对中国的一张重要筹码。可是面对东南亚殖民地此起彼伏的独立运动，英国政府也已无暇他顾。关于英属印度政府有关西藏问题提交战后和平会议的提议，英国政府同样担忧中国政府以殖民地问题给予回击，因此对上述建议始终持否定态度[46]。

正当英国政府职能部门与英属印度政府就“西藏高度自治”问题引发的争议愈演愈烈之际，噶厦提出派遣“西藏友好代表团”成为一方缓和剂[47]。1946年1月，英国外交部远东司批评和否定英属印度政府的激进建议，认为“西藏高度自治”政策同英国政府的“自治权-宗主权”（Autonomy-Suzerainty）原则并不矛盾。忽视国民政府对藏政策的转变并非明智之举。此时中国政府正等待噶厦的积极回应。既然英印政府不能代替或绕过噶厦同国民政府协商西藏问题，“西藏友好代表团”无疑是解决西藏地位问题的绝佳机会。各有关部门应当把握这一契机，改变“西藏友好代表团”的性质，促成其与国民政府间的直接商谈。同时英印政府可以给予噶厦相应的外交支持[48]。最终各部门采纳英国外交部远东司的意见，支持并尽力促成“西藏友好代表团”与国民政府商议西藏地位问题。围绕蒋介石“西藏高度自治”讲话引发的内部争议终告一段落。

考虑到西藏问题的高度敏感性，以及随时可能引发的中、英冲突将导致美、苏势力直接介入，英国外交部对远东司提出的“外交支持”采取审慎态度。针对此项提议，外交大臣贝文（Bevin）专门召集印度事务部萨金特（O. Sargent）、外交部唐纳德逊（K. Donaldson）和外交部远东司克逊（V. kitson）会商后，否决“外交支持”提议，决定“任由代表团同中国政府交涉‘西藏自治问题’”[49]。为防范英属印度政府对“西藏友好代表团”采取过激行为，英国政府向英属印度政府转发如下决议：首先，即使英印政府在“西藏自治”问题上向噶厦提供最强有力的外交支持，也不可能缓解英属印度政府与噶厦之间日趋紧张的矛盾；其次，任何针对蒋介石“西藏高度自治”讲话的行动，均应留

45 英国外交部档案，FO-371-46123，F9196/1/10 Ext5151/45，印度政府外事处秘书致印度事务部，1945年9月19日。

46 英国外交部档案，FO-371-46123，F10676/1/10，西藏代表团出席战后和平会议，1945年11月13日。

47 英国外交部档案，FO-371-53613，F585/71/10 Ext5925/45，西藏地位，1946年2月2日。

48 英国外交部档案，FO-371-53613，F585/71/10 Ext5925/45，政府的对藏政策，1946年1月8日、23日。

49 英国外交部档案，FO-371-53613，F585/71/10 Ext5925/45，西藏，1946年2月2日。

待“西藏友好代表团”印度之行后，再视情况定夺；再次，“西藏友好代表团”抵达重庆后，若有机会提供外交支持，英国政府愿意考虑外交支持的具体形式[50]。

可以看出，二战结束前后，由于国际政治格局的变动，英国政府因忧虑美、苏力量的介入，以及中国政府以英国殖民地问题给予回击，在无法给予噶厦更多支持的情况下，不得不转而希望通过“西藏友好代表团”来试探国民政府的“西藏高度自治”政策。因此，国民政府在二战结束之前适时抛出“西藏高度自治”，为“西藏友好代表团”出席国民大会扫清外部障碍。

三、英印政府干涉“西藏友好代表团”出席国民大会的挫败

“西藏友好代表团”的真实目的，到底是单纯的慰问二战胜利，还是出席国民大会，仍然是英印政府高度关注的问题[51]。在噶厦决定派出“西藏友好代表团”后，留驻拉萨的霍普金森试图多方打探代表团的真实意图，并一再援引《西姆拉条约》，告诫代表团不能出席国民大会[52]。1946 年 1 月，为安排“西藏友好代表团”事宜，返回印度前，霍普金森多次要求噶厦保证代表团纯粹是友好行为，不参加国民大会，甚至背弃英国政府的决议，要求代表团不与国民政府进行任何政治协商，并以“背离‘西藏自治’”等严重后果要挟、威吓噶厦[53]。

“西藏友好代表团”正式离藏时，在代表团性质不明朗的情况下，英印政府又采取多方举措，阻扰代表团顺利出席国民大会。首先，密切监视“西藏友好代表团”的行动。1945 年 12 月，“西藏友好代表团”派出之前，霍普金森就主动请缨，在代表团在印期间亲自全程陪同，并安排亲信热耶巴 · 索朗多杰（曾任英国驻拉萨办事处处长）为向导[54]。之后，霍普金森因故滞留拉萨，又特意嘱令印方陪同人员暗中监视“西藏友好代表团”，力阻代表团他往[55]。霍普金森的举动旨在防范“西藏友好代表团”与早前抵达印度的沈宗

---

50 英国外交部档案，FO-371-53613，F585/71/10 Ext5925/45，外交部唐纳德逊至印度事务部（密文），1946 年 1 月 8 日。

51 英国外交部档案，FO-371-53613，F2011/71/10 Ext605/46，印度事务部致英国外交部远东司，1946 年 1 月 5 日。

52 英国外交部档案，FO-371-53613，F3166/71/10 Ext908/46，外交部致霍普金森，1946 年 1 月 25 日。

53 英国外交部档案，FO-371-53613，F3166/71/10 Ext908/46，1946 年 1 月 29 日；FO-371-53613，F3835/71/10 Ext1607/46，1946 年 1 月 28 日。

54 英国外交部档案，FO-371-53613，F3136/71/10 Ext594/46，1945 年 12 月 7 日。

55 《军令部转报英人诱邀西藏国大代表赴伦敦企图事致蒙藏委员会代电（1946 年 2 月 18 日）》，张羽新、张双志：《民国藏事史料汇编》（第七册），北京：学苑出版社，2005：301。

濂密切接触，提早离印。其次，秘密拟定阻扰“西藏友好代表团”按期出行的计划。英属印度政府外事处试图在交通工具上做文章，迫使“西藏友好代表团”无法出席国民大会。具体计划为：乘机方案，缩短代表团留印时间，3月底乘机前往中国内地，4月底国民大会召开前离开；乘船方案，延长旅途时间，迫使代表团在5月5日国民大会结束后延期抵达中国内地。综合考虑后，英属印度政府认为后者更为可行：即使中国政府会因安排失误谴责英属印度政府，却可以确保西藏代表避开国民大会会期[56]。但事与愿违，在印期间，因天气炎热，“西藏友好代表团”成员突染痘疾。由于同印方交涉时发生矛盾，代表团于3月28日（计划离印前一周），愤然搬离下榻的大东方宾馆[57]，入住中国旅行社招待所（China House），并在沈宗濂的安排下于4月1日同机抵达内地。这一行程变化粉碎了英属印度政府拖延代表团按期赴内地的计划[58]。

“西藏友好代表团”抵达印度后，国民政府即已公开其“西藏国大代表”的身份。1946年2月22日，中国外交部正式照会英国驻华大使称，沈宗濂陪同8名“西藏国大代表”抵达印度，烦转印度政府商议接洽事宜[59]。面对突如其来的变故，英印政府倍感措手不及。4月5日“西藏友好代表团”持中国护照乘专机抵达南京时，英印政府仍不敢相信代表团成员即是参加国民大会的“西藏国大代表”[60]。但是因“西藏友好代表团”与英属印度政府嫌隙已深，英印政府也已无力阻止代表团离印赴内地。既然未能在印度拦截“西藏友好代表团”，英印政府转而以违反《西姆拉条约》为由继续谴责噶厦，并将路透社等国际舆论报道转发噶厦，阻挠已经赴华的“西藏友好代表团”出席国民大会[61]。噶厦虽然保证代表团不会出席国民大会，对英印政府提供的报道和警告却表现出“冷漠”的态度[62]。为此，英印政府不得不派遣时任江孜商务专员的黎吉生紧急赶赴拉萨。在一系

56 印度事务部档案，L/P&S/12/4226，Ext.908/1946，1946年1月16日；英国外交部档案，FO-371-53613，F2641/71/10 Ext908/46，印度事务部，1946年2月。

57 据中方驻印代表沈祖征称，“霍布金森促入陆军医院或赴岗多，并以警察将拘捕此种有传染病者为恫吓，意在使入医院或至岗多后，便于阻止来华”。参见《沈祖征报告英方恫吓阻止国大西藏代表赴会阴谋未逞致外交部电（1946年3月23日）》，张羽新、张双志：《民国藏事史料汇编》（第七册），2005：303。

58 英国外交部档案，FO-371-53614，F6884/71/10 Ext3076/46，锡金政治长官致外交部新德里，1946年4月2日。

59 英国外交部档案，FO-371-53613，F3835/71/10 Ext1555/46，重庆驻华使馆致外交部新德里，1946年2月23日。

60 英国外交部档案，FO-371-53614，F6254/71/10，1946年4月14日。

61 英国外交部档案，FO-371-53613，F4028/71/10 Ext1906/46，1946年3月15日，路透社3月12日重庆消息：基于西藏承认中国宗主权的前提下，中国新宪法中应当包括有关西藏法律地位的特殊条款；FO-371-53614，F4770/71/10 Ext2130/46，1946年3月22日，路透社3月18日电，蒙藏委员会将改组为民族事务委员会隶属于国民政府，民族地区应以战略要点重新部署军队，由中央拨款。

62 英国外交部档案，FO-371-53614，F5952/71/10 Ext2429/46，1946年2月26日、1946年3月22日。

列交涉无果后，黎吉生建议通过经济制裁，迫使噶厦召回“西藏友好代表团”。具体办法是提高棉布出口价格，打压和损害支持代表团出席国民大会的西藏高层人物的经济利益[63]。此外，黎吉生还要求噶厦发表声明，宣称“西藏代表团没有得到出席国民大会的命令”，以舆论宣传暗示代表团“遭受”国民政府“胁迫”[64]。

在英印政府的强势干涉下，1946年8月4日，国民大会召开前夕，噶厦被迫借口成员疾患，召回“西藏友好代表团”[65]。但是，一个月后，黎吉生告知霍普金森，代表团仍然没有返藏迹象[66]。“西藏友好代表团”并未即刻返回是由多重因素决定的。其中，关键性的缘由是1944年古德入藏的后续影响。诚如前文所述，英国政府的对藏政策令噶厦倍感失望。而这一政策也被现今西方学界视为是英国政府将噶厦推向中方的“错误”决策[67]。自此以后，噶厦开始试图绕过英印政府寻找与国民政府就西藏地位问题直接对话的机会。国民大会会期将近，噶厦仍执意派遣“西藏友好代表团”赴内地，置英印政府的阻扰于不顾，即为明证。同时，噶厦也希望探明二战结束后国民政府对藏政策的底线。自1946年4月抵达南京后，“西藏友好代表团”多次请求向蒋介石面陈噶厦拟具的“西藏自治九项呈文”。当噶厦召回“西藏友好代表团”时，此行任务尚未达成。代表团成员亦不愿贸然离开。之后在代表团的一再催促下，蒋介石授意蒙藏委员会委员长罗良鉴口头答复：“各项具体办法，当由关系部会研究后，提出即将召开之国民大会决定，诸位有何高见，亦可在大会上陈述”[68]。由此，噶厦等待已久的答案只能留待国民大会上获悉。

英印政府的强行干涉和威胁未能阻止西藏代表出席国民大会。在沈宗濂与罗良鉴的多番努力下，1946年11月10日，西藏代表正式到国民大会报到处报到。期间，虽然噶

63 英国外交部档案，FO-371-53614，F5952/71/10 Ext2429/46 F8923/71/10 Ext4013/46，1946年4月，印度棉布出口西藏，可以为西藏地方政府带来超过100万卢比的利润，同时印度政府向西藏出售棉布价格比孟加拉低9%。

64 英国外交部档案，FO-371-53614，F5952/71/10 Ext2429/46 F8923/71/10 Ext4013/46，1946年4月。

65 英国外交部档案，FO-371-53616，F14803/71/10 Ext6817/46，江孜商贸代表致锡金政治长官，1946年8月4日。“据报，八月十四日西藏政府召开大会，会议讨论撤回赴京国民大会代表问题。因英人于藏政府派定国大代表来京时，曾谴责藏方；又于西藏国大代表离印时，填写籍贯为华籍，认为自失独立之地位……国民大会已宣布延期，如西藏代表未能开会而返，仍可挽回而求独立，并决以友善致态度尽力援助。”参见《国民政府为英人阴谋策划西藏召回国大代表事给蒙藏委员会代电（1946年8月29日）》，张羽新、张双志：《民国藏事史料汇编》（第七册），2005：301。

66 英国外交部档案，FO-371-53616，F15693/71/10 Ext6975/46，英国驻江孜商贸代表致锡金政治长官，1946年9月1日。

67 “Britain, while professing friendship, fixed on a policy that could only ultimately result in Tibet's subordination to China.” Melvye C. Goldstein, *A History of Modern Tibet, 1913-1951: The Demise of the Lamaist State*, Berkeley: University of California Press, 1989: 412.

68 《国民大会代表处理（二）》，全宗号：200000000A，台湾“国史馆”藏。

厦也曾指示代表团“不准公开表态”，“必要时退出会议”，但噶厦派遣代表出席国民大会本身已经向国际舆论表明了西藏地方与中央政府之间的关系[69]。国民大会期间，经白崇禧主持、西藏代表参加的宪法草案第八审查委员会审查[70]及三读宪法后，“西藏自治制度，应以法律保障”正式写入《中华民国宪法》的地方制度规定中[71]。

四、余论

如何评述“西藏友好代表团”出席国民大会一事？梅戈尔斯坦曾指出，在这一事件中，“西藏人完全被国民政府算计了”[72]。林孝庭则从长时段的视角，将这一事件理解为“国民政府失去将西藏地方纳入直接统治的仅有机会”[73]。作为事件当事方之一，英印政府的档案无疑对这一事件始末提供了最为直观的描述。对事件的评述应当回归到第一手史料展现的历史情景中加以分析。

自噶厦筹划“西藏友好代表团”行程之始，英印政府就将噶厦的决定理解为“西藏渴望宣示其独立地位”的证据[74]。为顺应这一形势，英属印度政府更为激进地提出“鼓励西藏宣称其自立于中国之外”的对藏策略[75]，并策划利用一切机会企图向国际舆论展现“西藏的自治地位”[76]。例如，“西藏友好代表团”抵达印度后，印度外事处便刻意在《来自印度的新闻:印度与世界事务》新闻稿中彰显“西藏独立”形象[77]。嗣后，外事处又邀请“西藏友好代表团”俗官代表索朗汪堆发表《西藏-宗教圣地与印度的友好传统》广播贺词，突出西藏自治地位[78]。然而，除印度本土报刊外，其他国家的报刊舆论对“西藏

69《国民大会代表问题处理》，全宗号：200000000A，台湾“国史馆”藏。关于“西藏友好代表团”出席国民大会的具体过程及中、英双方在此过程中的博弈较量，可参见车志慧：《1946年制宪国大与国民政府对西藏的政策》，《甘肃社会科学》，2014（5）：147-152；张皓：《1946年西藏地方政府出席制宪国大问题之探析》，《史学集刊》，2013（4）：64-70。

70《国民大会实录》，南京：国民大会秘书处编印，1946：425。

71《国民大会实录》，南京：国民大会秘书处编印，1946：351-352。

72 Melvye C. Goldstein, *A History of Modern Tibet, 1913-1951: The Demise of the Lamaist State*, 1989: 558.

73 Hsiao-ting Lin, *Tibet and Nationalist China's Frontier: Intrigues and Ethno-politics, 1928-49*, Toronto: UBC Press, 2006: 174.

74 印度事务部，L/P&S/12/4226，Ext5849/1945，印度事务大臣致印度政府外事处，1945年11月22日；英国外交部档案，FO-371-46123，F10200/1/10Ext5849/45，1945年11月8日。

75 印度事务部，L/P&S/12/4226，Ext1291/1946，西藏友好代表团至印度、中国备忘录，1946年。

76 印度事务部，L/P&S/12/4226，Ext605/1946，印度外事处致霍普金森，1946年1月6日。

77 印度事务部，L/P&S/12/4226，Ext1640/1946，新闻稿，1946年2月25日。

78 印度事务部，L/P&S/12/4226，Ext1919/1946，来自印度的新闻：《印度与世界事务》，1946年2月25日。

友好代表团”的报道一概刻意回避“西藏国际地位”等敏感话题[79]。最为重要的是，“西藏友好代表团”也并非一味被动地受制于英印政府，而是主动作出抉择，对英印政府的各种操控有意采取不合作的抵制策略。霍普金森对“西藏友好代表团”极具抱怨性的函件中，透露出英属印度政府图谋强调“西藏独立”形象计划的挫败。首先，代表团没有听从霍普金森要求，特地穿着藏装的建议，而是统一穿戴清朝的传统官服；其次，代表团拒绝悬挂霍普金森提供的“西藏旗帜”；再次，英属印度政府安排代表团与各国大使或新闻记者会面时，代表团拒绝会见或不发表任何言论[80]。霍普金森非常无奈地称，“代表团的印度之行，给世人留下的惟一印象仅仅是受到总督及夫人的接待”[81]。

当“西藏友好代表团”冲破英印政府阻扰抵达内地后，英属印度政府也开始换位思考噶厦不再受制于英印政府的真实原因[82]。实际上，1946 年初，霍普金森在噶伦堡会见藏商邦达昌（Pangda Tshang）时，曾向其询问如何看待印度独立局势对西藏地方的影响。邦达昌毫不避讳的直言："国民政府无疑将增强对西藏的影响，而印度独立势必将西藏推向国民政府”。霍普金森曾一度担心这将成为西藏地方高层人士的普遍认识[83]。“西藏友好代表团”事件的发生，恰好印证了邦达昌的判断和霍布金森的担忧。经过综合分析与考量后，黎吉生也认为影响这一事件走向的是印度独立运动。当英国政府在印度的影响力减弱后，是否还值得继续依赖英印政府的支持，是噶厦试图摆脱英印政府控制的逻辑[84]。正当英属印度政府力图挽回颓局，建议英国政府重新调整对藏策略时，英国政府综合分析印度周边威胁后，认为没有必要继续对西藏进行军事援助[85]。这便是英印政府失去噶厦信任，企图阻扰“西藏友好代表团”出席国民大会失败的重要原因。挫败的英属印度政府只能抱怨英国政府“避免将西藏问题推向风头浪尖的谨小慎微”及其对国民政府的妥协[86]。

在察觉噶厦离心倾向，一再阻扰“西藏友好代表团”出席国民大会挫败后，英属印

---

79 印度事务部，L/P&S/12/4226，Ext2868/1946，锡金政治长官致印度外事处，1946 年 4 月 3 日。

80 英国外交部，FO-371-53614，F6723/71/10Ext3078/46，霍普金森关于西藏代表团的报道，1946 年 4 月 2 日。

81 英国外交部，FO-371-53614，F8923/71/10Ext4013/46，锡金政治长官致印度驻华总领事，1946 年 5 月 28 日。

82 此前，英印政府一度认为“西藏友好代表团”赴华是“落入中国事先设计好的圈套”。英国外交部档案，FO-371-53613，F3166/71/10Ext1908/46，霍普金森致印度外事局，1946 年 1 月 18 日。

83 英国外交部档案，FO-371-53615，F8923/71/10，第 7（3）-P/46 号备忘录、黎吉生致霍普金森，1946 年。

84 英国外交部档案，FO-371-53614，F8923/71/10 Ext4013/46，英国驻江孜商务专员兼英国访问拉萨代表团官员黎吉生由拉萨致锡金政治官员，1946 年 4 月 25 日。

85 英国外交部档案，FO-371-53615，F11970/71/10 Ext5213/46，印度事务部，1946 年 8 月 14 日。

86 英国外交部档案，FO-371-53614，F8923/71/10 Ext4013/46，汉藏关系：友好代表团出席国民大会的可能性，1946 年。

度政府当权派开始着手对中、英、印及其与噶厦关系的未来走势进行预判，并考虑必要的应对措施：其一，在政治层面，“西藏友好代表团”出席国民大会，预示着噶厦承认了中国政府对西藏的“宗主权”。但是中国政府在短期内不可能收回西藏的“外交权”，所以英印政府与噶厦之间的关系并未就此瓦解。如果之后噶厦将“外交权”移交中国政府，但只要维持喜马拉雅北部区域的政治真空，英印政府仍可通过跨境商贸制约噶厦。最坏的结果是噶厦公开废除《西姆拉条约》，中国政府直接管辖西藏。不过江孜的护卫队以及麦克马洪线区域内设立的哨卡仍可让英印政府在谈判中占据有利地位[87]；其二，在经济层面，即使任何英藏条约均宣告无效，英印政府仍可以通过经济手段制裁和牵制噶厦[88]。

事实表明，英属印度政府对于西藏问题的判断只是一厢情愿。随着1947年解放战争进入相持阶段，国民政府对于西藏问题也已心有余而力不足。但是“西藏友好代表团”事件本身充分显现出第二次世界大战后国际秩序、大国地位以及印度独立运动的发展变化，牵制着英印政府的对藏策略。英属印度政府企图为即将独立的印度创造一个“安全且廉价”的边界环境，将西藏地方转变为印度最为有利的缓冲区。“西藏友好代表团”出行一事恰可为其鼓动的“西藏独立”奠定舆论基础。但是此时的英国政府已无力左右南亚局势。美、苏势力向亚洲的渗透，中国在亚洲的迅速崛起，均成为英国在远东事务上的重要掣肘力量。英国政府内部对藏政策的决策部门也不得不承认：如果英印政府敢于策动“西藏自治”，中国政府势必以英国在远东的殖民地问题予以回击[89]。诚如林孝庭所言：“鲜有论著以反向思考的方式考察西方强权如何面对一个在国际社会逐渐崛起的中国”[90]。“西藏友好代表团”摆脱英印政府的强硬干涉，毅然出席国民大会的举动，背后正是国际秩序的杠杆原理下，逐渐式微的英国政府和正在崛起的中国政府多方较量和博弈的结果。

◆ 李沛容　四川大学西部边疆安全与发展协同创新中心副研究员，四川大学历史文化学院2018级博士后

---

87 英国外交部档案，FO-371-53614，F8923/71/10 Ext4013/46，英国驻江孜商务专员兼英国访问拉萨代表团官员黎吉生由拉萨致锡金政治官员，1946年4月7日。

88 英国外交部档案，FO-371-53614，F8923/71/10 Ext4013/46，黎吉生致锡金政治长官，1946年4月7日；印度政府外事处致霍普金森，1946年4月24日。

89 英国外交部档案，FO-371-53613，F585/71/10 Ext5925/46，备忘录英国对藏政策，1946年1月-2月。

90 林孝庭：《二战时期中英关系再探讨：以南亚问题为中心》，《近代史研究》，2005（4）：56。

The Role of Tibetan Monastic Organizations in Conservation and Development: The Case Study of Shar 'od Monastery in Golok, China

Palden Tsering

Abstract: Global warming and environmental deterioration have had an enormous impact on the Three Rivers Region. The rise of the monastic organizations in Tibet had its social-politic factors such as the international impacts on "Green Tibetan" movement, China's foreign non-governmental organizations (FNGO) policies, and the revitalization of Tibetan Buddhism. The first Tibetan Monastic Organization (TMO) was officially registered in Golok Tibetan Autonomous Prefecture (GTAP), People's Republic of China (PRC) in 2007. Since then an increasing number of TMOs in rural Tibetan areas started to take participate in conservation around the globally important Three Rivers Region, and these TMOs have begun to make an impact on environmental governance. In this paper, we chose Badma Rinto Wildlife Conservation (BWC) as the case study to obtain a better view of peoples' perceptions on the role of TMOs in conservation and development through questionnaire, semi-structured interviews and participatory observation. The study had illustrated that the conservation efforts from BWC is widely accepted from both local communities and government, and surprisingly with expectation from communities on BWC to bring greater influence in terms of future conservation and community development. Furthermore, the environmental work for conservation in Tibetan areas must be a collaborative effort among residents, Buddhist monasteries, monastic organizations, environmental NGOs, and the government.

Introduction

The Three Rivers Region (Gzang Sum 'byung Yul, 三江源) is a region with rich biodiversity. It is located on the roof of the world, on the southeastern part of the Qinghai Province, China. The average altitude is between 3450–6621 m. The Three Rivers Region holds significant ecological value, and contains the headwaters of the Yangtze River, Yellow River, and the Lancang River (also referred to as the Mekong). The administrative region includes Golok, Yushu, Tsolho, and Malho Tibetan Autonomous Prefectures, with a subordinate to 16 Counties and Tangermu Township.[1] The implementation of the Chinese state's policies [such as the "Democratic Reform" in the late 1950s;[2] China's "West Open Up Campaign" economic development in the 2000s; "Ecological Migration" in 2003,[3] and the constant influx of non-Tibetan populations into Tibetan Plateau].[4] In addition, these state development policies together with enhanced anthropogenic disturbances (mining, road construction, hydroelectric dam building, overgrazing etc.) and climatic change had also brought various environmental crisis.[5] The increasing environmental issues such as the decrease of the permafrost soil, wetlands loss, desertification, grassland degradation, and human-wildlife conflict had placed the communities and biodiversity of the Tibetan Plateau under significant stress. To address some of the environmental and social issues, the first TMO was officially registered in Golok TAP, China in 2007. Since then an increasing number of TMOs in rural Tibetan areas started to take participate in conservation around the globally important Three Rivers Region, and these TMOs have begun to make impacts on environmental governance. TMOs are examples of existing efforts for local conservation. They are non-governmental organizations (NGO), or Civil Social Organizations (CSO)[6] mostly organized by monasteries with collaboration of local pastoralists. In this paper, we chose BWC as the case study to obtain a better view of peoples' perceptions on the role of TMOs in conservation and development.

The "Earth Charter and Our Common Future" by the United Nations was published in the 1980s, highly emphasizing that the "preservation of life is a universal responsibility" and called "for more progressive actions to ensure global environmental health".[7] Under the influences

1 Qi Jinyu, 2014: 12.

2 Melvyn C. Goldstein, 1997: 128.

3 Mark Foggin, 2008: 26-31.

4 Emily Yeh, 2014: 8.

5 Yu Chengqun et al. 2012: 65.

6 Andrew Fulda, 2017: 11.

7 UN, Earth Charter, Retrieved from www.un-documents.net/earth/-ch.htm 1987a. UN, Our Common Future, From One Earth to One World Nations, 1987b.

of various concepts and practices, such as the concept of "deep ecology",[8] Lynn White Jr's view which concluded as Judeo-Christian religious traditions had a higher destructive impact in nature, when compared with Asian religious traditions,[9] and "ecological Indian" of North America.[10] These eco-religious concepts and practices had stimulated the interests of many western intellectuals and environmentalist to explore Tibetan Buddhism, which is considered rich "in resources for ecological thinking".[11] Buddhism is referred to as the "religion of humankind"[12] by Tibetan Buddhists, and Tibetan Buddhist monasteries have historically functioned as the earliest intellectual institutions on the Tibetan Plateau. A monastery is a comprehensive and multi-functional institution that provides education, medication, and various social services (such as birth and funeral ceremonies for the local community). The influences of the "Green Tibetan" environmental movement led to the emergence of the "green (environmental) monastery" in Kham and Amdo areas. According to China's Ethnic Statistical Yearbook, there are over 694 Tibetan Buddhist monasteries in Qinghai Province.[13] More recently, the "Khoryug Movement" and the annual conference to "motivate 'international Buddhist communities and monasteries' in the Himalayan regions to act in sustainable and environmentally friendly ways" by His Holiness the 17th Karmapa.[14] These governmental and individual attempts had successfully structured the foundations for the "green Tibetan" image which gradually became globally accepted and having its transregional impact. Meanwhile, the number of officially registered NGOs in China has increased from 10,855 in the 1990s to at latest 440,000.[15] The FNGOs not only provide various types of support for civil societies and domestic organizations that local or national authorities cannot; they also filled in the gaps for vulnerable or underserved populations.

Study Site

Shar 'od Monastery (Badma Rinto) is in the Ganglun Township, Gabdey County. It was first established in the mid-18th century, destroyed in 1958, and then rebuilt after the 1980s.[16] The valley community of Gabdey (Gande 甘 德) lies in the hinterland of the Tibetan Plateau, at

8 Arne Naess, 1989: 282.

9 Lind Jhonston, 2006: 69-99.

10 Martin Calvin, 1978: 20-27.

11 Graham Parkes,1998: 38.

12 Suo Darje, 2000: 15-18.

13 Le & Xing Ed., *China's Ethnic Statistical Yearbook 2016*, 2017: 35.

14 H. H. The 17th Karmapa, 2009: 3.

15 Reza Hasmath, 2016: 43-56.

16 Pang Zhong, 2016: 10.

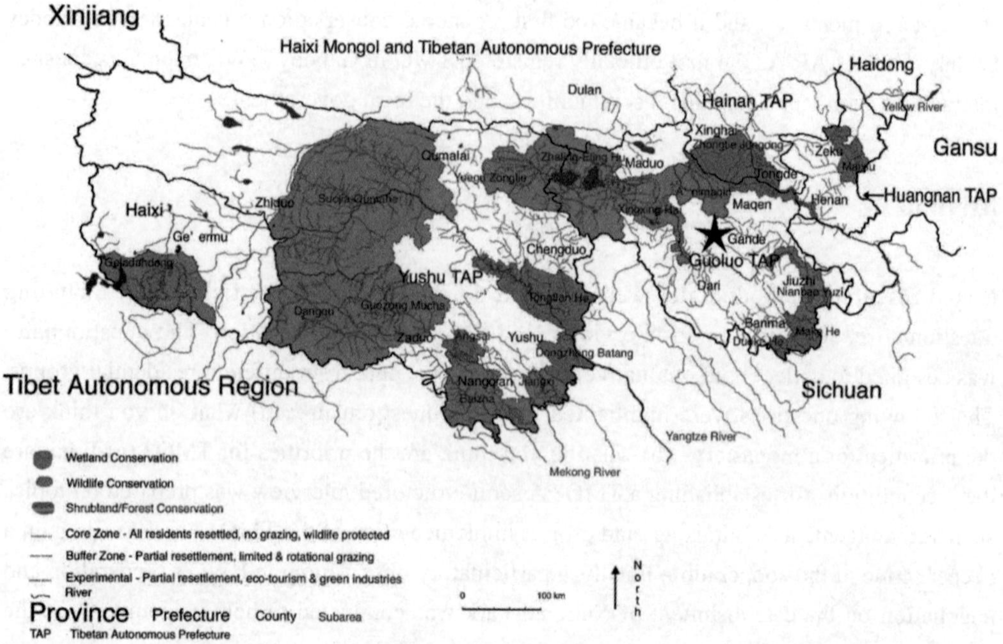

Figure 1. The Three Rivers Region (Sanjiangyuan 三江源) and Gabdey County (Meltdownintibet.com)

an altitude of 3802m, in the southeastern part of Golok TAP, Qinghai Province, PRC (Fig. 1). Golok TAP is the main water sources of the Machu River (Yellow River), "with an annual 11 billion m^3 river flow and seven functioning hydroelectric power stations with a combined capacity of over 10GW",[17] and Golok is important to China because of "its contribution to the water supply, mainly provided by rainfall and melting ice".[18] Gabdey County covers a land of 7046 km^2 and comprises a total of 13 monasteries. According to the 2015 Qinghai provincial census, Gabdey has a total population of 32,579, which includes 9118 pastoralist households.[19] Currently, there are three officially registered TMOs within Golok TAP, the Nyanpo Yuzee Environmental Protection Association, Drasar Ecological Environment Protection Association and BWC. Badma Rinto is the name of the regionally worshiped sacred mountain, which is surrounded by a total of 1008 hectares of alpine wetland and meadow.[20] BWC was established in October 2013 by the abbot of Shar 'od monastery, with 58 lay people and 55 Buddhist monks

17 Michael Buckley, 2014: 34-38.

18 Michael Buckley, 2014: 34-38.

19 Gandegov, 2015 Census (甘德人口普查), 2015. Retrieved from http://www.gande.gov.cn.

20 Gandegov, 2015 Census (甘德人口普查), 2015. Retrieved from http://www.gande.gov.cn.

as registered members, and it became the first registered conservation organization in Gabdey County, Golok TAP. As the first officially registered TMO in Gabdey, BWC maintains constant interactions with monastery, local communities, and the local government.

Method

Mixed research methodologies were adopted during the five-week field work, including questionnaire, semi-structured interviews, and participatory observation. The questionnaire was designed to collect both qualitative and quantitative data from different residential groups. The following questions were highlighted from the questionnaire: (a) what do you think are the priorities for a monastery? (b) what do you think are the priorities for TMO? (c) What are the preconditions for establishing a TMO? A semi-structured interview was prepared on topics such as management, fundraising, and project implementation of the TMO to assist us to gain a deeper scope of the cooperation. Finally, a participatory observation on BWC's preparation and negotiation on the establishment of National Park was conducted to help us comprehend the role of BWC under state dominated project and future challenges. A total of 142 questionnaires were delivered to 56 females and 86 male participants, average age of 39 years-old. The questionnaire was carried out to two different groups of people. The insider participants included 30 Buddhist monastics and 21 local pastoralists, and the outsider participants included 50 residents from Gabdey County and 41 residents from other neighboring areas. The rationale of grouping follows the traditional Tibetan Buddhist way of categorizing the communities to "Lhade" and "Mide". The 'insider' group or "Lhade" here refers to communities that subject to monastic communities, Shar 'od monastery has six "Lhades", which has the responsibilities to provide offerings and get monastic services in return from the monastery. In contrast, "Mide" or outsider group here refers to communities that do not subject to Shar 'od monasteries, which the participants are mainly the residents from outside of these six Lahades.

Results

PRC's "Law on the Management of the Activities of Overseas Non-Government Organizations within Mainland China", or the China's FNGO law was approved on April 28th, 2016 and took effect on January 1st, 2017. The law assures more governmental involvement and surveillance of FNGOs in China. Emphasizing that the process of registration, management, and annual reporting of the FNGOs must conform to China's Ministry of Public Security. Also, all registered organizations should have an official Chinese sponsor,[21] which is the critical regulation for FNGO registration. According to China's new FNGO law, the "overseas NGOs" are referred to as "non-profit, non-governmental social organizations legally formed abroad, including foundations, social groups, and think- tanks".[22] It was estimated that there were approximately 7,000 non-profit, non-governmental social organizations (such as foundations, social groups) that are active in China.[23] However, since the implementation of the China's new FNGO Law from January, 87 FNGOs had been successfully approved by Ministry of Public Security in China.[24] The MPS official website revealed that among the 87 officially registered FNGOs, 34 NGOs are registered for Business and International Trade, 13 are registered for Health Care and Education, and 3 are recorded for Environmental Conservation.[25] The new FNGOs Law has triggered intense responses from both foreign and domestic organizations. The new FNGO law will surely bring dramatic influences on domestic NGOs, especially the ground based grass root organizations like BWC. Even though BWC is approved by the local government as a legitimate conservation effort in local areas, the lack of proficiency in management limits the sustainable development of the organization.

1. The intrinsic functions of the monastery

The monastery, especially BWC, can be described as the "guardian" of this unique ecosystem in Three Rivers Region. The essential roles of the monastery have transformed from a traditionally Buddhist study center to a market centered tourist hotspots under the context of socio-economic development and socio- politic changes.[26] According to Tibetan historian Tsering Shakya, "Buddhism had always been seen as the core of Tibetan identity, and its clergy the epitome of 'Tibetnanness'".[27] Tibetan Buddhism is well known for its intimate connection with the environment. "Tibetan Buddhism exists with the earth, the waters, and the sky in Tibet".[28] The landscape in Shar 'od monastery includes not only humans, plants, and animals but more critically the landscape coexists with the spiritual world. As Yu wrote, "the landscape of Tibet is both the religious mindscape and natural landscape interact and bond with each other

21 Ministry of Security, PRC. 2017. Retrieved June 21, 2017, from http://ngo.mps.gov.cn.

22 Yu Sui, 2016. Retrieved June 21, 2017, Retrieved from http://www.chinausfocus.com/energy-environment/ngos-in-china.

23 Su Smith, 2013: 5.

24 Ministry of Security, PRC. 2017. Retrieved June 21, 2017, from http://ngo.mps.gov.cn.

25 Ministry of Security, PRC. 2017. Retrieved June 21, 2017, from http://ngo.mps.gov.cn.

26 Xu Jun, 2008: 67-80.

27 Tsering Shakya, 1999: 78.

28 Dan Smyer Yu, 2012: 45-48.

(a) Priorities for monasteries from insider group

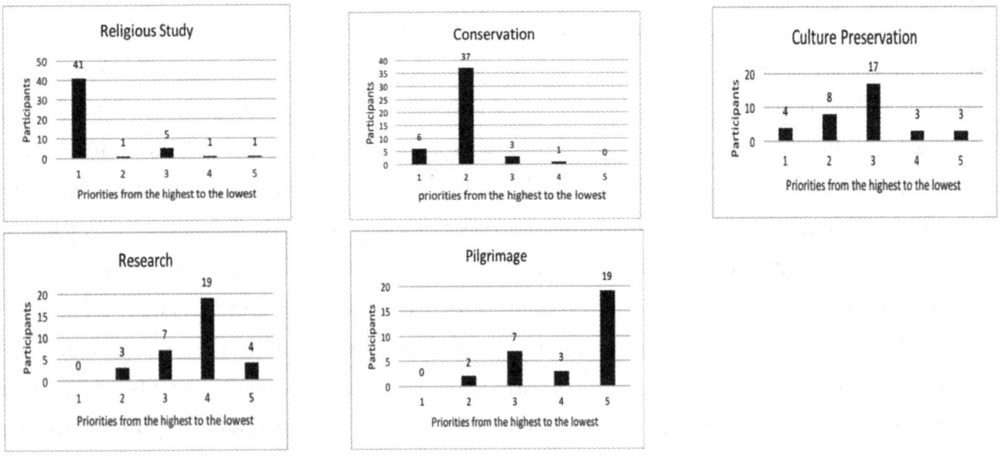

(b) Priorities for monasteries from outsider group

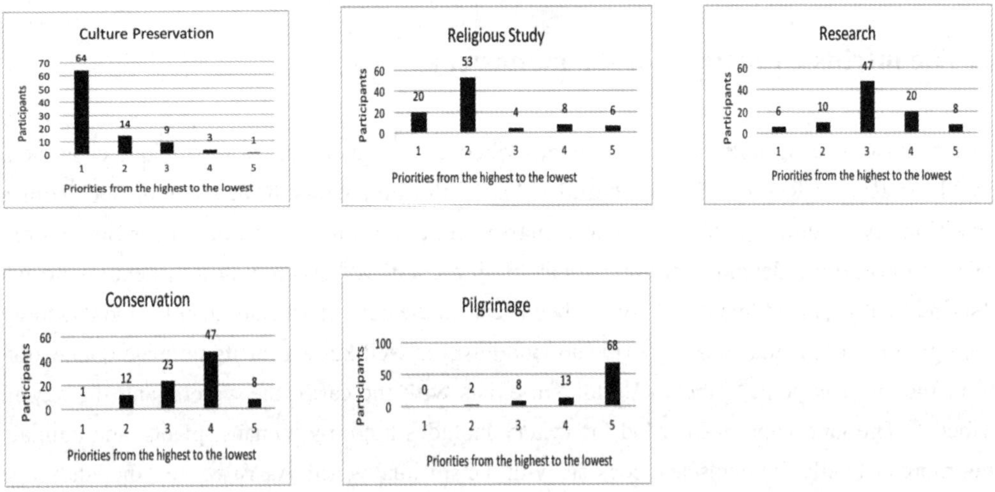

Figure 2. Priorities for Tibetan Buddhist monasteries, ranking from the highest to the lowest (left to right).

in the same enclosure."[29] The existence of Shar 'od monastery has secured the surrounding environment with its pro-environmental awareness from religious teachings and practices. In turn, the unique ecosystem and the rich biodiversity of Badma Rinto have mystified and virtualized the monastery. Thus, a question was designed to interpret different perceptions on relationship between conservation and Buddhist monastery from both groups (Fig. 2).

29 Dan Smyer Yu, 2012: 45-48.

In terms of the relationship between conservation and monastery, the insider group had put conservation as the second most important priority of the monastery, while the outsider group considered conservation as less significant for the monastery (Fig. 2). The difference between these two groups is due to the identity of the participants. The insider group mostly consists of Buddhist monks and religious practitioners that are geologically and psychologically attached to the monastic landscape. One of the latest study by Li and her coworkers had indicated that Tibetan Buddhist monasteries play an important role in snow leopard conservation in Three Rivers Region.[30] The geological distance has formed a much closer bond between these people and the monastery. According to the questionnaire, 75% of the participants from the insider group have participated in environmental activities led by BWC in the past five years. In contrast, the outsider participants are mainly from neighboring Counties and Townships, which are much more social and economically 'urbanized' than those from monastic communities. Differences in access to the monastic landscape has formed different mindscapes in these two groups, resulting in different expectations toward monasteries' role in conservation. The monastic landscape here refers to the various of territorial properties that are under the care of the monastery, including the visual landscape such as sacred mountains, the sacred water sources, and sacred religious relics. Moreover, the attached intangible mindscapes based on these landscape, such as the religious rituals, traditional ecological knowledges, and the alpine pastoral, pro-environmental way of life. These are the core elements of shaping the unique worldview and collective identity of the monastic communities. People from monastic communities consider themselves as an inseparable part of the landscape, their daily life depends on the nature itself, and the change of the nature matters to the maintenance of the pastoral lifestyle. Comparatively, 70% of the outside group chose culture preservation as the top priority for monasteries (Fig. 2b), which expressed their concern of losing the traditional culture under context of urbanization. Participants from the outside group are more psychologically alienated from the virtual landscape, the geological distance has limited their access to traditional Buddhist monastic based cultural practices. Particularly in younger generations from outside of monastic communities, ideas like sacred monastic relics, sacred sites, and traditional ecological knowledge are being repressed by the urban education and social norms.

2. Expectations for more TMOs in local areas

"......altruism in Buddhism is not just for our kind (*human beings*), but also for

30 Li Jan et al. 2013: 118-123.

the environment we humans depend on. It is our obligation to protect the environment together, *and this is the essence of altruism from the religious point of view.*"[31]

Conservation can be defined as "sustainable management of natural resources as well as their protection and restoration".[32] BWC has inherited the Buddhist way of interpreting conservation and conceptualized it as the action of treating nature with equity, with contributions from all human beings, to obtain harmonious way of living. As the first registered monastic organization in Gabdey County, BWC has conducted various and extensive projects from 2013 to 2016, including attempts to resolve human-wildlife conflicts, waste management, to maintain the Blue sheep population, regional biodiversity baseline study, to monitor grassland and wetlands conditions in the sacred mountain areas, to promote awareness, and environmental education for local communities. In 2017, BWC is also actively involved in community participatory film-making efforts. With several successfully conducted conservational projects, BWC has achieved significant recognition from local government and domestic organizations. One of the questions was designed to see if participants have more expectations for TMOs to take participate in conservation (Fig. 3).

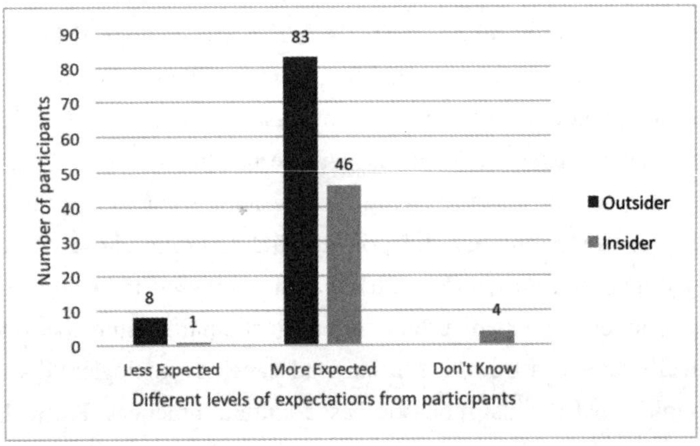

Figure 3. Expectations for TMOs from both inside and outside group

As the chart showed, 75% percent of the participants believed that works towards conservation will profit from enlarging the number of established TMOs around Three Rivers Region. A study from Gelissen had concluded that "one could hypothesize that more religious individuals will express greater support for the environment than those who are less religious".[33]

31 Interview with Shar 'od Monastery Tulku at 17th May 2017, recording at 37.34'.

32 Andrew M. Fischer, 2008: 46.

33 John Gelissen, 2007: 123-136.

(a) Views from insider group

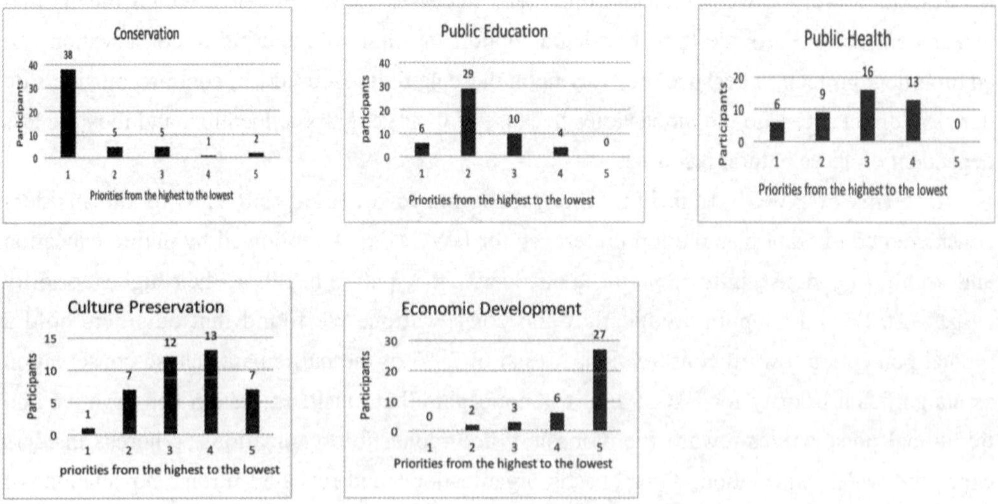

(b) Views from outsider group

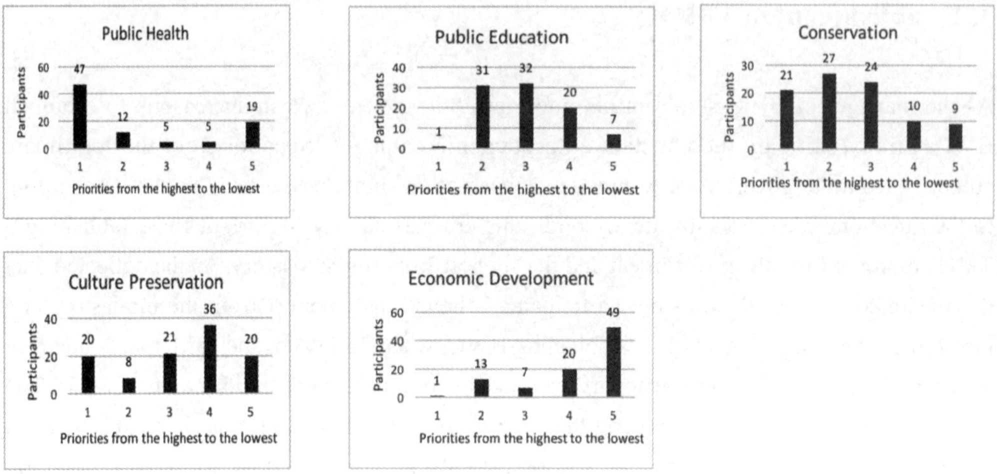

Figure 4. The insider and outsider groups express different views on the priorities of the TMO

This hypothesis can be partially accepted and rejected under the context of BWC in Gabdey. First, it might be accepted because all 141 participants are Buddhist practitioners; according to Gelissen's assumption they are likely to express greater support for the environment. As the livelihood of participants from monastic communities are dependent on natural resources, such as alpine grassland, water, and the plants. As Andrew Fischer concluded, the "subsistence capacity" of the pastoralists are depended on the nature itself on the Tibetan plateau.[34] All of these factors have weakened the outsiders' accesses to monasteries, which means that insiders are able to provide their first-hand support through volunteering in conservation and environment protection because they rely upon these natural resources. In contrast, outsiders do not have direct access to the monasteries because of their geographic location, and they are less dependent on these natural resources.

In terms of BWC's functions, the questionnaire revealed that 75% of the insiders considered conservation as the top preference for BWC (Fig. 4), followed by public education and health. In contrast, only 52% of the outsiders chose public health as their highest priority (Fig. 4), followed by public education and conservation. We found that outsiders hold a mutual perception toward conservation. A total of 29% of the participants chose conservation as a significant priority for BWC, and it is noticeable that outsiders sustain conservative and traditional perspectives toward the monastery and monastic organizations. Whereas insiders expressed wider expectations for monastic organizations, and revealed further expectations of diverse involvements from monastic organizations.

3. Establishment of TMO

As the manager of BWC stated in his interview, "there were two main reasons to establish BWC. Firstly, mitigate the constant anthropogenic damages. Secondly, get the legitimate authority from the government to practice conservation rights in the local area."[35] According to the questionnaire, two substantial conditions are particularly important for establishing a TMO, approval from the government and the support from the monastery. As the collected data demonstrated, 66% of the outsider participants believed that support from the monastery and government are core elements for establishing BWC, whereas 27% of the participants believed leadership and collective ideas (support from local people) are more minor points (Fig. 5). The support from the monastery, including the support from the abbot and monastery management committee, is considered highly important by the outsider group. In contrast, the insider group is more focused on leadership, such as the ultimate support from the abbot of the monastery, which 80% of the inside participants emphasized as the key element for establishing the BWC in 2013. The leadership of BWC belongs to the abbot of the monastery, who is also the tulku (Tibetan, incarnated Lama) in Shar 'od monastery. According to the Central United Front Work Department in China, there are "a presence of 4 million Catholics, 10 million Protestants,

34 Andrew M. Fischer, 2008: 87.

35 Interview with Manager of BWC on 22nd May 2017, recording at 43.11'.

18 million Muslims, and over 100 million Buddhists in China".[36] The charisma of Tibetan Lamas, especially incarnate Lamas, is called "religious charisma".[37] A tulku is the abbot of the monastery, the spiritual leader of the visualized landscape, "and they are increasingly outspoken in political debates and are unafraid to criticize the government".[38] As Wang described in his interview,

> "...there are charismatic characters in Tibetan Buddhist monasteries, they are always the tulku and Khanbos from the monasteries. They can always get sources for funding through their connections and charisma."[39]

The forming of this charisma relies on its interdependent connections with "its worldly institution and community".[40] First, the monastic landscape provides visual support for mind-scaping, which "refers to knowledge system that gives cultural and psychological meanings to the physical landscape".[41] Second, the lineage is significant for the personality of the charismatic figure. Third, the community, both the monastic communities and outside communities, provide disciples and followers for the charismatic leader. Tibetan Buddhist tulkus are highly idealized by Tibetan and Chinese pilgrims, and some tulkus have used their charisma to start local enterprises, "and some local entrepreneurs have invited them to join their boards of directors".[42]

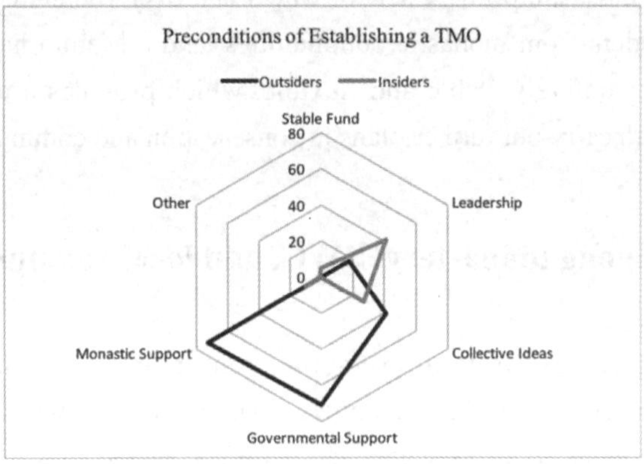

Figure 5. Preconditions for establishing a TMO in Tibet

36 CUFWD, 2006. Retrieved from http://www.zytzb.org.cn/zytzbwz/religion/index.htm (accessed 4th July 2017).

37 Stanley Jeyaraja Tambiah, 1984: 67.

38 Ben Hillman, 2005: 54.

39 Interview with Wang on 23rd May 2017, recording at 28.11'.

40 Dan Smyer Yu, 2012: 124.

41 Dan Smyer Yu, 2012: 124.

42 Ben Hillman, 2005: 54.

Searching for a secure fund source for their future projects is always the key target for BWC. According to the interview with the monastery abbot and the secretary of BWC, BWC had three main fund sources supporting their annual environmental projects from 2013 to 2016. Firstly, fund from local government. BWC had received two small grants from the local Propaganda Department in 2014 and the United Front Work Department in 2015.[43] For local TMOs like BWC, more initiative is needed and mutual targets are required due to BWC's interests and benefits. Secondly, fund from both international and national organizations. BWC had received both small grants and technical supports from both international and national organizations since 2014. As a grantee, BWC had implemented projects such as the Sacred Site Biodiversity Baseline Study and awareness building within the local communities. The fund that BWC received from domestic and international organizations were temporarily dominant, usually lasting for 1-2 years, and normally with a small amount. Besides, the outcomes are always aimed to fulfill the research interests of bigger organizations rather than mitigating the existing environmental crisis in the local area. Thirdly, fund from Buddhist disciples. This can be considered as the most financially stable support for both the monastery and BWC. This fund source is based on the personal charisma of the abbot (tulku) and his social connections. Usually, Buddhist practitioners from other areas are always willing to provide support to the monastery. For example, during 2014–2016, with the support from some private sponsors, Shar 'od monastery had successfully financialized the constructions of few public facilities in the monastery, such as a monastic primary school which had over 100 students in 2017, a home-care center for the elders from monastic communities, and a Mantra hall for the monastery. These funds are comparatively stable and flexible, which provides a platform for both the monastery and BWC to carry out further plans in conservation and community development.

4. Relationship among monastery, BWC, and local community

Monastery plays a significant role in promoting conservation. To improve awareness in environment protection among local communities, Shar 'od monastery has combined traditional pro-environmental religious concepts such as no-harm and sacred sites into practice. Since the establishment of BWC under Shar 'od monastery, conservation and community development have become the core targets for BWC. Through early self-funded attempts to rising recognition from outside of the monastic communities, BWC better positioned to reach out for external funds and support, which has helped BWC to contribute to both environmental protection and the wellbeing of the local community. Monastic communities are as well as geologically and

43 Suo Darje, 2000: 45-48.

psychologically attached to Shar 'od monastery in a "reciprocal relationship". The "Lhade" provides resources such as yak butter, tsemba (Tibetan barley flour), and cash money to the monastery through aperiodic almsgiving, and the monastery provides religious services in return. The relationship between the local herding communities and the Shar 'od monastery is established through the concept of interdependent, this relationship in turn promote joint work between the communities and the monastery to conduct conservation and development projects.

The relationship of these sectors can be described as reciprocal. Firstly, the Tibetan Buddhist monasteries have the tradition of receiving the sanctioned "religious offer" or "donations" from local communities. In return, beyond the traditional offering of religious ceremonies to the communities, Shar 'od monastery has also advocated in various of social services, such as promoting basic education, care for elders, and providing medical care for local communities. In 2009, a monastic primary school was established in the monastery to serve both Buddhist monks and lay children from the local community, with an attendance of 113 students and 15 teachers in 2017. In addition, since 2009, a seasonal literacy training program has been operated by Shar 'od monastery and BWC to provide basic Tibetan and Chinese reading and writing lessons for illiterate nomads from the local communities. As the abbot of the monastery had stated in his interview,

> "...this (training program) has created adequate opportunities for nomads to obtain language skills, which might help with searches for alternative livelihoods."[44]

Secondly, we consider the existence of monastic business as a core element for the maintain of the local economy. Shar 'od monastery owns several businesses under supports from various sources. Including one grocery stores, one restaurant, and a hotel in Gabdey Town. The monastery doesn't directly get involve in these businesses, rather leasing these assets to other people. The revenue of the business is distributed into two parts, where 70% percent of the annual income goes to the monastery, and another 30% goes to the pocket of the business managers. Moreover, most of the revenue is offered as a monthly stipend for the monastics in the monastery, where each monastic receives a monthly 600 to 800 CYN stipends.

Thirdly, monasteries in the post-Maoist era "served as a powerful partner in the local government's pursuit of its social and economic policies".[45] Local governors are fully aware of the potential profit of "cooperating with religious leaders and monasteries, and local government has shown willingness to provide a monastic discourse in local policy making".[46] Under the pressures of achieving state economic growth and social stability, "the

44 Interview with Donyun on 16th May 2017, recording at 34.44'.

45 Ben Hillman, 2005: 54.

46 Ben Hillman, 2005: 54.

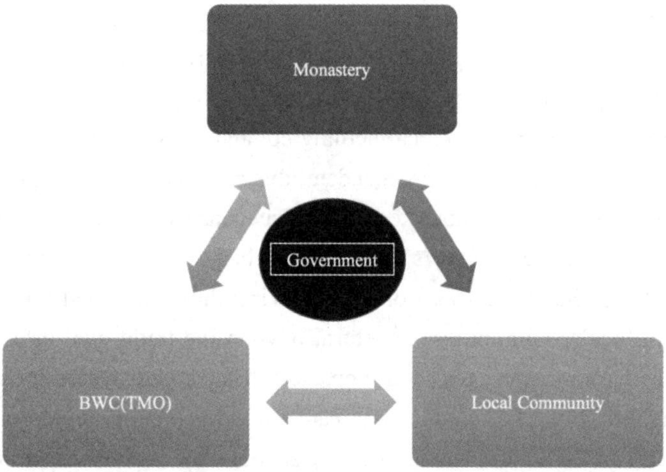

Figure 6. The reciprocal relationship among monastery, BWC, community and government.

local government comprehends that cooperation with the monastery has provided the local population with a strong sense of community and identity based on deep rooted Buddhist belief".[47] Most of all, governments recognize that "the Tibetan Buddhist revival can help them meet the development targets on the basis of which their performance is evaluated".[48] This point was clearly expressed by one of the governors from Gunlung Township, as he stated in the interview,

> "...to us (*government*), it is easy to have monasteries to be the mouthpiece, all the residents (*including monastic communities*) are Buddhist practitioners, and the Buddhist monastic culture is a good asset to develop local tourist industry so it can help government to alleviate territorial poverty."[49]

The local government offers financial support to the monastery and BWC to conduct state designed projects. Local communities offer the donation and get religious services from the monastery. Meanwhile, the monastery provides funds for BWC to conduct conservation projects, such as wildlife protection and waste management. Local pastoralists are also motivated to participate in conservation projects voluntarily. The participation of the local communities and volunteers from outside of the monastic communities are highly appreciated

47 Ben Hillman, 2005: 54.

48 Ben Hillman, 2005: 54.

49 Interview with Gande Governor A on 13th May 2017, recording at 23.11'.

by BWC. As the manager of BWC highlighted in the interview,

> "...BWC welcome all voluntaries from outside, because more volunteers mean more resources, and the more resources we get the better we can conduct conservation works in local areas."[50]

Each these sectors play a significant role in conservation and sustainable development. The interdependent connection between these sectors suggests that such a reciprocal relationship leads to a healthier and much efficient traditional Tibetan community-based social governance (Fig. 6).

5. Future concerns in conservation and development

BWC also has concerns for the limitations and obstacles for future works in conservation and development of local communities. According to the interviews and participatory observation, some of the related limitations were mentioned by the interviewees. Firstly, BWC has over 200 registered members, but 80% of which are Buddhist monastics. Therefore, the majority of the members work as part-time for BWC, and these members are naturally "volunteer environmentalists." Secondly, BWC lacks detailed annual or quarterly targets and plans, which makes BWC passive in designing and executing projects for conservation and development. Even though BWC does design and deliver their own projects, but comparatively minor to externally supported environmental projects. Moreover, no pre- or post-assessments are designed for the environmental projects that conducted. Thirdly, BWC lacks the initiatives to reach out for cooperation with both government and other organizations, this passivity restricts BWC to search for cooperation with local government and international organizations. Finally, BWC lacks contemporary communication and publicity skills, which is mainly restricted by language and computer skills. The publicity of BWC is limited within an inner circle (mostly the monastic communities) but they require a wider demographic to gain more recognition in the future.

In terms of the future conservation and development, BWC showed major concerns toward over populated Blue sheep and the establishment of the National Wetland Park. BWC's secretary explained the problem of Blue Sheep over population in his interview,

50 Interview with Tulku on 12th May 2017, recording at 52.13'.

> "The number of the Blue sheep increased very fast. One barely sees any blue sheep a few years ago around the mountain foot, but one can see hundreds of sheep looking for grass near the mountain foot nowadays."

"There are over 20,000 Blue sheep inhabiting in the area around Badma Rinto mountain," as the BWC secretary concluded. Local pastoralists used to hunt and kill Blue Sheep for the meat and pelt. The pelt can be used for clothes and the meat is considered to have medicinal value. With the traditional Buddhist norm on *ahimsa* (no harming) and increasing awareness of Blue Sheep as an endemic endangered species (IUCN), the number of the Blue Sheep increased over the last two decades, causing issues such as grass shortage for Blue sheep and livestock. To address the grass shortage, the manager of BWC has considered offering alternative livelihood for local pastoralists. However, this also raises concerns from cultural perspectives. For example, the tulku, head of BWC, stated in his interview,

> "...local herders are all Buddhist practitioners, they will never kill Blue Sheep for not having enough grass for their own livestock. But if the population (of Blue Sheep) keeps growing, there will not be enough grass for their own livestock. And this is a problem we must deal with. BWC has tried to purchase grass from other villages to feed the Blue Sheep in the past years, but this is not a sustainable way to maintain the population. So, since killing is prohibited here, I think providing alternative livelihood for the local pastoralists is one of the suitable options to mitigate the problem (*the grass shortage*), but it is going to be a continued process and requires long-term preparation and practice. Most importantly, I am worried that this change in lifestyle will gradually become a threat for the maintenance of the Tibetan pastoral culture."

The pastoral or nomadic culture is the spirit of traditional Tibetan community, which is historically practiced by nomads that scattered on Tibetan Plateau, with its richness in language, livelihoods, traditional ceremonies, and its intrinsic connections with the nature. Tibetan secular intellectuals are also concerned that pastoral culture is being demolished under the pressure of state development and globalization. The loss of pastoral culture would ultimately result in the loss of Tibetan language and Buddhist culture. Both the tulku and secretary of BWC are aware on the loss of traditional pastoralist lifestyle, and they believe that pastoral culture is going to disappear under the market-oriented economic developments.

> "...with massive developments and urbanizations going on, they (local pastoralists) will definitely lose the *traditional pastoral* culture. Like the black tent they used to live, folk tales they used to tell, the language they used to speak,

and mostly, they are going to lose the profound relationship with the pastoral communities, the nature and the sacred sites, and this will no longer make them a Barog Ba (Nomad)."[51]

As Paige West clarified in her book, "environmental conservation interventions based on neoliberal economic models move both the environment and social relationships into realm of commodities."[52] Commodity here refers to the concept of exchanging objects and their values for money. Her study in Papua New Guinea concludes that commodity breaks down social connections in local communities,[53] which is also the biggest concern for BWC under the state development policies. The second obstacle that BWC has encountered is the provincial project of establishing the "Badma Rinto Wetland National Park." The alpine wetlands help to maintain the ecological stability of the fragile and diversified ecosystem in the Tibetan Plateau. Qinghai Province has recognized the Badma Rinto Wetland National Park since 2015. Also, with a total of 3136 km^2 and a 3116 million CYN investment from the government, the "Badma Rinto sacred site" is expected to be a national park within the next five years. According to the questionnaire, 17% of the inside group interviewees were against the establishment of the national park, while another 55% of the interviewees held a neutral point of view, but with a high requirement for the priorities of ecosystem protection, pastoral cultural preservation, and sustainable development of the local communities. Comparatively, 73% of the interviewees from outside group were against with the establishment of the national park in Badma Rinto, despite the danger of losing Tibetan traditional norms, outsiders are highly concerned due to their lack of confidence in local government. They worry that the local government will use this opportunity to boost their tourist industry and make the national park another "tourist site", and that the monastery and BWC will have no say in the decision making and management of the national park.

Conclusion

Global warming and environmental deterioration have had an enormous impact to the Three Rivers Region. The rise of the monastic organizations in this region had its social-politic factors such as the international impacts on "Green Tibetan" movement, China's FNGO policies, and the revitalization of Tibetan Buddhism. In this study, the maintenance of a healthy relationship among monastery, monastic organization, and local government is highlighted. The

51 Interview with Tulku on 12th May 2017, recording at 56.44'.

52 Paige West, 2006: 12.

53 Paige West, 2006: 14.

study had illustrated that the conservation efforts from BWC is widely accepted from both local communities and government, and surprisingly with expectation from communities on BWC to bring greater influence in terms of future conservation and community development. However, the limitations of BWC must be confronted and gradually tackled for sustainable development. Efforts on capacity building, staff training in proficiency, and communications skills can be increased. Most importantly, community development based mutual beneficial collaboration between outside organizations and the governments are mandatory for the future development of BWC. Environmental work for conservation in Tibetan areas must be a collaborative effort among residents, Buddhist monasteries, monastic organizations, environmental NGOs, and the government. The lack of any of these five bodies might result in unsuccessful and unsustainable outcome, regardless of how these measurements are defined. Enabling and empowering local communities to act according with its priorities are important. After all, to have a constructive picture of the inter-connections and conflicts between these bodies, a long-term investigation and further research is required.

Acknowledgements: Thank JB and JY from Shar 'od Monastery for the field assistance and many herders and Buddhist practitioners in Gabdey who patiently answered the questions.

Reference

Barnett, Robert. 2008. *The Tibet Protests of Spring*, 2008. Paris. China Perspectives. URL : http://journals.openedition.org/chinaperspectives/4836.

Buckley, Michael. 2014. *Meltdown in Tibet: China's Reckless Destruction of Ecosystems from the Highlands of Tibet to the Deltas of Asia*. London: St. Martin's Press.

Calvin, Martin. 1978. *Keepers of the Game: Indian-animal relationship and fur trade*. Berkeley: University of California Press. Retrieved from http://hdl.handle.net/2027/heb.00280.0001.001.

Center for Strategic & International Studies (CSIS), P. 2017. On China's New Foreign NGO Law: A Conservation with Sophie Richardson.Washington. Podcasts. Retrieved from https://www.csis.org/podcasts/chinapower/china's-new-foreign-ngo-law-conversation-sophie-richardson

CUFWD. 2006. The Current State of Reigion in China. Retrieved from http://www.zytzb.org.cn/zytzbwz/religion/index.htm (accessed 4th July 2017).

Fischer, Andrew M. 2008. *State Growth and Social Exclusion in Tibet*. Copenhagen: NIAS Press.

Fisher, Robert et al. . 2008. *Linking conservation and poverty reduction: landscapes, people and power*. Landscape and Livelihoods Series No.2. London. The World Conservation

Union.

Foggin, J. Mark. 2008. Depopulating the Tibetan Grasslands. *Mountain Research and Development*, Vol.28 (1): 26–31. Lawrence: Allen Press. International Mountain Society. Retrieved from https://doi.org/10.1659/mrd.0972.

Fulda, Andrew. 2017. The Future of China's Civil Society. Podcasts.

Gandegov. 2015. 2015 Census (甘德人口普查). Retrieved June 17, 2017, from http://www.gande.gov.cn.

Gelissen, John. 2007. "Cross-National Differences in Public Consent to Divorce: Effects of Cultural, Structural and Compositional Factors." In *The Cultural Diversity of European Unity*, edited by Wilhelmus Arts, Jacques Hagenaars, and Loek Halman. Leiden: Brill.

Gerald Roche, Ben Hillman and James Leobold. 2017. *Why Are So Many Tibetans Moving to Chinese Cities?* Retrieved from http://www.chinafile.com/reporting-opinion/viewpoint/why-are-so-many-tibetans-moving-chinese-cities.

Goldstein, Melvyn C. 1997. *The Snowlion and The dragon*. Berkeley: University of California Press.

Guo Changgang & Zhang Fengmei. 2017. Religion and social stability : China's religious policies in the Age of Reform. *Third World Quarterly, 6597* (June): 1–13. https://doi.org/10.1080/01436597.2015.1067862.

Hasmath, Reza & Jennifer YJ. Hsueds. 2016. "Governing and managing NGOs in China", In *NGO Governance and Management in China*. London: Routledge.

Hillman, Ben. 2005. Monastic Politics and The Local State in China: Authority and Autonomy in An Ethnically Tibetan Prefecture. *The China Journal*, No.54. Chicago: The University of Chicago Press Books.

Jhonston, Lind. 2006. The "nature" of Bhuddism: A survey of relevent literature and themes. *Worldviews*, 10.1: 69–99.

Kabzung. 2015. Development as Entangled Knot: The Case of the Slaughter Renunciation Movement in Tibet, China. *Asian Studies*, 74 (4): 927–951. Retrieved from https://doi.org/10.1017/S0021911815001175.

Karmapa, H. H the 17th. 2009. *Rangjung Khoryug Sungkyob Tsobo*. The Karmapa. Retrieved June 11, 2017 from https://kagyuoffice.org/8th-khoryug-conference/

Le & Xing Ed., 2017. *China's Ethnic Statistical Yearbook 2016*. The China Statistical Publishing House.

Li Jan, Yin H., Wang D., Jiagong, Z., & Lu Z. 2013. Human-snow leopard conflicts in the Sanjiangyuan Region of the Tibetan Plateau. *Biological Conservation*, Vol, 166, P118–123. Retrieved July 23, 2017 from https://doi.org/10.1016/j.biocon.2013.06.024.

Ministry of Security, PRC. 2017. *China's new Foreign NGO*. Retrieved June 21, 2017, from http://ngo.mps.gov.cn.

Naess, Arne. 1989. Ecology, community and lifestyle. Trans. and ed. by D. R. Cambridge

University Press.
Pang Zhong 庞忠 . 2016. *The History of Gab Day Monastery* 甘德寺院志 . The Buddhist Association of Gab Dey 甘德县佛教协会 .
Parkes, Graham. 1998. "Voices of Mountains, Trees, and Rivers: Kūkai, Dōgen, and a Deeper Ecology." In M. E. Tucker and D. R.Williams eds. *Buddhism and Ecology*. Cambridge: Harvard University Press.
Qi Jinyu. 2014. "Ecological migration" and cultural adaptation: A case study of the Sanjiangyuan Nature Reserve, Qinghai Province, In *Religion and Ecological Sustainability in China*. Ed. by James Miller, Dan Smyer Yu and Peter van der Veer. London: Routledge.
Stanley Jeyaraja Tambiah.1984. *The Buddhist Saints of the Forest and the Cult of Amulets*. Cambridge University Press.
Suo Darjie. 索达吉 2000. *A Treasure House of Buddhist Faith* (信源宝藏). Hong Kong: Chinese Culture Publishing House (香港中华文化出版社).
Su Smith. 2013. *Social Organizations in China*. Sinica Podcast, Supchina.
Tsering Shakya. 1999. *Dragon in the Land of Snows: A History of Modern Tibet Since 1947*. Columbia University Press.
Tsering Topgyal. 2017. Insecurity Dilemma and the Tibetan Uprising in 2008. *Contemporary China, 564*(July). https://doi.org/10.1080/10670564.2011.541627.
United Nations. 1987. *Earth Charter*, 1987a. Retrieved from www.un-documents.net/earth/-ch.htm.
United Nations. 1987. *Our Common Future, From One Earth to One World Nations*, 1987b. Retrieved from www.un-documents.net/earth/-ch.htm.
West, Paige. 2006. *Conservation Is Our Government Now: The Politics of Ecology in Papua New Guinea*. Duke University Press.
Woodhouse, E., Mills, M. A., & Mcgowan, P. J. K. 2015. Religious Relationships with the Environment in a Tibetan Rural Community : Interactions and Contrasts with Popular Notions of Indigenous Environmentalism, 295–307. https://doi.org/10.1007/s10745-015-9742-4.
Xu Jun 徐君 . 2008. *For a Better Environment: A study of Sustainable Development in Amdo Tibetan Areas in Sichuan, Gansu and Qinghai Province* (为了绿色 : 川、甘、青安多藏区可持续发展研究), Xi'ning: Qinghai Ren Min Publishing House（青海人民出版社）.
Yeh, Emily. 2014. The Rise and Fall of the Green Tibetan: Contingent Collaborations and the Vicissitudes of Harmony. In Emily T. Yeh and C. Coggins eds, *Mapping Shangrila: Contested Landscapes in the Sino-Tibetan borderlands*, Seattle: University of Washington Press.
Yu Chengqun, Zhang Yangjian, Holzapfel Claus, R. Z. 2012. *Ecological and Environmental Issues Faced by a Developing Tibet*. Environmental Science & Technology.
Yu Dan Smyer. 2012. *The Spread of Tibetan Buddhism in China: Charisma, money,*

enlightment. London: Routledge.
Yu Sui. 2016. NGOs in China. Retrieved June 21, 2017, from http://www.chinausfocus.com/energy-environment/ngos-in-china.

Author: Palden Tsering (华旦才让), MA student at the University of Kent.

Abstracts

A Preliminary Archaeological Report on the Tsi tsi rong Petroglyphs in Mal dro gung dkar County, Tibet

He Wei

(Institution for Cultural Heritage Preservation and Research, TAR)

This report introduces the new discovery of Tsi tsi rong petroglyphs in Mal dro gung dkar county of Central Tibet which reveals a distinctive regional characteristic. Two major methods, intensive dot-engraving and repeated scratching-over were used to create the petroglyphs in the Tsi tsi rong site. The resultant images can be divided into two types: silhouettes and lines. The main subjects are images of the hunt and pastoral life. According to the overlying relationship and the style of the images, the petroglyphs in this site can be divided into two periods.

Unearthed Animal Remains and Subsistence in the Upper Reaches of the Minjiang River during the Period of the Warring States and Qin-Han Dynasties

He Kunyu

(Doctoral Student, School of History and Culture, Sichuan University)

The archaeological remains in the upper reaches of Minjiang river during Warring States Period and Qin-Han dynasties mainly consist of sarcophagus burials, while very few sites such as residential sites in particular were found. Recent excavations at the Ashaonao site of Jiuzhaogou county provided valuable materials for exploring the forms of habitation and subsistence during the Han dynasty in the upper reaches of the Minjiang river. In this region, animal-burial in a sarcophagus during the Warring States period were few, the species and number of animals buried with a sarcophagus in the Qin and Han dynasties were far more abundant. In addition, the residential sites were found near sarcophagus burial cemeteries. Such differences might be related to the changes of subsistence that took place at that time.

Modeling and Technique ——Buddhist Art of the Gupta Period and its Impact on Mediaeval China

Li Chongfeng

(School of Archaeology and Museology, Peking University)

The Indian Buddhist art of the Gupta period influenced the Buddhist sculptures and paintings of the Southern-and-Northern Dynasties of China, especially in modeling and technique. The *saṃghāṭī* in the Mathurān sculptures of the Gupta period became a model for all the images made in ancient India from the 5th to the 6th century. The modeling and the drapery of standing Buddha images sculpted around 420 CE in Cave 169 at Binglingsi reflect the Gupta style of the Mathurān art. The giant Buddha sculptures carved between 460 and 465 CE in Cave 18 at the Yungang Caves wear a light and thin *saṃghāṭī* whose folds are compact and parallel, no doubt revealing the influence of the Gupta Buddha images of Mathurā. As for the Aśoka-type Buddha image dated 551 CE and found in Chengdu, the drapery seems to be light and thin with all the folds falling down in the form of waves of water. This type of thin and translucent *saṃghāṭī* has a striking similarity with the Mathurān Buddha images of the Gupta period. Moreover, the main characteristics of the Northern Qi Buddha sculptures from Qingzhou, wearing a soaked and translucent drapery or *saṃghāṭī* without folds, were also fashionable in the Buddhist sculptures of the Gupta period.

The third part of *Vishṇudharmottarapurāṇa*, i.e., *Adhyāya* 35-43 (*Citra-sūtra*), recorded that shade is the most important technique in the paintings of ancient Hinduka, especially in depiction of the mural.

When the murals of Ajaṇṭā caves were painted in the 5th and the 6th centuries, the widely used technique or method was shading and highlight. The colors were applied in a certain order so that the human form appears to have a three-dimensionality, giving the effect of a relief. This was achieved by the use of different shades of the same colors. The highlight was achieved by small patches of light color appearing on the chin, breast, arms, legs or wherever an elevation of form was desired. The very techniques of Hinduka were accepted and widely applied on the murals in the *saṃghārāmas* and cave-temples along the Silk Roads from the 4th to the 6th century. The painting techniques of Kuchean and Dunhuang murals are similar to those of the Ajaṇṭā murals. The painters achieved the effect by means of the same shading and the highlight, where the forms instead of being projected in a retreating fashion were made as if they were protruding.

According to *Jiankang shilu* (*Record of Jiankang*) by Xusong, the main door of Yichengsi *saṃghārāma* in Jiankang (present-day Nanjing, capital of the Southern Dynasties) was fully decorated with flowers in 537 CE by Zhang Sengyou, creator of the well-known "Zhang Style". The flowers, that were painted with vermillion, azurite and mineral green, were executed by means of *Tianzhu yifa* (Shading and Highlight Techniques of Hinduka). So, the flowers look like receding and protruding from a distance and appear to be flat when viewed close up, dazzling and giving convexity to the surface. People were all greatly surprised and called the monastery Aotusi, meaning Concave-Convex Monastery. The mural on the outer stone coffin, which was found in Pingcheng (present-day Datong, capital of the Northern Wei Dynasty) in 2015 and dated 469CE, make clear that the Shading and the Highlight Techniques of Hinduka were adopted on the murals of northern China at least in the second half of the 5th century. Therefore, the Shading and the Highlight Techniques of Hinduka seem to have spread to China by both the Silk Roads and Marine Routes around the 5th century. As a conservative religious art, consequently, the modeling and technique of the Gupta Buddha imagery had a great impact on the Buddhist paintings and sculptures of the Southern-and-Northern Dynasties.

A Preliminary Study of the Stone Inscriptions Collected in the Qinghai Provincial Institute of Cultural Heritage and Archaeology

Shawo Khacham[1], *XiaoYongming*[2], *Li Jiyuan*[3]

(1. Center for Tibetan Studies at Tibet University;

2, 3. Qinghai Provincial Institute of Cultural Heritage and Archaeology)

This paper documents and translates six stone inscriptions that are collected in the Qinghai Provincial Institute of Cultural Heritage and Archaeology. The authors investigate the original place of these inscribed stones and give an analysis of the content of the inscriptions. According to the grammar and some keywords, we suggest these can be dated to the Tibetan imperial period. These inscribed stones were part of the remains of Buddhist architecture instead of tomb steles.

The Tribes in the Suzhou Area and their Relationship with the Neighboring Areas during the Late Tang Dynasty and Five Dynasties in the Dunhuang Tibetan Document P.T.1189, a Letter from Fuzhu Situ in Suzhou to Hexi Jiedu Tiandawang

Lu Li

(Department of History at Nanjing Normal University)

Document P.T.1189 is a letter from Fuzhu Situ 府主司徒 in Suzhou 肃州 to Hexi Jiedu Tiandawang 河西节度天大王 in which the local governor of Suzhou in 931-935 reported to Guiyijun 归义军 Jiedushi 节度使 Cao Yijin 曹议金 that some thieves from the area controlled by Guiyijun were caught in Suzhou and were sent back, together with the situation of Da da, Ji ngul, and the right wing tribes of the Ganzhou Uighurs in Suzhou. The right-wing tribes of the Ganzhou Uighurs consisted of a tribe of one thousand households. At that time, the local force in Suzhou which comprised the Long Jia, Tibetanized Han and Qiang people, was subject to the Guiyijun regime in Guazhou and Shazhou. The tribes of Ji ngul (Nan Shan), Da da and Uighur in Suzhou had taken an oath with Guiyijun to keep the peace. Although the situation in the Hexi area was in good shape as far as the Guiyijun regime in 925 was concerned, the right-wing tribes of Ganzhou Uighurs still exercised important influence in Suzhou in the wake of the victory of Cao Yijin's punitive expedition to them.

鸟面僧人与新密传承的开端（第二部分）

范德康

（哈佛大学）

本文的第一部分发表于恭特朗・哈佐德和沈卫荣主编的《西藏宗谱：纪念古格・次仁加布藏学研究文集》（北京：中国藏学出版社，2018：403–450）。在那篇文章里，我介绍了新近发现和出版的译师仁钦桑布（958—1055 年）撰著的主要密续文献集成及其分类等，在各式各样的预言中，仁钦桑布也以“鸟面僧人”而著称。那篇论文由三部分构成：冗长的序言，然后是一，仁钦桑布传记的考察，他尚存的著作以及他所处的环境；二，他对于佛教密续文献的分类；三，伪谬密续文献的问题和据说有问题的 11 世纪时的宗教实践。在这篇论文里，也是我论文的第二部分，我研究了索多巴・洛卓坚赞（1552—1624 年）引用的仁钦桑布《密续阐释》中的两段内容。我最早大约于七年前就开始了关于这些片段的研究，早在他的《密续阐释》文本引起我的注意之前。

机缘巧合，译师的《密续阐释》出版了，加上 tbrc.org，不得不说业力奇妙，使得我的论文得以更为完善。结尾还附有一个附录，列出了属于仁钦桑布在他的著作末尾分出的四部密续文献的文献目录。

藏族素食主义的宗派性特征

杨先加

（中央民族大学藏学研究院博士生）

本文意在分析藏族素食主义文化的宗派性特征，并阐明这一特征对素食主义在藏区的传播所带来的影响。近年来，有不少关于藏族素食主义方面的研究成果，但这些文章对于藏族素食主义历史方面的一些具体问题提及很少，比如：藏传佛教各教派对素食主义文化的不同实践程度；以及藏族素食主义在传播过程中的地域性特征。本文将对上述问题进行详细的分析，并论述这些问题与藏族素食主义的宗派性特征之间存在的必然联系。笔者认为宗派性特征应是我们研究藏族素食主义这一题目的重要主线，它有助于我们深刻的把握和分析藏族素食主义的历史发展脉络，以及当下空间上的分布情况。

A Preliminary Analysis of the Military Power of Two Jinchuan Chieftains (1771—1776)

Zhang Kang

(Doctoral student, Institute for Historical and Philological Studies of China's Western Regions, Renmin University of China)

The Second Jinchuan War, one of Emperor Qianlong's "Ten Great Campaigns", has frequently caught the attention of scholars. However, most existing articles studied it from the perspective of the Qing Dynasty and few studies were conceived from the perspective of the two Jinchuan chieftains. This paper studies the two Jinchuan chieftains' military leadership, military capabilities and resources. Based on these, the author points out that two Jinchuan chieftains were militarily quite strong military and this was the key reason that they had been able to fight with the Qing Army for five years.

All is Karma: the Secular Writing of Ngag dbang mdo rgyud yon tan rab rgyas

Xie Guangdian

(Institute for Western Frontier Region of China, Shaanxi Normal University, Xi'an)

During the mid-19th century, the man called Mgon po rnam rgyal of Lcags mdud changed the political and religious situation of Khams and Central Tibet, which also transformed the life trajectories of many Khams pa people. This article focuses on the 8th Stong 'khor zhabs drung Ngag dbang mdo rgyud yon tan rab rgyas (1853—1895) that is mainly based on his records in the *Stong 'khor zla ba rgyal mtshan sku phreng rim byon gyi rnam thar*. Through investigating the personal life of a common tulku in Khams during the turbulent period of the Qing dynasty, the author discusses how the author of the biography of the 8th Stong 'khor zhabs drung, who was also a monk of the Stong 'khor monastery,, wrote about his own lama's leaving the order to resume family life by means of narratives that are replete with conflict and metaphors. It also points to the ways in which the author covers up the 'fallen' *tulku's* biography.

The Travels of the Schlagintweit Brothers in Himalayas: The First German Scientific Investigation in Tibet

Zhao Guangrui

(School of Government of Nanjing University; Center for Asia-Pacific Development Studies)

The Schlagintweit brothers conducted the first German scientific investigation in Tibet from 1854 to 1857; they were also the first Germans ever to have visited Tibet. According to A. von Humboldt's advocacy of "long-term systematic research," the expedition achieved fruitful results. This trip played an important role in the history of the German expeditions to Tibet from 1854 to 1951, and had a far-reaching impact on the emergence and development of Tibetology in Germany. Their research on geography, lakes, glaciers, the anthropology of the Himalayan region, Tibet and Xinjiang was pioneering and professional, and even nowadays still has academic value.

A Survey of the Compilation of *Rgyud sde kun btus* and its Maṇḍalas

Zhang Yajing

(The Palace Museum)

The *Rgyud sde kun btus* collection consists of thirty-two volumes. Compiled by the Sa skya pa scholar 'Jam dbyangs Blo gter dbang po (1847—1914) in the nineteenth century, the collection contains evocations-sādhanas, initiation rituals of maṇḍalas, explanations of tantras, and so on. Importantly, according to the text, one hundred and thirty-nine maṇḍalas were analyzed that are now well-known under the title "the Ngor Maṇḍalas," making it the most comprehensive study of maṇḍalas to date. As a precious collection of tantras and guidelines on drawing maṇḍalas, the *Rgyud sde kun btus* is frequently cited by scholars. The background of the compilation of this collection was probably related to the so-called non partial (*ris med*) movement. This paper will give a brief introduction to the content of the maṇḍalas and the process in which they were compiled.

A New Examination of the "Tibetan Goodwill Mission" from the Perspective of the British Archives —— a Case of the British-Indian Government's Strategy of Tibet Before and After the End of World War II

Li Peirong

(Postdoctor, School of History and Culture, Sichuan University)

Before and after the end of World War II, the frustrating of the British-Indian Government tried to prevent the Tibetan Goodwill Mission from attending the National Constitutional Congress was a sign of less influence on Tibetan issues. Even if the British-Indian government encouraged the "Independence of Tibet", the inside contradictions between the British Government and British-Indian Government about the strategy to Tibet is also certificated that they had lost the power to control Tibet. This incident is an epitome of the change of the international relation among China, British, India and Tibet.

藏区寺院组织在生态保护和社区发展中的作用
——以青海果洛夏日乎寺班玛仁拓为例

华旦才让

（英国肯特大学硕士研究生）

可以说，全球变暖与生态环境的日益恶化对于青海省三江源头区域脆弱的生态环境影响巨大。同时也导致自古依赖于高原独特生态环境而生存的广大高原游牧群众传统生活生产方式、社会结构和游牧文化的改变。2007 年，第一个藏区佛教寺院环保组织于果洛注册成立。自此之后，三江源地区陆续有藏传佛教寺院通过注册保护组织或以其它形式投入到了地方生态环境保护与社区发展的事业中。这些寺院保护组织不仅成为推进地方生态保护与社区发展的一大动力，而且，他们在环保与发展中的作为，已使他们成为地方生态环保和社区发展中不可或缺的一股力量。本篇以甘德县班玛仁拓野生动植物保护协会为例，通过问卷、参与观察、半结构化访谈等调查方法试图探究地方政府、寺院及香火村对于三江源区域寺院环保组织的态度。通过分析调查数据发现，当地政府、香火村及寺院三个主体对于班玛仁拓野生动植物保护协会在生态环境保护中的作用和影响力极为认可。除外，当地政府、香火村及寺院也表达出了对于班玛仁拓野生动植物保护协会在继续推动地方生态保护和社区发展的期待。地方这种基于藏区传统社区（以寺院喇嘛、寺院、香火村三个主体建构）的信任与合作，完全可以考虑到长远有效稳定的地方社会治理机制中。而当地生态环境保护和社区的可持续发展，需要地方政府、寺院、香火村、地方民间组织、寺院环保组织等同心协力，在充分尊重和借鉴藏区传统社区的影响下，结合科学的社会治理方法以推动各个主体在保护和发展中的作用。

Journal of Tibetology (Vol.19)

Edited by

Center for Tibetan Studies of Sichuan University
Chengdu, China

ISBN 978-7-5211-0093-8
First Published in December 2018
China Tibetology Publishing House
Beijing, China

图书在版编目(CIP)数据

藏学学刊 . 第 19 辑 / 四川大学中国藏学研究所编 .
—北京：中国藏学出版社，2018.12
ISBN 978-7-5211-0093-8

Ⅰ . ①藏… Ⅱ . ①四… Ⅲ . ①藏学 – 文集 Ⅳ . ① K281.4-53

中国版本图书馆 CIP 数据核字（2018）第 296574 号

藏学学刊〔**第 19 辑**〕　　**四川大学中国藏学研究所 主编**

责任编辑　张荣德
藏文责编　顿珠次仁
装帧设计　翟跃飞
出版发行　中国藏学出版社
印　　刷　中国电影出版社印刷厂
版　　次　2018 年 12 月第 1 版第 1 次印刷
开　　本　787 毫米 ×1092 毫米　1/16
字　　数　300 千字
印　　张　16.5
定　　价　58.00 元
书　　号　ISBN 978-7-5211-0093-8 / K · 555

图书如有质量问题，请与本社联系
E-mail: dfhw64892902@126.com 电话: 010-64892902

《藏学学刊》稿约

《藏学学刊》（བོད་རིག་པའི་དུས་དེབ། *Journal of Tibetology*）系中国教育部普通高等学校人文社会科学重点研究基地四川大学中国藏学研究所主办的藏学类专业性学术刊物，CSSCI（2014–2018）来源集刊，创刊于2004年，旨在搭建藏学研究的学术交流平台。从2014年开始，本刊由年刊改为半年刊，接受中、英文稿件，设有论文、书评、译文等栏目，热忱欢迎国内外藏学研究者惠赐稿件。来稿时请注意以下事项：

1. 来稿请注明字数并提供作者简介，包括姓名、出生年月、性别、民族、籍贯、职称、学位、工作单位、联系方式和主要研究方向等，其中姓名和工作单位名称请提供正确的英文译名。

2. 来稿必须为原创性作品，此前未经公开发表。严禁抄袭、剽窃和一稿多投，如有发现，将永不刊用该作者来稿。

3. 为保证文稿的准确性，电子版来稿须同时提供word和pdf两种文档格式并遵循本刊用稿规范（详见本所网页）。来稿字数不限，提倡言简意赅，以一万字左右为宜。

4. 本刊每期收稿截止日期为每年六月三十日和十二月三十日。该日期以后收到的稿件将纳入下一期的编辑工作。

5. 本刊取舍稿件惟以学术为标尺，并实行2–3名专家匿名审稿制度，根据专家审稿意见决定稿件取舍。本刊在尊重原作的前提下，有权对拟刊用稿件作必要的删改并告知作者，作者如果不同意对文稿作文字性修改或适当删节，请在来稿时予以说明。

6. 本刊所刊文章均为作者个人观点，不代表编辑部意见，文责由作者自负。

7. 本刊已加入期刊数字化网络系统，作者若无此意愿，请在来稿时注明，否则视为默许。

8. 稿件请直接投寄本刊编辑部。自寄稿之日起，若二个月内未接到用稿通知，可自行处理。来稿除图版原件外，一律不退稿，敬请作者谅解。

9. 本刊对刊用文稿将支付作者稿酬，并赠送样刊五册。

10. 本刊热诚欢迎国内外学者或编辑部与本刊建立资料互赠交流关系。

地　　址：中国四川省成都市望江路29号

四川大学中国藏学研究所《藏学学刊》编辑部

邮　　编：610064

电子邮件：zangxuexuekan@163.com

电话／传真：+86–28–8541 2567

网　　址：http://www.zangx.com

Call for Contributions

Founded in 2004, the *Journal of Tibetology* (བོད་རིག་པའི་དུས་དེབ། 藏学学刊) is a peer-reviewed bilingual scholarly journal dedicated to publishing papers in the field of Tibetan Studies. Featuring articles and reviews in either Chinese or English, the journal is published biannually by the Center for Tibetan Studies of Sichuan University, Chengdu, PRC. The *Journal of Tibetology* welcomes the submission of academic and unpublished (and original) work, including the Chinese translation of foreign research and serious, critical reviews of books or review articles, in any area of research that deals with the Tibetan cultural area.

Essential Guidelines:

1. The manuscript should contain information on the total number of words/characters and author's details, including the following information: (1) full name and institutional affiliation; (2) academic title; (3) contact information, (4) the primary field of research.

2. The *Journal of Tibetology* has a zero-tolerance plagiarism policy.

3. Essays and reviews should be submitted electronically in Microsoft Word file and PDF format, using Unicode, to zangxuexuekan@163.com and conform to the style sheet of the *Journal of Tibetology* that is found at the website of the institute. If this is not done, they will automatically be not considered for publication. There is no limit on the length of the manuscript, but we strongly encourage the manuscript to be concise with approximately 10,000 words in English or Chinese.

4. The deadline for the submission of articles and reviews is June 30 of each year. Articles and reviews received and accepted for publication after this date will be considered for the next issue.

5. The *Journal of Tibetology* uses a double-blind review process. Each manuscript is sent to two or three referees for double-blind peer review. Based on their recommendations, the editor then decides whether the manuscript will be accepted as is, whether it needs to be revised, or whether it will be rejected.

6. The views and opinions expressed in the articles and reviews are those of the author alone and do not reflect the views or opinions of the editor(s) or the editorial board. The author is responsible for his/her own views.

7. The journal is already part of the digital network of Chinese journals. If any author does not want to have his or her article published online, please note this upon submitting the manuscript. Otherwise, the editor will take it as tacitly granting permission to do so.

8. The manuscript should be directly submitted to the editor. If one has not received a notice of acceptance for publication within two months since the day the manuscript was submitted, it is within one's discretion to submit the manuscript elsewhere for publication. Excepting the originals of maps, charts or photographs the editor will not return the manuscript to the author.

9. The journal will pay remuneration to the author and send five copies of the issue of the journal in which his or her article appears.

10. Scholars or editorial boards in China and abroad are warmly welcomed to establish a growing network of exchanging copies of journals with the editor of the *Journal of Tibetology*.

Correspondence should be addressed to:
Dr. Zhang Changhong
Center for Tibetan Studies of Sichuan University
Chengdu, Sichuan Province
P.R. China
610064
Email : zangxuexuekan@163.com
Tel/Fax: +86-28-8541 2567
Website: http://www.zangx.com